hänssler

EMIL-ERNST RONNER

DIE LERCHEN GOTTES

Die drei Hirten von Bourdeaux
Aufstand der Kamisarden

Die Deutsche Bibliothek — CIP-Einheitsaufnahme

Ronner, Emil Ernst:
Die Lerchen Gottes : die drei Hirten von Bourdeaux ; Aufstand der Kamisarden / Emil Ernst Ronner. — Neuausg. — Neuhausen-Stuttgart : Hänssler, 1993
(TELOS-Extra ; Nr. 3)
ISBN 3-7751-1994-9
NE: GT

TELOS-Extra, Nr. 3
Bestell-Nr. 74.103

Titelbild: Peter Paul Rubens: »HERBSTLANDSCHAFT MIT SCHLOSS STEEN« (um 1636) — London, National Gallery.
Abdruck mit freundlicher Genehmigung von The National Gallery, London
Umschlaggestaltung: Daniel Dolmetsch
Satz: AbSatz Ewert-Mohr, Klein Nordende
Printed in Germany

Inhalt

Vorwort

Mit der Aufhebung des hugenottenfreundlichen Ediktes von Nantes hatte König Ludwig XIV. gehofft, dem reformierten Glauben in Frankreich den Todesstoß versetzen zu können. Denn nach seiner absolutistischen Auffassung durfte es in seinem Reich, damals das mächtigste in Europa, nur einen König, ein Gesetz und einen Glauben geben, wodurch dieser eine Glaube für ihn nur der Katholizismus sein konnte. Als dann aber die Aufhebung des Ediktes nicht den gewünschten Erfolg hatte, griff der König zu anderen noch brutaleren Maßnahmen, um die Reformierten mit Gewalt zum Abschwören ihres Glaubens zu bringen. Da nun die Ausübung ihrer Religion bei Todesstrafe verboten war, konnten die Reformierten ihre Versammlungen nur noch im Verborgenen und unter Lebensgefahr durchführen, wodurch sie mehr und mehr in einen seelischen Notstand gerieten.

Doch in außergewöhnlichen Situationen hat der Herr auch außergewöhnliche Kräfte einzusetzen.

So brach unter den Hugenotten schon bald eine rasch sich ausbreitende Inspirationsbewegung aus, die fraglos göttlichen Ursprungs war und an alttestamentliche Prophetenkreise denken läßt.

Alle Nöte, die den Hugenotten nun durchzuleiden aufgegeben war, sind in einem vieljährigen Quellenstudium zum Teil an Ort und Stelle des Geschehens erarbeitet und zu einem oftmals düsteren, aber wahren Bild gestaltet worden, das auch immer wieder durch Zeugnisse von nicht zu brechendem Glaubensmut der Märtyrer ergreifend und tröstend erhellt wird.

Daß von der Inspiration in überraschend großer Zahl auch Kinder und Jugendliche ergriffen wurden, die dann als Wanderprediger auftraten, um die ihrem Glauben treu Gebliebenen zu weiterem Ausharren zu ermutigen, ist mit das Werk des begüterten Edelmannes Amos du Ferre, der als Glasbläser eine eigene Glashütte besaß und Jugendliche zu sich aufnahm, um sie heimlich im hugenottischen Glauben zu unterweisen und zu Predigern auszubilden. Zu den ersten seiner Schüler gehörten drei junge Hirten aus Bourdeaux, die im vorliegenden Buch die Hauptträger der Handlung sind, die sich auch mit dem für die Hugenotten unglücklich endenden Kamisardenkrieg befaßt.

Mit dem Erscheinen des Buches »Die Lerchen Gottes« liegen nun alle drei Bände der Trilogie vor, in denen in chronologischer Folge die wechselvollen Geschehnisse der Hugenottenverfolgung in Südfrankreich dargestellt sind. Die beiden anderen Bände sind schon früher erschienen und gut aufgenommen worden, was auch ihre Übersetzung ins Russische beweist.

Im ersten Band der Reihe, der sich mit der Schilderung des Beginns der Hugenottenverfolgung in Südfrankreich befaßt, steht das Schicksal der jungen Hugenottin Blanche Gamond im Mittelpunkt, die trotz der schwersten Folterungen in den Gefängnissen standhaft ihrem geliebten Glauben die Treue hielt und schließlich gebrochenen Leibes in die Schweiz fliehen konnte, wo ihr noch ein friedlicher Lebensabend beschieden war.

Der zweite Band der Reihe »Die Lerchen Gottes« enthält die Darstellung des Geschehens in der pfarrerlosen Zeit, in der auch der für die Hugenotten unglücklich endende sogenannte Kamisardenkrieg stattfand und der Hugenottenverfolger Louis XIV. seine mächtige Residenz in Versailles errichten ließ, in der er dann, nach verblichenem Glanz, auch starb.

Der dritte Band vermittelt die Lebens- und Leidensgeschichte der Hugenottin »Marie Durand«, die wohl die lichteste Gestalt in der Geschichte der Hugenottenverfolgung war. Mit fünfzehn Jahren wurde sie wegen ihres Glaubens verhaftet und verbrachte achtunddreißig Jahre im Gefängnis, nicht gebrochen, sondern als geistige Betreuerin ihrer bis zu dreißig Mitgefangenen, womit sie das Werk fortsetzte, das ihr Bruder, der als junger Pfarrer hingerichtet worden war, schon nach kurzer Tätigkeit hatte aufgeben müssen. Mit ihrem »RECISTER« ist Marie Durand zum Inbegriff von Glaubensstärke und Glaubenstreue geworden.

Jeder der drei Bände ist in sich abgeschlossen gestaltet, so daß er auch einzeln gelesen werden kann und mühelos verstanden wird.

Emil-Ernst Ronner

Vorwort

Die Inspirationsbewegung, die im Süden Frankreichs besonders auffällig zwischen 1688 und 1705 in Erscheinung trat, ist allein mit rationalen Argumenten nicht zu erklären.

Aus dem zeitlichen Abstand heraus läßt sich heute manches nur bedingt nachvollziehen.

Die Hugenotten befanden sich damals in einer äußerst bedrohlichen Situation. Nicht umsonst nannten sie ihr nur noch bei Todesgefahr im geheimen mögliches Glaubensleben die *Wüstenkirche.*

Doch Gott kann sich in besonderen Situationen und Zeiten auch auf besondere Art und Weise offenbaren, damit sein Wort unverfälscht und mit Vollmacht verkündigt wird.

Der Verlag

Amos du Ferre verwirklicht seinen Plan

An einem noch sonnigen Spätherbsttag des Jahres 1686 fuhr im Süden Frankreichs auf der von Bourdeaux nach Dieulefit führenden Straße ein von einem Pferd gezogener Wagen. Der Mann, der das kleine Gefährt lenkte, war Amos du Ferre, ein wohlbegüterter Edelmann und Besitzer der südlich von Dieulefit auf der Montagne d'Aleyrac stehenden Glashütte von Salecru, die mit ihren Nebengebäuden von dichtem Wald umgeben war.

Mit seinen Glaswaren belieferte du Ferre auch regelmäßig Kunden in der Schweiz und kehrte eben jetzt von einer Fahrt nach Genf in seine Heimat zurück. Er war ein überzeugter und eifriger Anhänger der protestantischen Lehre Calvins, verhielt sich aber, was seinen Glauben betraf, nach außen hin zurückhaltend, um sich nicht unnötig Verfolgungen durch Katholiken auszusetzen. Auf der ganzen bisherigen Rückfahrt hatte er noch einmal alles überdacht, was er in Genf von den französischen Pfarrern vernommen hatte, die nach der Aufhebung des Ediktes von Nantes ein Jahr zuvor ihre Heimat verlassen hatten, um nicht, in Frankreich bleibend, ihren hugenottischen Glauben abschwören zu müssen.

Das Edikt von Nantes war von Henri IV., dem Großvater des jetzt regierenden Sonnenkönigs, im Jahr 1598 erlassen worden. Als Herrscher über sein kleines Reich Navarra war Henri noch hugenottischen Glaubens gewesen, dann aber, als er auf den französischen Thron gewählt worden war, katholisch geworden. Mit dem Ausspruch »Paris ist eine Messe wert« soll er seinen Glaubenswechsel begründet haben. Mit dem Edikt wollte er seinen ehemaligen Glaubensgenossen unwiderruflich und für ewige Zeiten Glaubensfreiheit zusichern, aber die Bestimmungen des Ediktes wurden in Wirklichkeit nie richtig befolgt. Immer wieder waren die Hugenotten schweren Verfolgungen durch die katholische Kirche ausgesetzt.

1685 setzte Louis XIV. das Edikt außer Kraft und erließ an seiner Stelle ein neues Dekret, das Edikt von Fontainebleau, das so benannt wurde, weil es vom König auf dem barocken Schreibtisch der Madame de Maintenon im Schloß von Fontainebleau unterzeichnet worden war.

Mit den neuen Verfügungen hoffte Louis, der protestantischen Kirche in Frankreich endlich den Todesstoß versetzen zu können. Madame de Maintenon, die dem König heimlich angetraute zweite Gemahlin, unterstützte ihn in seiner autokratischen Einstellung: »Ein König, ein Gesetz, ein Glaube«, die in Frankreich nur noch Bürger katholischen Glaubens dulden wollte. Die im neuen Edikt enthaltenen Verfügungen waren für die Hugenotten von grausamer Härte.

So wurde den etwa sechshundert protestantischen Pfarrern Frankreichs befohlen, das Land innerhalb von fünfzehn Tagen zu verlassen. Ihre Kinder aber, die älter als sieben Jahre waren, mußten zurückbleiben, um in Frankreich in katholischen Schulen oder in Klöstern erzogen zu werden.

Pfarrer, die im Land bleiben wollten, mußten ihrem protestantischen »Irrglauben« abschwören und sich jeder religiösen Betätigung enthalten, hatten jedoch das Recht auf eine Rente. Es bestand ferner für sie die Möglichkeit, zum katholischen Glauben überzutreten und sich als Priester der Kirche zur Verfügung zu stellen. Überraschenderweise gab es unter den Pfarrern, die auf solche Weise konvertierten, nicht wenige, die geradezu fanatische Katholiken wurden, indem sie ihre ehemaligen Gemeindeglieder zur Anzeige brachten und dafür eine Belohnung kassierten.

Noch grausamer als für die Geistlichen waren die Verfügungen für die übrige hugenottische Bevölkerung. Sie mußte im Land bleiben und als »nouveaux convertis« zum katholischen Glauben übertreten. Für sie gab es keine Alternative.

Daß unter derart brutalen Bedingungen eine große Zahl von Hugenotten in ihrer ersten Verzweiflung beschloß, entgegen ihrem Gewissen wenigstens nach außen hin ihren protestantischen Glauben aufzugeben und katholisch zu werden, um nicht Heim und Existenz in der Heimat mit Flüchtlingselend im Ausland vertauschen zu müssen, kann nicht verwundern. Doch wenn dann diesen Zwangsbekehrten bald einmal bewußt wurde, daß sie ihren vermeintlichen Vorteil mit dem Verrat ihres Glaubens erkauft hatten, bereuten die meisten ihre verhängnisvolle Entscheidung und gerieten in schwere Gewissensnöte. Im Land blieb auch die nicht geringe Zahl derer, die nicht dem Zwang gehorchend, sondern freiwillig und sogar gegen Belohnung ihren Glauben gewechselt hatten; dies nach einem festen Tarif zu ganz ansehnlichen Beträgen. Zu diesem Zweck hatte der Staat besondere Bekehrungskassen eingerichtet.

Um der Bevölkerung die Flucht ins Ausland zu erschweren, wurden die Grenzen streng überwacht. Männer, die bei einem Fluchtversuch ergriffen wurden, hatten eine lebenslängliche Galeerenstrafe zu erwarten, während die Frauen in Gefängnisse gesteckt oder in Klöstern interniert wurden.

Bereits Ausgewanderte mußten innerhalb von vier Monaten zurückkehren, wenn sie nicht ihre Besitzungen, welche der Staat bereits beschlagnahmt hatte, endgültig verlieren wollten.

Dennoch gelang überraschend vielen die Flucht ins Ausland. Vom ursprünglichen Höchststand der etwa zwei Millionen Hugenotten unter den zwanzig Millionen Einwohnern Frankreichs wurden bis zur Aufhebung des Ediktes von Nantes im Jahr 1685 für hugenottische Auswanderer Zahlen zwischen 400 000 und 700 000 genannt. In den drei der Aufhebung folgenden Jahren waren es wiederum hunderttausend, denen es trotz strengsten Verboten gelang, Frankreich zu verlassen.

Von den protestantischen Pfarrern entschied sich ein Fünftel zur Abschwörung des reformierten Glaubens, um in Frankreich bleiben zu können, allerdings manche nur deshalb, um sich nicht von ihren Kindern trennen zu müssen. Der weitaus größte Teil, drei Fünftel der Pfarrer, wählte das Exil, was dazu führte, daß nun die meisten hugenottischen Gemeinden ohne Prediger und Seelsorger waren. Das letzte Fünftel der Pfarrer verblieb in Frankreich. Unter ihnen waren einige, die nun in ständiger Todesgefahr ihr Amt heimlich weiter ausübten. Die übrigen, die sich einfach versteckt hielten, mußten ebenfalls damit rechnen, bei ihrer Entdeckung zum Tod verurteilt oder nach Amerika deportiert zu werden, in die westindischen französischen Kolonien.

Von den Pfarrern, die sich für das Exil entschieden, emigrierten viele in die Schweiz und ließen sich vor allem in Genf und in Lausanne nieder. Als Besitzer einer Glashütte, der auch Kunden in der Schweiz zu beliefern hatte, war es Amos du Ferre möglich, ohne Schwierigkeiten über die Grenze zu kommen, was ihm zur willkommenen Gelegenheit verhalf, mit den französischen Pfarrern Kontakte aufzunehmen, sie über das Geschehen in ihrer Heimat auf dem laufenden zu halten und Vermittlerdienste mit ihren verlassenen Gemeinden zu besorgen, was ihm bei seinem Glaubenseifer bald wichtiger wurde als sein Glaswarenhandel.

Mit keinem der anderen Pfarrer, die er bisher in Genf oder Lausanne kennengelernt hatte, fühlte sich Amos du Ferre geistig so stark verbunden wie mit dem ebenfalls ins Ausland geflüchteten Pfarrer Pierre Jurieu, der als Theologieprofessor an der Universität von Rotterdam eine neue Wirkungsstätte gefunden hatte. Jurieus Schriften, die unter den Hugenotten in Frankreich eifrig gelesen wurden, waren auch dem belesenen du Ferre bekannt. Vor allem war er von den »Lettres Pastorales« begeistert, mit denen Jurieu versuchte, die Beziehungen zu seiner ehemaligen Gemeinde in Frankreich aufrechtzuerhalten. So war sich Jurieu auch im Exil bewußt, daß die Lage der hugenottischen Kirche immer bedrohlicher wurde. Immer wieder beschwor er die noch protestantisch Gebliebenen, ihrem Glauben treu zu bleiben, und die Zwangsbekehrten, sich erneut ihrem früheren Glauben zuzuwenden.

Schon bald setzte sich du Ferre mit dem ihm geistesverwandten Pfarrer Jurieu schriftlich in Verbindung, was in der Folge zu einem regen brieflichen Gedankenaustausch führte. Jurieus neues, zweibändiges Werk, das eben erschienen war, hatte sich du Ferre in Genf sofort besorgt. Darin sagte Jurieu aufgrund seiner nach der Bibel angestellten Berechnungen voraus, daß eine Wiedereinführung der protestantischen Kirche in Frankreich bereits 1689, also schon in drei Jahren, erfolgen werde. Wie Jurieu, so bangte auch du Ferre um das Überleben des hugenottischen Glaubens infolge der vielen Zwangsbekehrungen und der vielen Flüchtlinge, deren es noch mehr gegeben hätte, wenn nicht manchen die erforderlichen Geldmittel zur Flucht gefehlt hätten.

Jurieu und du Ferre waren überzeugt, daß die Kirche nur zu retten war, wenn es gelang, wenigstens den stark geschwächten Bestand der Hugenotten zu halten. Das war es, was der noch in Frankreich verbliebenen protestantischen Bevölkerung immer und immer wieder gesagt werden mußte.

Doch wer sollte, da die Pfarrer fehlten, die notwendige Neubelebung des Glaubenseifers zustande bringen?

Du Ferre sah keine andere Möglichkeit, als diese dringliche Aufgabe geeigneten Laien zu übertragen. Doch wo und wie waren geeignete und einsatzbereite Laien zu finden? Auf der Suche nach einer Lösung dieser wichtigen Frage kam du Ferre der Gedanke, mit Hilfe Jugendlicher Jurieus Forderung unter die hugenottische Bevölkerung zu bringen. Er wußte aus eigener Erfahrung, daß junge Menschen oft begeisterungsfähiger und einsatzbereiter sein können als Erwachsene mit ihren hundert Bedenken.

So faßte er den Entschluß, von den vielen, bei den erbitterten Kämpfen zwischen der Bevölkerung und den königlichen Truppen elternlos gewordenen Kindern, die sich, da sie kein Heim mehr hatten, verwahrlost herumtrieben, Hunger litten, erkrankten und zu verwildern drohten, einige Burschen und Mädchen während des bald anbrechenden Winters in seine Familie aufzunehmen und sie in der Waldverlassenheit auf dem Berge d'Aleyrac mit der Bibel vertraut zu machen, sie in der hugenottischen Glaubenslehre zu unterrichten und zu jungen Predigern auszubilden.

Ein kleiner Anfang, den er versuchsweise mit ein paar Waisen unternahm, fiel zu seiner vollen Befriedigung aus. Die sieben Zöglinge, drei Burschen und vier Mädchen, die er bei sich aufgenommen hatte, waren nicht nur glücklich darüber, wieder ein Daheim zu haben, ein gutes Bett, reichliches Essen und eine liebevolle Behandlung, sondern vor allem hell begeistert von dem, was du Ferre mit ihnen vorhatte. Ja, Kämpfer für die Erhaltung des Glaubens, für den die Eltern ihr Leben hatten lassen müssen, wollten sie werden. Da es in der Gegend der Drôme, in welcher der Berg d'Aleyrac sich befindet, viele Vollwaisen gab, war du Ferre überzeugt, seinen Plan verwirklichen zu können. Voller Zuversicht weihte er Jurieu in sein Vorhaben ein, und der Antwortbrief aus Rotterdam meldete ihm freudige Zustimmung. Auch äußerte sich Jurieu ausführlich über die Zunahme der besonders unter Kindern und Jugendlichen vorkommenden Inspirationen, die er mit den früher an mehreren Orten in Südfrankreich gehörten »Himmelsstimmen« in Zusammenhang brachte. Beide Erscheinungen waren für ihn ein deutlicher Beweis dafür, daß Gott nun selbst eingriff, um die in ihrem Glauben erlahmenden oder schon lahm gewordenen Hugenotten wachzurufen und zu verpflichten, alles zu tun, um den protestantischen Glauben nicht untergehen zu lassen.

Du Ferre selbst hatte zwar keine Himmelsstimmen vernommen, wohl aber von solchen sprechen gehört. Inspirierten Kindern dagegen, die in schlafähnlichem Zustand gepredigt hatten, war er selbst schon begegnet.

Leider hatte du Ferre feststellen müssen, daß die exilierten Pfarrer von Jurieus Deutung nichts wissen wollten. Sie spotteten über die predigenden Kinder, die für sie lediglich ein widriges Spektakel seien, mit dem zu befassen sich überhaupt nicht lohne. Ganz anders du Ferre, der sich entschlossen hinter Jurieu stellte, mit dessen Auffassung er vorbehaltlos einig war. Er war sogar davon überzeugt, daß die immer häufiger in Erscheinung tretende Inspiration die geplante Tätigkeit der jungen Prediger und Predigerinnen wirksam unterstützen würde.

Solcherart waren die Gedanken, die Amos du Ferre auf seiner langen Heimfahrt beschäftigten.

Als er zu einer Stelle kam, an welcher der Wald bis an die Straße heranreichte, erwachte in ihm der Wunsch, hier eine kurze Rast einzuschalten, um das Pferd etwas ausruhen zu lassen.

Wie schön waren die von der Sonne durchleuchteten herbstbunten Baumkronen vor dem reinen Blau des Himmels! Es war eben trotz aller Sorgen und Kümmernisse schön auf der Welt, die Gott erschaffen hatte. Du Ferre stieg vom Wagen, spannte das aufwiehernde Pferd aus, klopfte ihm unter freundlichem Zuspruch den Hals und führte es zu den Bäumen, wo er es an einem Stamm festband, doch so, daß es sich in kleinem Umkreis frei bewegen konnte.

Dann holte er sich aus dem Wagen den Proviantbeutel und setzte sich, wohlig aufatmend, auf ein sonniges Plätzchen, um die späte Sonnenwärme zu genießen und etwas zu essen. Seitdem er in der Morgenfrühe in Bourdeaux weggefahren war, hatte er nichts mehr zu sich genommen.

Nach einer Weile war es ihm, als habe sich im Gesträuch hinter ihm etwas bewegt. Und richtig, da wieder, jetzt war es ganz deutlich das Knacken eines brechenden dürren Zweiges.

Du Ferre wandte sich um. Ein junger Mann kam zögernd auf ihn zu.

»Bitte Herr, entschuldigen Sie, daß ich Sie störe.« Es war ein anständig aussehender, wohlgewachsener Bursche mit hübschem Gesicht und auffallend schönen Augen, der anscheinend etwas von ihm wollte, jedoch nicht recht wußte, wie er sein Anliegen vorbringen sollte.

»Haben Sie etwas auf dem Herzen?« half ihm du Ferre und lud ihn mit einer Handbewegung ein, sich neben ihn zu setzen.

Doch der Bursche schüttelte den Kopf. »Würden Sie bitte mit mir kommen? Zu meinen beiden Kameraden, die nicht weit von hier auf mich warten.«

»Und was soll ich bei ihnen?« fragte du Ferre.

»Vielleicht können Sie uns helfen. Der eine von ihnen, Bompart, ist krank. Er hat schreckliche Schmerzen und ich weiß nicht, was ich tun soll. Wir haben die Nacht im Wald verbracht, weil wir mit Bompart einfach nicht mehr weitergehen konnten. Wir sind Hirten, und alle drei haben wir vor zwei Jahren unsere Eltern verloren.«

Du Ferre war aufgestanden. »So führen Sie mich zu Ihren Gefährten.«

»Ich bin kein Herr, sagen Sie du zu mir. Ich bin Pascalin und noch nicht zwanzig Jahre alt. Mazet ist fünfzehn und der kranke Bompart ist ein acht Jahre alter Knabe. Wir sind schon lange beisammen und verstehen uns gut. Doch ist es nicht immer leicht, uns durchzubringen. Wir hatten es besser, als unsere Eltern noch lebten.«

»Von wo seid ihr?«

»Von Bourdeaux, Herr.«

»Wo ich übernachtet habe. Ich habe schon eine lange Fahrt hinter mir, ich war in der Schweiz.«

Doch das schien dem Burschen Pascalin nicht viel zu bedeuten, da er wohl ganz von der Sorge um den Kranken erfüllt war. »Dort, hinter jenem Steineichengebüsch warten sie.«

Aus Zweigen, Moos und heruntergefallenem Laub hatten sich die Hirten ein kümmerliches Lager hergerichtet.

Mazet erhob sich, als Pascalin mit einem fremden Mann zu ihnen trat, und auf den am Boden liegenden, leise wimmernden Knaben zeigte.

Du Ferre kniete neben dem Kranken nieder, beugte sich über ihn und legte ihm die Hand auf die Stirn. »Hast du Schmerzen?«

»Ja, Herr«, antwortete der Knabe und sah den Fremden ängstlich an.

»Wo tut es dir weh?« fragte du Ferre.

Bompart versuchte, die Hand auf die ihn schmerzende Stelle zu legen, brachte aber die Kraft nicht auf, den Arm nach hinten zu bringen.

»Es ist unten am Rücken«, erklärte Pascalin.

Vorsichtig löste du Ferre die Kleider des Kranken, zog die Hose herunter und deckte damit ein großes Geschwür auf. »Da ist es tatsächlich kein Wunder, daß du Schmerzen hast. Leider kann ich dir hier nicht helfen. Ich muß dich zum Arzt bringen. Hast du das Geschwür schon lange?«

»Vor etwa zwei Wochen hat es mich zu schmerzen begonnen.«

»Ihr hättet nicht so lange warten sollen.«

»Was konnten wir tun?« verteidigte sich Pascalin. »Als es immer schlimmer statt besser wurde, beschlossen wir, nach Bourdeaux zu gehen, wo wir mit den Eltern gewohnt haben. Wir wollten versuchen, bei Leuten, die uns noch kennen, während ein paar Tagen unterzukommen. Aber gestern ging es dem armen Bompart so schlecht, daß wir unmöglich den Weg noch fortsetzen konnten. So haben wir hier im Wald die Nacht zugebracht. Wir sind es ja gewohnt, draußen zu schlafen. Ich hoffte, heute jemanden zu finden, an den ich mich um Hilfe wenden konnte. Deshalb verbarg ich mich hinter den Sträuchern, um die Leute zu sehen, die auf der Straße vorbeikamen. Nun bin ich Ihnen begegnet. Der himmlische Vater hat unsere Gebete erhört.«

Du Ferre horchte auf. »Eure Eltern waren Hugenotten?«

»Ja, das waren sie. Deshalb sind sie ja auch von den Dragonern erschossen worden.«

»Die Religion Calvins ist auch mein Glaube. Ihr könnt also ruhig sein und braucht euch nicht zu ängstigen. Ich werde euch helfen. Ihr werdet zu mir kommen und könnt den ganzen Winter über in meiner Familie bleiben. Wie habt ihr euch durchbringen können, als ihr keine Eltern mehr hattet?« erkundigte sich du Ferre.

»Meist als Hirten. Wir sind von Hof zu Hof gegangen und haben gefragt, ob man uns brauchen könne. Oft mußten wir uns trennen. Der eine dahin, der andere dorthin. Aber ich habe mich immer bemüht, Bompart bei mir zu behalten«, erklärte Pascalin. »Weil ich der größte und stärkste bin, habe ich am leichtesten Arbeit finden können. Schwieriger war es im Winter. Aber es gab auch Leute, die uns einfach aus Mitleid ein paar Tage beherbergt haben. Wenn sie es wollten, habe ich ihnen aus der Bibel vorgelesen. Es gibt ja viele, die nicht lesen können, und sie haben stets gerne zugehört.«

»Nun, im kommenden Winter, wenn ihr bei uns seid, werdet ihr es besser haben. Da braucht ihr euch dann nicht um Essen und Unterkunft zu kümmern.«

»O Herr, ich weiß nicht, wie ich Ihnen für Ihre Güte danken soll.«

»Schon gut, Pascalin. Doch vorerst muß nun eurem Kranken geholfen werden. Ich wohne in der Nähe von

Dieulefit, auf dem Berge d'Aleyrac. Der Arzt von Dieulefit ist ein Bekannter von mir. Wir bringen jetzt Bompart zu ihm, damit der Arzt das böse Geschwür behandeln und den Kranken von seinen Schmerzen befreien kann.«

»Wird das lange dauern?« fragte Bompart und sah du Ferre ängstlich an.

»Das kann ich dir nicht sagen. Ich bin kein Arzt. Du brauchst aber keine Angst zu haben, denn Herr Arnauld ist nicht nur ein guter Doktor, sondern auch ein guter Mensch.« Du Ferre strich dem Knaben das gelockte Haar aus der Stirn. »Nun aber wollen wir aufbrechen, da wir noch einen langen Weg vor uns haben. Pascalin und ich könnten dich tragen, Bompart, aber vielleicht schmerzt es dich weniger, wenn wir dich vorsichtig zum Wagen führen.«

»Das glaube ich auch.«

Sie richteten ihn auf, dann griffen ihm du Ferre und Pascalin unter die Arme und brachten ihn so auf die Straße.

»Da ich Glaswaren in die Schweiz zu bringen hatte, liegen im Wagen ein paar weiche Decken, in die wir Bompart einwickeln können«, sagte du Ferre. »Ich habe auch noch etwas zu essen bei mir, so daß ihr während der Fahrt euren Hunger stillen könnt, den ihr wohl haben werdet. Ich glaube, es ist noch genug vorhanden.«

»O Herr, Sie sind wirklich gütig«, sagte Pascalin, dem sichtlich eine schwere Last vom Herzen genommen war.

Die Sonne war bereits untergegangen, als sie in Dieulefit eintrafen. Während der Fahrt waren die drei Hirten aus Bourdeaux, die so unerwartet auf Hilfe gestoßen waren, immer mehr aufgetaut. Sie griffen dankbar zu, als ihnen du Ferre seinen Proviant überließ, der dann auch in kurzer Zeit verzehrt war. Du Ferre freute sich über die Art, wie sich seine Begleiter und zukünftigen Gäste unterhielten. Immer wieder kümmerten sie sich um den kranken Bompart, der froh war, gut eingebettet liegen zu dürfen. Das ganze Verhalten der drei jungen Menschen verriet, daß sie alle stark im reformierten Glauben verwurzelt waren und während ihres schon langen und ziellosen Herumtreibens nichts davon eingebüßt hatten. Aus ihnen würden gute Prediger werden, freute sich du Ferre. Daß er ihnen begegnet war, war für ihn kein Zufall.

Das Haus, in dem der Arzt Claude Arnauld in Dieulefit wohnte, stand etwas außerhalb des Ortes unter einigen alten Bäumen, die noch immer den Schmuck herbstbunter Blätter trugen.

Arnauld war Katholik, der sich jedoch der Mißstände in der katholischen Kirche bewußt war und jene auch mißbilligte. Den hugenottischen Glauben tolerierte er um so mehr, weil seine aus dem Pyrenäenvorland Béarn stammende Frau eine Hugenottin war. Mit Amos du Ferre war er nicht richtig befreundet, doch er schätzte ihn sehr und freute sich immer, wenn er mit ihm ins Gespräch kam, was jedoch nicht häufig der Fall war. Schon Arnaulds Beruf als Arzt, den er sehr ernst nahm, verbot es ihm, in Religionsfragen eine einseitige Haltung einzunehmen. Er war für alle da, die im Vertrauen zu ihm kamen, ob es nun Katholiken oder Hugenotten waren. Das wurde von der Bevölkerung auch geschätzt, so daß es bisher nie zu Schwierigkeiten gekommen war.

Als sich du Ferre bei der die Haustür öffnenden Magd nach dem Arzt erkundigte, meldete sie ihn an, worauf Arnauld erschien, um du Ferre zu begrüßen und ihn zu bitten, doch einzutreten. Er sei zwar nicht allein. Seit ein paar Tagen halte sich die Schwester seiner Frau bei ihnen auf, die sich vor zwei Jahren nach Orthez verheiratet habe und nun aus Heimweh nach der Schwester für einige Zeit nach Dieulefit gekommen sei.

»Orthez? Orthez in Béarn?« fragte du Ferre. »Wo, wie ich gehört habe, wohl zum erstenmal die sonderbaren Himmelsstimmen vernommen wurden, deren Ursprung auch heute noch nicht geklärt ist?«

»Genau. Meine Schwägerin war auf meine Bitte hin eben daran, über die erste dieser Erscheinungen zu berichten, die sie miterlebt hat. Sie treffen es gut, denn ich nehme an, dieser Bericht werde auch Sie interessieren.«

»Würde«, antwortete du Ferre, »aber leider fehlt mir heute die Zeit. Ich bin gekommen, um Sie um ärztliche Hilfe zu bitten.«

»So treten Sie ein und sagen Sie mir, wie ich Ihnen helfen kann.«

»Ich bin auf der Heimfahrt von Genf her, wohin ich Glaswaren zu bringen hatte. Heute, während der Mittagszeit, habe ich drei junge hugenottische Hirten getroffen, von denen einer, ein achtjähriger Knabe, erkrankt ist und unbedingt ärztliche Hilfe braucht. Ich bin gekommen, um Sie zu bitten, sich des Kranken anzunehmen, den ich mit seinen beiden Gefährten hierher gebracht habe. Nachher werde ich die Burschen zu mir auf den Berg nehmen. Unser Wagen steht dort drüben.«

Arnauld begrüßte die beiden bereits neben dem Gefährt stehenden Hirten, sah kurz nach Bompart und bat Pascalin, den Kranken ins Haus zu tragen. Er sah zu, wie sorgfältig der Bursche den Knaben aufnahm und wandte sich dann an du Ferre: »Was fehlt ihm?«

»Er hat ein großes Geschwür unten am Rücken.«

»Das will ich mir gleich ansehen«, sagte Doktor Arnauld. Er rief eine Angestellte und bat sie, den Knaben auszuziehen und vorerst einmal gründlich zu waschen.

Bompart ließ alles willig mit sich geschehen. Als er abgetrocknet war, hob ihn du Ferre auf und legte ihn auf den Behandlungstisch. Nachdem Arnauld das Geschwür untersucht hatte, erklärte er, er halte es für das beste, den unbedingt notwendigen Eingriff ohne Verzug vorzunehmen.

Bei diesen Worten blickte der Hirtenjunge den Arzt verängstigt an.

»Nein, nein, Bompart, du brauchst dich nicht zu fürchten«, beruhigte ihn Arnauld. Es dauert nicht sehr lange und wird dir Erleichterung verschaffen. Ich verstehe, daß du Schmerzen hast. Aber sei getrost, es wird alles gut.« Dann wusch er sich gründlich die Hände und bat du Ferre, es auch zu tun, um ihm mit Handreichungen behilflich sein zu können.

Pascalin und Mazet wurden in den Wohnraum geschickt, in welchem Arnaulds Gattin und deren Schwester sich aufhielten. Sie winkten den befangenen Burschen freundlich zu und hießen sie, in einer Ecke Platz zu nehmen. Die Hirten setzten sich, doch sprachen sie kaum miteinander, da sie ängstlich horchten, ob etwas zu hören sei. Sie beteten um Hilfe, und es war ihnen anzusehen, wie sehr sie um Bompart bangten.

Es dauerte lange, bis endlich die Tür geöffnet wurde und der Arzt und du Ferre hereinkamen. Erwartungsvoll sahen ihnen die Frauen und Burschen entgegen.

»Wie steht es?« erkundigte sich Arnaulds Frau.

»Bis jetzt ist es gut gegangen. Es ist aber keine kleine Sache. Man hätte früher schneiden müssen.«

»Und was geschieht jetzt?«

»Bis ich Klarheit habe, wie sich alles entwickelt, muß der Kleine auf jeden Fall unter meiner Aufsicht bleiben, damit ich ihn ständig kontrollieren und entsprechend behandeln kann. Ein Glück, daß das Krankenzimmer gerade frei ist.«

»Herr Doktor, dürfen wir nicht bei ihm bleiben?« fragt Pascalin. »Wir können gut auf dem Boden schlafen. Bitte, sagen Sie ja.«

»Nein, Pascalin, das kann ich wirklich nicht erlauben«, erklärte Arnauld entschieden. »Es ist gut möglich, daß er Fieber bekommt. Er muß unbedingt Ruhe haben, und die hat er nur, wenn er allein gelassen wird.«

Natürlich enttäuschte dieser Bescheid die Burschen. »Ihr braucht keine Angst zu haben. Meine Frau wird ihn gut pflegen. Wenn etwas Unerwartetes eintreten sollte, was ich nicht hoffe, würde ich euch sofort Bescheid geben und euch kommen lassen. Das verspreche ich euch.«

»Ihr müßt doch verstehen, daß nur Doktor Arnauld entscheiden kann, was richtig ist«, wandte sich du Ferre an Mazet und Pascalin. »Wir wollen dankbar sein, daß Bompart hier bleiben darf, wo alles Notwendige für ihn getan werden kann. Sobald es ihm besser geht, werden wir ihn zu uns holen. Doch jetzt ist es für uns höchste Zeit, aufzubrechen. Es ist ja schon dunkel, und wir haben noch einen weiten Weg vor uns. Bis Aleyrac steht uns noch der Wagen zur Verfügung. Doch dort stelle ich ihn und das Pferd bei einem Bauern ein. Den letzten Teil des Weges müssen wir zu Fuß zurücklegen. Haben wir auch das geschafft, dann sind wir endlich am Ziel, wo meine Frau für jeden von euch ein gutes Bett haben wird. Darauf könnt ihr euch verlassen. Nun aber vorwärts! Verabschiedet und bedankt euch, und nachher wird abmarschiert!«

Die rätselhaften Himmelsstimmen

Während ein paar Stunden später und in nächtlicher Dunkelheit du Ferre mit Pascalin und Mazet im Walde noch unterwegs zur Glashütte waren, saßen Doktor Claude Arnauld, seine Frau Suzanne und deren Schwester Agnès noch am offenen Feuer in der Wohnstube beisammen.

»Bompart schläft ruhig«, sagte der Arzt, »ich habe vorhin noch einmal bei ihm hineingeschaut. Schön und friedlich wie ein kleiner Engel liegt er in seinem Bett. Da er immer noch fieberfrei ist, hoffe ich, den liebenswerten Jungen durchbringen zu können.«

»Besteht denn eine Gefahr?« fragte ihn seine Frau.

»In solchen Fällen besteht immer die Gefahr einer Blutvergiftung. Aber sorgen wir uns nicht. Ich setze meine Hoffnung auf die gute Wirkung des Wassers aus meiner Quelle. Und wir wissen doch, daß bei Gott kein Ding unmöglich ist. Als uns heute Nachmittag Amos du Ferre mit seinen drei sympathischen Hirten überraschte«, richtete Arnauld das Wort an seine Schwägerin, »hattest du eben begonnen, über die auch von dir gehörten Himmelsstimmen zu berichten. Da ich mich sehr dafür interessiere, möchte ich dich bitten, mit deinem Bericht noch einmal anzufangen. Es wurden auch in unserer Gegend, im Vivarais und in den Cevennen Himmelsstimmen gehört, was viel zu reden gab. Doch ist es hier nicht wie bei euch in Orthez zu Ansammlungen der Bevölkerung gekommen.«

»Wenn es euch nicht zu spät ist, bin ich gerne bereit, deinem Wunsch zu entsprechen«, antwortete Agnès. »Da das Feuer noch nicht heruntergebrannt ist, haben wir ja noch Zeit. Wie für viele andere, war auch für mich das

Hören dieser Himmelsstimmen ein eigenartiges Erlebnis. Im Sommer letzten Jahres, als ich mich mit meinem Mann nach Anbruch der Dunkelheit noch unterwegs auf einem kurzen Spaziergang befand, geschah es, daß mit einem Male eine ganz wunderbare Musik zu hören war, deren Ursprung wir uns nicht erklären konnten. Es wurden Psalmen gesungen, die uns von unseren Gottesdiensten her bekannt und vertraut sind, aber die wir leider schon seit einiger Zeit nicht mehr gesungen haben, weil unsere Kirche abgerissen worden ist. Wer da sang und wo die Sänger sich befanden, konnten wir uns nicht erklären. Diese Himmelsstimmen, wie die Gesänge in der Folge genannt wurden, wiederholten sich und lockten an den Abenden, an denen sie zu hören waren, zwischen acht und neun Uhr immer mehr Leute auf die Straßen. Während die einen sich bemühten, für die Gesänge eine natürliche Erklärung zu finden, deuteten andere sie als ein göttliches Mahnzeichen, das an die vielen Hugenotten gerichtet sei, die durch die nicht aufhörenden Verfolgungen in ihrem Glauben mehr und mehr erlahmt und gleichgültig geworden seien, um sie zu veranlassen, zu einer neuen und vertieften Glaubenstreue zurückzukehren. Aber bald verbot die Regierung die nächtlichen Ansammlungen, womit aber das Rätsel um die Himmelsstimmen nicht gelöst worden ist.«

»Und wohl ein ungelöstes Geheimnis bleiben wird«, erwiderte Arnauld seiner Schwägerin.

»Lieber Claude«, sagte die Frau des Arztes, »ich glaube doch, daß das Geheimnis gelöst werden kann.«

»Da bin ich aber gespannt«, äußerte sich Arnauld erstaunt, »und welches ist deine Deutung, Suzanne?«

»Nehmen wir an, die Himmelsstimmen an sich seien wirklich nichts Überirdisches gewesen, sondern der natürliche Gesang von in Orthez lebenden Menschen. Da die Kirche ja zerstört war, steht fest, daß die Gesänge unmöglich aus ihr hatten kommen können. Wie Agnès sagte, haben die Hörer übereinstimmend den Eindruck geäußert, das Singen sei aus der Luft, also aus der Höhe gekommen. Das hatte die Gesänge ja auch so geheimnisvoll gemacht. Eine Frage, liebe Agnès. Wenn ich mich richtig erinnere, befinden sich um Orthez herum große Rebenpflanzungen?«

»Das ist richtig, auf den Anhöhen, welche die Stadt umgeben«, bestätigte Agnès.

»Dann ist es doch fast selbstverständlich, daß sich die Sänger aus Sicherheitsgründen an einem möglichst verborgenen Ort versammelten, weil doch das Psalmensingen verboten ist. So sind sie zu einem dieser Rebberge hinaufgestiegen. Das erklärt auch, weshalb der Gesang von oben, eben wie vom Himmel her kam.«

»Das ist nun wirklich eine Erklärung, die mir einleuchtet«, gab der Arzt zu.

»Aber damit ist die Frage noch nicht geklärt, wer und was die Sänger veranlaßt hat, auf einem Rebberg in nächtlicher Dunkelheit Psalmen zu singen.«

»Da hast du recht, Claude. Menschlicher Verstand hat da keine Erklärung. Das Wer und Was wird uns aber durch den Glauben offenbart, der doch das Überzeugtsein von etwas Unbeweisbaren ist, das in einem inneren Vertrauen zu Gott besteht. Wer solchen Glauben hat, ist auch davon überzeugt, daß die Himmelsstimmen ihren Ursprung im Göttlichen hatten.«

»Wieso das?« fragte Agnès.

»Ich habe mir das so ausgedacht, daß Gott, um der Glaubensmüdigkeit so vieler Hugenotten ein Ende zu bereiten, einer Anzahl von ihnen die Herzen mit neuem Mut und neuer Glaubensbegeisterung stärkte, um sich ihrer als seine Werkzeuge bedienen zu können. Mit dem Singen ihrer geliebten Psalmen sollten sie ihre Glaubensgenossen aufrütteln. Diese sollen sich der alten Zeiten erinnern und zu dem Entschluß kommen, in ihren früheren Glaubenseifer zurückzukehren, in dem sie glücklich gewesen waren. In den Himmelsstimmen haben also Menschen, wohl ohne es zu wissen, den Willen Gottes verkündet.«

»Ich kann nur staunen, Suzanne«, äußerte sich der Arzt und legte seine Hand auf die seiner Frau. »Deine Deutung leuchtet mir ein, sie ist bestimmt des bisherigen Rätsels richtige Lösung. Herzlichen Dank dafür.«

Auch Agnès pflichtete ihrer Schwester freudig bei. »Da wir nun den Sinn und die Bedeutung der Himmelsstimmen kennen, dürfen wir nun wohl mit gutem Gewissen unsere Aussprache beschließen. Das Feuer brennt ja auch nicht mehr.«

»Einverstanden«, erklärte Arnauld und erhob sich. »Aber ehe wir uns zur Ruhe begeben, wollen wir doch noch einmal bei unserem Patienten nachsehen, ob alles in Ordnung ist.«

Das war es. Noch immer lag der blondköpfige Bompart friedlich schlafend da, ja, Suzanne glaubte sogar, ein Lächeln auf seinem Gesicht zu sehen. »Der Herr behüte dich«, sagte sie leise und beugte sich nieder, um mit den Lippen des Knaben Stirn zu berühren, wobei in ihrem Herzen ein kleines Glück erwachte.

Eine Predigerschule mitten im Wald

Längst schon waren die Bewohner der Glashütte auf dem Berge d'Aleyrac zur Ruhe gegangen, als die drei nächtlichen Wanderer endlich an ihrem Ziel ankamen. Während sich die beiden Hirten müde auf die neben der Haustür angebrachte kleine Bank setzten, ging du Ferre ins Haus, kehrte aber schon bald wieder mit seiner Frau zurück.

Sofort standen die Burschen auf, um die Frau zu begrüßen.

»Das sind nun unsere neuen Gäste, liebe Valerie. Der große ist Pascalin, der andere heißt Mazet, und den dritten haben wir bei Doktor Arnauld in Dieulefit zurückgelassen. Er ist dort gut untergebracht. Wo hast du nun Platz für die beiden?«

Du Ferres Frau dachte einen Augenblick nach. »Damit sie jetzt in der Nacht nicht die andern aufwecken, wollen wir sie heute im Himmelbett im Gästezimmer schlafen lassen. Morgen kommen sie zu den andern Burschen, die schon hier sind.«

»Habt ihr gehört?« wandte sich du Ferre an die beiden Hirten. »Für den Rest der Nacht, die leider nicht mehr lange dauert, schlaft ihr im Himmelbett. Das habt ihr euch gestern auf eurem Lager im Wald wohl nicht träumen lassen. Und schlaft, so lange ihr könnt. Für diesmal werdet ihr nicht geweckt wie die andern. Solange ihr bei uns seid, ist meine Frau eure Mutter. Sprecht sie also als Mutter an. Und ich, der ich euch unterrichten werde, bin für euch wie für meine Glasbläser der Meister. Der Herr segne euch und euren Aufenthalt in unserem Hause.«

So herrlich hatten Pascalin und Mazet wohl schon lange nicht mehr geschlafen. Als sie nach dem Erwachen den geblümten Vorhang des Himmelbettes zurückzogen, schien schon die Sonne in die Kammer.

»Nun, Pascalin, was sagst du dazu?« neckte ihn Mazet.

»Wohl dasselbe, was du dir selbst denkst: daß wir Gott von ganzem Herzen zu danken haben für seine gnädige Führung. Es kommt mir alles wie ein Wunder vor. Wie ein großes Wunder.«

»Das ist es auch, wahrhaftig. Doch nun müssen wir uns anziehen und nach der Küche Ausschau halten. Wir werden wohl die letzten sein. Wenn wir nur das Morgenessen nicht verpaßt haben!«

Doch das hatten sie wirklich. Im Flur begegneten sie dem Meister.

»Auf euch habe ich gewartet. Nun, wie habt ihr in eurem Himmelbett geschlafen?«

»Wunderbar, einfach wunderbar«, rühmte Pascalin. »So gut, daß wir nun wohl viel zu spät dran sind.«

»Das seid ihr, doch heute macht das nichts. Wir andern haben freilich schon gegessen. Kommt nun mit mir in die Küche, die Mutter hat dafür gesorgt, daß ihr nicht hungrig bleiben müßt. Nachher gehen wir ins Schulzimmer, wo die andern bereits an der Arbeit sind.«

In dem im Erdgeschoß gelegenen Raum, in welchem du Ferre die zukünftigen jungen Prediger unterrichtete, saßen an einem langen Tisch drei Burschen und vier Mädchen. Mit Ausnahme des größten Burschen, der in Pascalins Alter sein mochte und Bruder Antoine genannt wurde, waren alle ungefähr gleich alt wie Mazet.

Als die Tür sich öffnete und du Ferre mit den beiden Hirten eintrat, standen alle sofort auf, sahen dem Meister freudig entgegen und grüßten ihn mit froher Stimme: »Schön, daß Sie wieder bei uns sind, Meister. Der Herr segne Sie!«

»Er segne auch euch, meine jungen Brüder und Schwestern«, erwiderte du Ferre ihren Gruß. Dann wies er auf seine Begleiter hin: „Diese beiden Hirten aus Bourdeaux habe ich von meiner Reise mitgebracht. Wie ihr, so haben auch sie den Wunsch, hier das Predigen zu lernen. Nehmt sie als eure Brüder auf. Sie heißen Pascalin und Mazet und werden sich nach dem Lied zu euch an den Tisch setzen.«

Willig traten die bisherigen Schüler auseinander, um für die Neuen Platz zu schaffen und sie in ihren Kreis aufzunehmen.

»Wir beginnen den Tag mit dem 118. Psalm«, erklärte du Ferre und stimmte selbst mit kräftiger Stimme den Gesang an, in den die Schüler freudig einfielen. Mazet und Pascalin, die die Worte des Psalms noch nicht auswendig kannten, hörten aufmerksam zu.

Nachdem sie sich alle gesetzt hatten, rief du Ferre den Burschen auf, der ihn während seiner Abwesenheit hatte vertreten müssen: »Nun, Bruder Antoine, ist alles gutgegangen, als ich nicht hier war?«

»Ja Meister, es ging alles gut. Da die meisten der Brüder und Schwestern weder schreiben noch lesen können, habe ich die mir von Ihnen aufgeschriebenen Bibelstellen eine nach der anderen immer wieder vorgelesen, bis alle sie auswendig hersagen konnten.«

»Das freut mich. Ich werde darauf zurückkommen. Und nun wollen wir mit dem Unterricht beginnen. Ihr seid alle hier, um das Predigen zu erlernen. Jsabeau, wieso willst du überhaupt predigen können?«

»Weil der König den protestantischen Pfarrern verboten hat, in Frankreich zu predigen und so mehr als die Hälfte von ihnen das Land verlassen mußte.«

»Das ist richtig. Aber weshalb durften die protestantischen Pfarrer nicht mehr predigen?«

»Weil die Katholiken, zu denen auch der König gehört, in unserem protestantischen Glauben eine falsche Lehre sehen, die der König deshalb verboten hat«, antwortete Jsabeau.

»Was hat das nun mit eurem Wunsch zu tun, das Predigen zu erlernen?«

»Wir möchten die jetzt überall fehlenden Pfarrer ersetzen und an ihrer Stelle den Leuten das Wort Gottes verkündigen.«

»Glaubst du, den Mut zu haben, unter die Leute zu treten, sowohl unter Hugenotten als auch unter Katholiken, um zu ihnen zu predigen?«

»Ja, Meister, das glaube ich bestimmt, weil ich überzeugt bin, daß mir der Herr helfen wird. Er wird mir die richtigen Worte eingeben, die ich meinen Zuhörern sagen soll.«

»Gut, Jsabeau. Ich bin überzeugt, daß dich der Herr eine gute Predigerin werden läßt. – Nun möchte ich von Bruder Antoine wissen, weshalb es notwendig ist, daß ihr an Stelle der Pfarrer, die das Land verlassen mußten, predigen sollt.«

»Meister, da die Pfarrer fehlen, gibt es keinen protestantischen Gottesdienst mehr. Deshalb haben viele Hugenotten angefangen, in ihrem Glauben müde und gleichgültig zu werden. Sie nehmen die göttlichen Gebote nicht mehr so ernst, wie sie es sollten und wie es früher der Fall war. So haben schon manche von ihnen zu sündigen begonnen.«

»Und welches ist ihre größte Sünde?«

»Daß sie sich überreden lassen, unseren verbotenen hugenottischen Glauben aufzugeben und katholisch zu werden. Es gibt sogar viele, die sich für ihr Katholischwerden bezahlen lassen. Deshalb wird es unsere wichtigste Aufgabe sein, zu versuchen, sie erneut für unseren Glauben zu begeistern.«

»Antoine, du wirst sicher ein kraftvoller Prediger werden. – Nun aber noch eine Frage an alle. Warum gibt es eigentlich in Frankreich, wo es einst, wie in den andern Ländern, nur den katholischen Glauben gab, auch einen protestantischen Glauben?«

Eine Weile herrscht Stille. Die Buben und Mädchen dachten nach. Da hob einer der Burschen die Hand.

»Nun, Tobie?«

»Es war Calvin, der für Frankreich den protestantischen Glauben erfunden hat, obwohl er fast immer in der Schweiz lebte und dort auch gestorben ist.«

»Calvin stimmt«, antwortete du Ferre zögernd, »aber daß er den protestantischen Glauben erfunden haben soll, ist doch etwas ungeschickt ausgedrückt. Calvin hatte, wie andere auch, die Mißstände in der katholischen Kirche erkannt und war der Ansicht, daß diese Mißstände abgeschafft werden mußten. Die zu reinigende Glaubenslehre sollte ausschließlich auf die in der Bibel enthaltenen Gebote und Lehren ausgerichtet werden. Ich will euch noch einmal mitteilen, wie der protestantische Glaube in Frankreich Eingang gefunden hat.«

Du Ferre zog einen Stuhl heran und setzte sich zu seinen Schülern an den Tisch. »Calvin, der 1509 in der Picardie geboren wurde, dann aber, wie Tobie schon sagte, fast ausschließlich in Genf gelebt und gewirkt hat, wurde wie Luther in Deutschland und Zwingli in der Schweiz durch seine Bemühungen, den Glauben zu erneuern, zum Reformator in Frankreich. Die Begründer des protestantischen Denkens hatten ursprünglich keineswegs die Absicht, den katholischen Glauben abzuschaffen. Sie wollten lediglich den bisherigen Glauben von seinen Irrtümern befreien. Irrtümer waren zum Beispiel die Unfehlbarkeit des Papstes und der Papst selbst, die Anbetung der Heiligen, der Prunk in den Kirchen und vor allem der Ablaßhandel, der nach dem Spruch gehandhabt wurde: ›Sobald das Geld im Kasten klingt, die Seele aus dem Fegfeuer springt.‹ Die Reformatoren waren selbstverständlich eifrig bemüht, ihre neugestaltete Lehre unter die Bevölkerung zu bringen. Die erste protestantische Gemeinde in Frankreich bildete sich in Meaux und fand in kurzer Zeit so viele Anhänger, daß die Regierung die Gründung protestantischer Gemeinden verbot, deren Führer und Prediger gefangennahm und im Jahr 1546 vierzehn von ihnen auf dem Marktplatz von Meaux als abschreckendes Beispiel lebendigen Leibes verbrennen ließ. Der damalige König von Frankreich, Henri II., verbot 1551 unter Androhung der Todesstrafe nicht nur die Bildung von protestantischen Gemeinden, sondern den protestantischen Glauben überhaupt. Doch trotz der harten Verfolgung der Protestanten oder Hugenotten, wie man sie zu nennen begann, nahm ihre Zahl im ganzen Land ständig zu. Henri IV., seit 1589 Frankreichs König, der selbst ein Hugenotte war, trat aus politischen Überlegungen zum katholischen Glauben über. So wurde es ihm möglich, zum Schutz seiner ehemaligen Glaubensgenossen im Jahre 1598 das Edikt von Nantes zu erlassen, das den Hugenotten für ewige Zeiten Glaubensfreiheit zusicherte. Doch Henris Enkel, Ludwig XIV., der in seinem Reich nur Bürger und Bürgerinnen katholischen Glaubens haben will, hat nun vor einem Jahr, 1685, das hugenottenfreundliche Edikt außer Kraft gesetzt und erneut die Verfolgung und Ausrottung der Hugenotten befohlen, und dies mit noch größerer Härte als zuvor. Damit unserem Glauben aber nicht das Ende, sondern, wie wir hoffen, ein neuer Anfang bevorsteht, werdet ihr schon bald einmal als junge Predigerinnen und Prediger eingesetzt. Also auch von euch, vom Eifer eures Einsatzes, hängt die Zukunft unseres Glaubens ab. – Nun aber möchte ich doch noch hören, was ihr in meiner Abwesenheit bei Bruder Antoine auswendiggelernt habt. Pascalin und Mazet aber gehen jetzt in die Küche, wo die Mutter auf sie wartet.«

Wo sich die Küche befand, wußten die beiden vom Frühstück her.

»Gut, daß ihr kommt«, empfing sie die Frau des Meisters. »Ihr seid wohl nette Burschen, das kann man schon sagen, doch etwas an euch gefällt mir nicht. Das werden wir jetzt in Ordnung bringen. Nach eurem zweijährigen Wanderleben seht ihr ziemlich verwildert aus. Das kann ja auch nicht anders sein. Ich habe für euch warmes Wasser bereitgestellt. Dort, in der Kammer nebenan, stehen zwei gefüllte Bottiche, denn fürs erste sollt ihr euch wieder einmal gründlich waschen. Mit Seife und Bürste, wie es sich gehört, und vom Kopf bis zu den Zehen hinunter. Da Pascalin bereits ein junger Mann ist, kann ich euch ja allein lassen. Das Waschen des Rückens müßt ihr einander besorgen. Tücher zum Abtrocknen liegen auch bereit, und dazu saubere Hemden. Denn die, in denen ihr steckt, haben wohl schon lange nicht mehr im Wasser gelegen. Ob sie überhaupt noch zu gebrauchen sind, wird sich zeigen. Nun geht, nehmt euch genügend Zeit. Zuschauen wird euch niemand.«

Also zogen sich Pascalin und Mazet in die Kammer zurück, wo sie alles so vorbereitet fanden, wie es die Mutter gesagt hatte. Sofort begannen sie, sich ihrer Kleider zu entledigen. Pascalin saß als erster in seinem Bottich.

»Herrlich, herrlich ist das!« rief er begeistert. Da streifte auch Mazet die Hose hinunter und stieg lachend ins Bad.

Jsabeaus Gespräch mit dem Meister

Zur Zeit des Geschehens, über das hier berichtet wird, war Amos du Ferre etwa sechzig Jahre alt, ein paar Jahre älter als seine Frau Valerie. Ihre Geburtsdaten sind unbekannt. Ihre Ehe war mit drei Kindern gesegnet worden, die schon erwachsen waren. Die beiden Söhne, die sich bereits in ihrer Jugend entschlossen hatten, wie ihr Vater die »heiße Kunst« der Glasfabrikanten und Glasbläser zu erlernen, hatten ihre eigenen Familien und bewohnten eines der beiden Holzhäuser in der Nähe der eigentlichen Glashütte, während im zweiten Haus zwei andere Glasarbeiter mit ihren Familien untergebracht waren. Die Tochter Marie lebte noch unverheiratet bei den Eltern und war der Mutter eine willkommene Hilfe.

Die Glashütte selbst, in der sich die Öfen befanden und in der die Glasbläser ihre Kunst ausübten, stand etwas abseits vom größten der Häuser, in dem ursprünglich die Familie der du Ferres gewohnt hatte. Da die Söhne nach ihrer Verheiratung das Elternhaus verlassen hatten, war in diesem nun genügend Raum vorhanden, um die Burschen und Mädchen, die du Ferre schulen und zu jungen Predigern ausbilden wollte, unterzubringen.

Von den unter dem Dach liegenden Kammern war vorläufig eine für die Mädchen und eine andere für die Burschen zum Schlafen hergerichtet worden. Für die, die noch kommen sollten, standen noch einmal zwei Kammern zur Verfügung. Außer der Küche befanden sich im Erdgeschoß des Hauses noch die Zimmer der du Ferres, der Schulungsraum und das Gästezimmer mit dem Himmelbett, in welchem Pascalin und Mazet ihre erste Nacht verbracht hatten.

Als die beiden ihr Bad hinter sich hatten, teilte ihnen die Mutter mit, daß sie künftig im Burschenzimmer schlafen würden, zusammen mit Antoine, Tobie und Armand, dem jüngsten unter ihnen. Ein sechstes Bett stehe für Bompart schon bereit.

Die vier Häuser, die auch in ihrer Gesamtheit als Glashütte bezeichnet wurden, standen nicht auf der unbewaldeten Höhe der Montagne d'Aleyrac, die eigentlich kein Berg, sondern ein großer Hügel ist. Sie waren etwas unterhalb auf einer Waldlichtung errichtet worden, so daß sie von Dieulefit aus nicht zu sehen waren.

Da du Ferre von der Notwendigkeit überzeugt war, seine Schüler auf ein Leben in Härte und mit Entbehrungen vorzubereiten, ließ er sie auch körperlich arbeiten. Daß jede und jeder am Morgen sein Bett selbst in Ordnung zu bringen hatte, war selbstverständlich. Aber auch im Haushalt hatte jeder der Zöglinge ein Amt zu versehen. Sie waren verantwortlich für die Reinhaltung ihres Schlafraums, des Schulzimmers und des Treppenhauses; zwei von ihnen mußten abwechselnd neben dem Unterricht in der Küche helfen. Darüber, daß überall gute Arbeit geleistet wurde, wachten die Mutter und die Tochter Marie. In Liebe, aber unnachsichtig streng. Man mußte sich auf jede und jeden verlassen können. Um die jungen zukünftigen Prediger auch in Selbstdisziplin zu üben, hatte der Meister regelmäßige Fasttage eingeführt. Da er mit seinen Zöglingen vorher über das Warum dieser Maßnahme gesprochen hatte, hatten ihm alle willig zugestimmt. Sie waren davon überzeugt, daß alles, was vom Meister kam, auch richtig war.

Im Lehrplan war für den Meister ein gründlicher

Bibelunterricht unter besonderer Berücksichtigung der prophetischen Bücher und der Offenbarung des Johannes das Wichtigste. Dazu kam eine leicht faßbare und klare Auslegung des Glaubensbekenntnisses, das Vorlesen guter Predigten und Ratschläge, wie gottesdienstliche Versammlungen zu gestalten waren.

Im Unterricht übte du Ferre ebenfalls große Strenge, daneben aber, im persönlichen Umgang mit den Burschen und Mädchen, wurde der Meister zum verständnisvollen Vater, der ihnen mit Interesse, Geduld und Güte begegnete, wenn sie mit Fragen, Zweifeln und Kümmernissen im Bewußtsein zu ihm kamen, von ihm Rat und Hilfe zu erhalten. Um sie stets noch besser kennenzulernen und verstehen zu können, lud er, wenn es ihm zeitlich möglich war, in der Stunde zwischen Abendessen und Nachtruhe einen der Burschen oder ein Mädchen zu einem Gespräch unter vier Augen zu sich in sein Arbeitszimmer ein, das die jungen Menschen beinahe wie ein Heiligtum betraten. Da sie alle ihren Meister verehrten und liebten, brachten sie ihm ihr ganzes Vertrauen entgegen, so daß sie ihm alles beichteten, was sie beschäftigte, selbst ihre heimlichsten Nöte.

So rief denn du Ferre an einem der ersten Abende nach seiner Rückkehr aus der Schweiz das Mädchen Jsabeau Vincent zu sich. »Ehe wir mit unserem Gespräch beginnen, wollen wir noch den Herrn zu uns bitten.«

Sie knieten nieder und Amos du Ferre betete: »Der Herr ist nahe allen, die ihn anrufen, allen, die ihn mit Ernst anrufen. Wo zwei oder drei versammelt sind in meinem Namen, da bin ich mitten unter ihnen. Und siehe, ich bin bei euch alle Tage bis an der Welt Ende. Lasset uns laufen durch Geduld in dem Kampf, der uns verordnet ist und aufsehen auf Jesum, den Anfänger und Vollender des Glaubens. Amen.«

Im Jahre 1673 geboren, war Jsabeau jetzt dreizehn Jahre alt. Sie war in Saou zur Welt gekommen, in einem Dorf in der Nähe des an der Drôme gelegenen Städtchens Crest.

»Ich kann mich noch gut an das erinnern, was wir miteinander gesprochen haben, als ich dich vor ein paar Wochen in Saou zum erstenmal sah. Deine Eltern waren beide Hugenotten, aber du hast es daheim nicht gut gehabt. Weshalb eigentlich nicht?« begann der Meister das Gespräch. »An wem hat es gefehlt?«

»Am Vater«, war die rasche Antwort Jsabeaus. »Meine Mutter war dagegen immer gut zu mir. Solange sie lebte, hatte ich es schön, obwohl wir sehr arm waren, weil mein Vater als Wollkämmer nur wenig verdiente. Ich bin mit meiner Mutter auch zum Gottesdienst gegangen, solange unsere Kirche noch stand. Ich liebte es, mit ihr zusammen in der Kirche zu sein. Der Vater kam selten mit uns, er hielt nicht viel vom Glauben. Anders die Mutter. Sie sagte mir oft, der Glaube sei für sie das Beste, was sie im Leben habe. In die Schule bin ich nie gegangen, so daß ich weder lesen noch schreiben kann. Die Mutter hat mich aber ein paar Psalmen sowie ein Morgen- und ein Abendgebet gelehrt, die ich immer für mich aufsagte, wenn ich traurig war. Das war ich nach dem Tod der Mutter oft. Als sie starb, war ich acht Jahre alt. Der Vater kümmerte sich nur wenig um mich. Ich mußte häufig hungrig schlafen gehen und habe nicht einmal immer ein Hemd gehabt. Da faßte der Vater den Entschluß, den protestantischen Glauben aufzugeben und katholisch zu werden. Nicht wegen des Glaubens, sondern nur, weil er als nouveau converti, als Neubekehrter, von der katholischen Kirche Geld bekam. Er sagte mir, daß er mich von jetzt an katholisch erziehen werde und daß ich mit ihm immer die Messe zu besuchen habe. Das paßte mir aber gar nicht, denn meine Mutter hatte mir oft gesagt, der katholische Glaube sei nicht der richtige Glaube. Weil ich in der Kirche die Sprache des Curé nicht verstand, war es sehr langweilig, ihm dennoch zuhören zu müssen. Ich sagte das dem Vater, der aber nicht nachgab und mich zum Pfarrer brachte, zu dem ich dann eine Zeitlang immer wieder gehen mußte, um mich von ihm im katholischen Glauben unterweisen zu lassen. Da er freundlich zu mir war und mir manchmal etwas zu essen gab, trotzte ich nicht mehr und habe in der Zeit, in der ich zu ihm ging, einige Teile der Messe und auch katholische Gebete auswendig gelernt. Ich kann sie heute noch aufsagen. Als mich dann der Vater nicht mehr so oft zur Messe begleitete, blieb auch ich der Kirche häufig fern und ging schließlich auch nicht mehr in den Unterricht, was der Pfarrer meinem Vater meldete, der furchtbar zornig wurde und mich mit Gewalt hinbringen wollte. Ich rannte ihm aber davon, und als er versuchte, mich einzuholen, stolperte er und stürzte zu Boden. Ich sah mich nach ihm um und rief ihm zu, der Herr im Himmel habe keine Freude daran, daß er mich zwingen wolle, zur Messe zu gehen. Es wurde dann immer schlimmer. Der Vater verdiente überhaupt nichts mehr, so daß wir an manchen Tagen nichts zu essen hatten. Da erklärte der Vater, er bleibe nicht länger in Saou, er gehe nun fort, mich könne er aber nicht mitnehmen. Ich müsse zu Hause bleiben. So war das nun. Um etwas zu essen zu bekommen, ging ich zu Nachbarn, um ihnen bei der Arbeit im Haus oder im Garten zu helfen. Manchmal hütete ich ihnen die Ziegen oder die Schweine. Oft aber tat ich nichts. Ich dachte an die Mutter, sagte die Psalmen und die Gebete auf, die mich an sie und an die gute Zeit mit ihr erinnerten, und häufig setzte ich mich auch nur irgendwo hin, um meinen Gedanken nachzuhängen. Es ist nicht schön, allein zu sein und von niemandem geliebt zu werden. Aber dann kam der Tag, an dem ich Ihnen begegnete, und alles wurde anders.«

»Ja, Jsabeau«, sagte du Ferre, »ich habe nicht vergessen, wie wir uns kennenlernten. Das war vor ein paar Wochen, einige Tage bevor ich nach Genf fuhr. Da traf ich dich, als du am Rand der nach Saou führenden Straße saßest. Warum saßest du eigentlich dort?«

»Ich wartete. Auf irgend jemanden, mit dem ich hätte sprechen können. Vielleicht auf David, der immer, sobald er mich sah, zu mir kam. Ein strammer, schon fast erwachsener Bursche, der es darauf abgesehen hatte, mich zu verführen. Aber ich habe ihm nie nachgegeben, weil ich wußte, daß es eine Sünde gewesen wäre. Eine Sünde wollte ich aber nicht begehen, weil ich damit den Herrn erzürnt hätte. Als ich am Straßenrand saß und gerade daran dachte, wie er mich das letzte Mal bedrängt hatte, sah ich auf der Straße einen Mann daherkommen. Dieser Mann waren Sie. Sie blieben stehen und fragten mich, ob ich jemanden erwarte. Eigentlich nicht, gab ich Ihnen zur Antwort, ich wisse nicht, auf wen ich hätte warten sollen. Die Mutter sei schon lange tot, und der Vater, der mich ständig habe zwingen wollen, in die Messe zu gehen, sei fortgegangen und habe mich allein zurückgelassen. Allein mit der Armut und mit dem Hunger. Als Sie wissen wollten, wann wohl der Vater zurückkommen werde, zuckte ich mit den Schultern, das wisse ich nicht, vielleicht komme er überhaupt nicht mehr zurück. Aber auch wenn er zurückkommen sollte, würde ich nicht mehr zu ihm gehen. Nie mehr, weil er ein Judas sei. Auf Ihre Frage, warum er denn ein Judas sei, gab ich Ihnen zur Antwort, weil er wie Judas Jesus Christus verkauft habe, damals, als er den Glauben wechselte. Nicht für dreißig Silberlinge, sondern für katholisches Geld.«

»Ja Jsabeau, genau das hast du gesagt. Ich wunderte mich darüber und habe deinen Ausspruch nicht vergessen. Dann fragte ich dich, ob du bereit wärest, mit mir zu kommen, um einige Zeit bei mir und meiner Frau zu wohnen. Es seien bei uns daheim schon ein paar verwaiste Kinder, die wir zu uns genommen hätten, um ihnen Obdach und Nahrung zu geben. Ich sei dabei, sie im hugenottischen Glauben zu unterrichten, um sie das Predigen zu lehren. Weil fast alle hugenottischen Pfarrer ins Ausland vertrieben worden seien, sollten die Kinder lernen, an ihrer Stelle zu den Leuten zu predigen und mit ihnen Versammlungen abzuhalten.«

»Ja, das haben Sie gesagt. Als ich das hörte, wurde ich auf einmal ganz froh, wie ich es schon lange nicht mehr gewesen war«, unterbrach ihn Jsabeau freudig, »und ich sagte Ihnen: Ja, nehmen Sie mich mit, ich bitte Sie, ich möchte auch predigen lernen, um nicht nur den Leuten, die keinen Pfarrer mehr haben, sondern auch dem lieben Gott und dem Herrn Jesus Christus eine Freude zu bereiten.«

»Damit, liebe Jsabeau, sind wir schon bald am Ende deiner traurigen Geschichte angelangt. Wir gingen noch miteinander ins Haus, wo du deine Habseligkeiten zu einem kleinen Bündel zusammenpacktest, brachten den

Nachbarn den Schlüssel, verließen dann Saou und wanderten über Bourdeaux nach Dieulefit und von dort zu der von mir beschriebenen Glashütte von Salecru auf der Montagne d'Aleyrac, wo wir jetzt beisammen sitzen und eben Rückschau hielten auf das, was du bisher erlebt hast. Es war mehr Dunkles als Helles, was dir bisher beschert war, aber sei getrost, Jsabeau, du hast einen starken Glauben, der dir helfen wird, die Aufgaben zu meistern, die der Herr für dich bereithält. Laß uns noch einmal niederknien und die Hände falten.«

Dann sprach du Ferre: »Gott wird abwischen alle Tränen von ihren Augen; und der Tod wird nicht mehr sein; denn das Erste ist vergangen. Die Leiden dieser Zeit sind nicht wert der Herrlichkeit, die an uns soll offenbart werden. Denn unsere Trübsal, die zeitlich und leicht ist, schafft uns eine ewige und über alle Maßen wichtige Herrlichkeit. Amen.«

Es war dunkel geworden während ihres Gesprächs, doch durch das Fenster sahen sie am Himmel das strahlende Licht der sie grüßenden Sterne.

Freudiges Wiedersehen und großes Staunen

Eines Tages nach dem Frühstück rief du Ferre Pascalin und Mazet zu sich und eröffnete ihnen, daß er heute mit dem Gemeindevorsteher von Dieulefit etwas zu besprechen habe und Bruder Antoine ihn in der Schulstube vertreten werde. Am Nachmittag werde dann Antoine mit allen Schülern in den Wald gehen, um noch vor dem Winter körbeweise Farnkraut und Brombeerranken einzusammeln. Das Gesammelte werde dann verbrannt, da die daraus gewonnene Asche das feinste Salz für die Glasherstellung abgebe. »Wollt ihr mich nach Dieulefit hinunter begleiten? Wir könnten die Gelegenheit nutzen, auch ins Doktorhaus zu gehen, um uns nach Bomparts Ergehen zu erkundigen.«

Die beiden Burschen strahlten vor Freude. Die ganzen letzten Tage waren sie bekümmert gewesen, weil sie nicht wußten, wie es dem kranken Bompart ging.

»Meister, das ist lieb von Ihnen, daß Sie uns mitnehmen wollen. Was für eine große Freude machen Sie uns damit! Immer wieder haben wir Ihnen zu danken.«

»Schon recht, Pascalin. Geht nur zur Mutter und macht euch bereit, damit wir bald aufbrechen können.«

Was sie als Verpflegung mitnahmen, hatte ihnen die Mutter bald eingepackt.

Als dann du Ferre mit seinen jungen Begleitern rüstig durch den Wald talwärts schritt, erkundigte sich Mazet beim Meister, wie denn eigentlich Glas hergestellt werde, wenn man Farnkraut und Brombeerblätter dazu benötige.

»Das euch zu erklären, lieber Mazet, ist keine einfache Sache. Ihr könnt zwar lesen und schreiben, seid also in die Schule gegangen, aber in Physik und Chemie werdet ihr wohl nicht unterrichtet worden sein. Ich werde euch bald einmal in die Glashütte mitnehmen, schon um euch meinen beiden Söhnen vorzustellen, die nun dort hauptsächlich tätig sind, weil ich durch meine Arbeit mit euch stark in Anspruch genommen bin. Dort kann ich euch dann alles zeigen und erklären.«

In Dieulefit begaben sie sich zuerst zu Doktor Arnauld, wo sie von der Frau des Arztes freundlich empfangen wurden. Der Arzt selbst war noch mit einem Patienten beschäftigt. »Wie schön, daß ihr gekommen seid! Es tut uns leid, euch bisher nie Bericht gegeben zu haben. Aber es geht unserem lieben Bompart gut. Zum Glück blieb er von einer Blutvergiftung verschont, und die Umschläge mit dem eiskalten Quellwasser lassen die große Wunde sauber heilen. Bompart wird glücklich sein, euch zu sehen. Immer und immer wieder hat er sich nach euch erkundigt. Ich will euch zu ihm führen, bitte euch aber, ihm nicht die Hand zu reichen.«

Bompart hatte ihre Stimmen längst gehört und sie sofort erkannt.

Als dann die so sehr Herbeigesehnten das Krankenzimmer betraten, sah er ihnen aus strahlenden Augen und glücklich lächelnd entgegen. Sogar mit der Hand winkte er ihnen. Aufrichten durfte er sich aber nicht, da er wegen der Wunde ganz ruhig liegenbleiben mußte.

Nachdem du Ferre ein paar freundliche Worte mit dem Jungen gewechselt hatte, verließ er das Zimmer, um zum Gemeindevorsteher zu gehen. Der inzwischen hereingekommene Arzt war damit einverstanden, daß Pascalin und Mazet bis zur Rückkehr du Ferres bei Bompart bleiben durften. Es gab für alle drei ja so viel zu erzählen.

Zuerst erstatteten Mazet und Pascalin Bericht darüber, wie sie es im Haus du Ferres getroffen hatten, wie sie nebeneinander in einem Himmelbett mit geblümten Vorhängen hatten schlafen dürfen, wie es im Unterricht zuging und was für andere Burschen und Mädchen sich sonst noch im Haus aufhielten.

»Im Himmelbett haben wir nur einmal geschlafen«, erklärte Mazet, »jetzt schlafen wir mit drei andern Burschen in der gleichen Kammer, in der noch ein sechstes Bett steht, das für dich bestimmt ist.«

»Ja«, sagte Pascalin, »mach nur, daß du bald gesund wirst und wieder zu uns kommen kannst. Wie schön wird es sein, wenn wir wieder beisammen sind! Du fehlst uns sehr.«

»Ach du lieber Pascalin, ich habe dich auch gern und will alles tun, was Doktor Arnauld von mir verlangt, damit ich bald wieder gesund bin.«

»Aber du hast es hier doch gut?«

»Ja, das habe ich. Ich könnte es nirgends besser haben. Frau Suzanne selbst pflegt mich. Sie könnte nicht lieber zu mir sein, wenn sie meine Mutter wäre. Wie gut hat der liebe Gott alles gefügt! Betet ihr auch jeden Abend für mich wie ich für euch?«

»Ei freilich«, antwortete Pascalin »und nicht nur am Abend.«

Als dann der Meister ins Doktorhaus zurückkam, wurde er mit Pascalin und Mazet ins schöne Wohnzimmer geführt, wo sich auch die beiden Frauen aufhielten. Vor ihrem Aufbruch mußten sie noch mit ihnen Tee trinken und Kuchen essen.

Nachdem sie sich unter der Tür noch einmal von Bompart verabschiedet hatten, traten sie, glücklich über den Tag, der ihnen so viel Gutes gebracht hatte, wieder den langen Weg zur Glashütte hinauf an. Auch du Ferre freute sich über das gute Befinden Bomparts. »Denkt euch nur, die Frau des Arztes hat mir gesagt, Bompart sei ihr so lieb geworden, daß sie ihn am liebsten bei sich behalten möchte.«

»Das gibt es aber nicht!« wehrte sich Mazet entrüstet.

»Nein, wirklich nicht. Bompart gehört zu uns«, stimmte ihm Pascalin zu. »Wie denken Sie darüber, Meister?«

»Natürlich wird er, sobald sein Zustand es erlaubt, zu uns auf den Berg kommen. Die Mutter hat ja das Bett für ihn schon bereitgestellt. Sie freut sich auch auf den Jungen und wird bestimmt lieb zu ihm sein.«

Schon wenige Tage nach ihrem Besuch bei Bompart ging der Meister an einem Nachmittag mit Pascalin und Mazet zur Glashütte, in der jetzt vor Weihnachten ein eifriger Betrieb herrschte, um der gesteigerten Nachfrage nach schönen Gläsern, Vasen und anderen Glaswaren genügen zu können.

»Die Herstellung von Glas ist nicht etwa eine neue Erfindung«, erklärte du Ferre den Burschen unterwegs, »schon 400 Jahre vor Christi Geburt haben die Ägypter Glas gekannt.«

»Aus was wird es denn eigentlich gemacht?« fragte Mazet.

»Es besteht zur Hauptsache aus einem Gemisch von Kieselsäure und aus mindestens zwei Metalloxyden. Dazu kommen noch Zutaten, je nach dem, was für Glas man herstellen will. Da sind wir auch schon. Kommt herein!«

Überrascht sahen sich Pascalin und Mazet im warmen Ofenraum um.

»Das Gemisch wird in Häfen, wie dort einer steht, im Ofen erhitzt und schmilzt dann bei einer Hitze von mindestens tausend Grad zu einer flüssigen Glasmasse«, setzte du Ferre seine unterbrochene Erklärung fort.

»Aber was sind nun Kieselsäure und Metalloxyde, oder wie Sie es genannt haben? Ich kann mir darunter nichts vorstellen. Diese Wörter habe ich heute zum erstenmal gehört.«

»Metalloxyde ist richtig, Mazet. Nun, Kieselsäure gewinnen wir aus den Kieselsteinen, die wir aus dem Bachbett holen und in der Poche zu Mehl verstampfen, das dann in Säcke abgefüllt wird. Die Farnkräuter und die Brombeerranken, die unsere Burschen und Mädchen im Wald gesammelt haben, während wir Bompart besuchten, werden verbrannt; die Asche davon liefert uns den notwendigen Kalianteil. Damit das Glas nach dem Blasen hart und wasserfest wird, kommt auch noch Kalk in das Gemisch, das dann in die Häfen oder Tiegel gefüllt wird, die aus gebranntem Ton bestehen. Mit einer langen Schere, die eigentlich eine Zange ist, werden die gefüllten Häfen in den erhitzten Ofen gestellt, den Wänden entlang auf Sandsteinziegel. Das Feuer unter dem Rost brennt täglich sieben Stunden lang. Gefeuert wird bei uns mit Holz. Stellt euch vor, für die Gewinnung von einem Zentner Glasmasse braucht man acht Zentner Holz. Paßt auf, jetzt geht eben mein Sohn Nicolas zum Ofen. Jeder der Glasbläser hat seinen ihm zugeteilten Hafen. In der Hand hält Nicolas das anderthalb Meter lange Glasbläserrohr, die Pfeife, weil er prüfen will, ob der Sud schon geblasen werden kann.«

Pascalin und Mazet standen da, schauten sich um, hörten aufmerksam zu und konnten nur staunen.

»Wie wird dann das flüssige Glas geblasen?« erkundigte sich Pascalin.

»Beinahe so, wie ihr wohl schon Seifenblasen gemacht habt, nur mit dem Unterschied, daß gläserne Blasen nicht fliegen können wie Seifenblasen«, lächelte der Meister, ging zu seinem Sohn hin und nahm ihm, als dieser ihm zunickte, das lange Rohr aus den Händen, schwenkte es, da sich vorn im Rohr Glasmasse befand, etwas hin und her und blies dann hinein. Das Glas kam aus dem Rohr heraus und formte sich langsam zu einer schönen Kugel.

»Wunderbar!« staunte Mazet, »Was es doch alles gibt und was unser Meister alles kann!«

Noch eine Weile sahen sie den Männern zu, wie sie am feurigen Ofen ihre langen Pfeifen in die glühende Glasmasse ihres Hafens tauchten und dann die werdende Kugel in eine Motze bliesen, um ihr die gewünschte Form zu geben. Dann kam das fertig geblasene Stück in den Kühlofen, wo es bei niedrigerer Wärme langsam erkalten konnte.

Zum Schluß zeigte ihnen du Ferre noch die auf einem Tisch zur Schau gestellten fertigen Glaswaren, die bewiesen, daß es unter den Glasbläsern wahre Künstler gab.

»Ist es schwer, Glasbläser zu werden?« wollte Mazet wissen.

»Nun, dazu braucht es eine dreijährige Lehrzeit, vor allem aber eine besondere Begabung. Wer diesen Beruf ergreifen will, sollte am besten wie meine Söhne in ihn hineingeboren sein und in ihm aufwachsen, um es in der heißen Kunst zu etwas bringen zu können.«

Damit die Arbeit in der Glashütte nicht länger behindert wurde, schickte der Meister seine beiden Zöglinge in die Schulstube zurück, wo Bruder Antoine den Burschen und Mädchen aus der Bibel vorlas und abhörte, was sie früher auswendig gelernt hatten.

Antoine war froh über Pascalins Erscheinen, da Pascalin besser vorlas als er und ihn nun ablösen konnte.

Die drei Hirten sind wieder beisammen

Schon waren die beiden Hirten aus Bourdeaux mehr als sechs Wochen auf der Montagne d'Aleyrac, als sich eines Tages um die Mittagszeit ein Bote meldete und ausrichtete, er komme im Auftrag des Arztes von Dieulefit. Der Knabe Bompart sei nun wieder gesund und könne abgeholt werden.

Pascalin und Mazet waren überglücklich und ihre Gesichter strahlten wie zwei Sonnen, hatten sie doch schon befürchtet, Bompart müsse auch noch über Weihnachten im Doktorhaus bleiben.

»Morgen werden Pascalin und ich nach Dieulefit hinuntergehen. Jetzt ist es noch trocken, doch ich glaube, das Wetter wird sich bald ändern.«

Mazet war tief betrübt über die Entscheidung des Meisters, ihn nicht auch mitzunehmen. »Er kann uns nichts helfen und es scheint mir richtig zu sein, wenn er auch lernt, verzichten zu können«, erklärte du Ferre seiner Frau, die ein gutes Wort für den Jungen eingelegt hatte.

Anderntags, gleich nach dem von allen gemeinsam in der Küche eingenommenen Frühstück, brachen du Ferre und Pascalin nach Dieulefit auf. Mit tränenden Augen stand Mazet am Fenster der Schlafkammer und schaute ihnen nach, bis sie unter den Bäumen verschwanden.

Es war ein schöner, doch jetzt am Morgen noch kühler Tag, in den die beiden rüstig und wohlgemut hineinschritten. Sie sprachen zunächst nicht viel, doch nach einer Weile konnte es der immer über etwas nachdenkende und wissenshungrige Pascalin nicht länger unterlassen, seinem Meister Fragen zu stellen, die ihm dieser wie immer auch willig beantwortete.

»Meister, Sie haben uns gestern im Unterricht gesagt, daß das Verhängen der meist lebenslänglichen Galeerenstrafe nach der Aufhebung des Ediktes von Nantes sofort stark zugenommen habe. Weshalb wohl, und was sind überhaupt die Galeeren?«

»Pascalin, mir gefällt es, wie du dich mit allem gedanklich auseinandersetzt. Galeeren sind Kriegsschiffe, die durch menschliche Kraft vorwärtsbewegt werden müssen. Von Ruderern, eben von Galeerensklaven. Der Hauptgrund dafür, daß es plötzlich viel mehr Galeerensträflinge gibt ist der, daß das Dekret von Fontainebleau mit seinen brutalen Bestimmungen die Verurteilung von Hugenotten schlagartig hat ansteigen lassen. Weil die Kerker und Gefängnisse aber schon vorher überfüllt gewesen waren, wurde es zum Problem, die vielen Neuverurteilten unterzubringen. So brachte das Verhängen der Galeerenstrafe die willkommene Lösung. Zudem müssen Galeerensträflinge nicht wie die Sträflinge in den Gefängnissen jahrelang durchgefüttert werden. Sie verdienen ihr schlechtes Essen, das in der Regel aus Bohnensuppe und Brot besteht, mit ihrer auf den Schiffen zu leistenden Schwerstarbeit, die bis zu zwölf Stunden dauern kann.«

»Zwölf Stunden rudern an einem Tag?« entsetzte sich Pascalin, »das ist ja furchtbar! Hält das ein Mensch überhaupt aus?«

»In der Tat ist das grausam. Es gibt auch viele, die einer derartigen Überanstrengung nicht gewachsen sind und früher oder später zugrunde gehen. Aber was tut's? Die Umgekommenen sind leicht durch neu Verurteilte zu ersetzen. Natürlich wird darauf geachtet, daß zum Galeerendienst möglichst gesunde, kräftige Männer verurteilt werden, die körperlich etwas aushalten können. Aber was sage ich Männer! Es befinden sich immer auch Burschen, ja Halbwüchsige unter diesen Unglücklichen, für die die Hinrichtung eine wohl weniger grausame Strafe wäre als ein langes, martervolles Leben auf einer Galeere.«

»Muß aber das Rudern auf diesen großen Schiffen nicht zuerst erlernt werden?«

»Was sie zu tun haben, wird den Opfern bald genug auf brutale Weise beigebracht. Übrigens kommt einer nach seiner Verurteilung nicht sofort auf eine Galeere. Zuerst wird er für etwa drei Wochen in ein Gefängnis gebracht. Dort wird er bis unter das Hemd nach protestantischen Schriften, nach Bibelteilen und Predigten untersucht. Was gefunden wird, wird beschlagnahmt. Dann treten die Bekehrungsgeistlichen in Funktion, deren Aufgabe es ist, die wegen ihres Glaubens Verurteilten dazu zu bringen, sich zum katholischen Glauben zu bekehren. Gelingt es ihnen, daß einer erklärt: ›Je me réunis‹, dann wird dieser als neuer Katholik auf freien Fuß gesetzt. Aber es sind verhältnismäßig wenige, die durch eine Verleugnung ihres protestantischen Glaubens den Weg in die vermeintliche Freiheit wählen. Sie haben oft den Hintergedanken dabei, nach erlangter Freiheit in ein Land auszuwandern, in welchem sie nicht mehr verfolgt werden und wo sie ungestraft wieder in ihrem alten Glauben leben können.«

»Warum wählen denn nur wenige diesen Weg? Im Herzen kann einer doch immer noch glauben, was er will.«

»Das ist eine Frage, die ich mir schon oft gestellt habe und über die ich immer wieder nachdenken muß. Ich glaube, wenn der Glaubenswechsel nicht aus freiem Entschluß geschieht, sondern erzwungen wird, ist einer nicht dafür verantwortlich. Anders ist es, wenn einer aus freien Stücken in einen Glaubenswechsel einwilligt; dann muß er dafür auch die Verantwortung tragen. Wie der Fall jeweils liegt, kann jeder nur mit seinem eigenen Gewissen beurteilen. Wenn einer seinen alten Glauben durch eine Unwahrheit, durch eine Lüge verraten hat, gerät er früher oder später unweigerlich in seelische Nöte. Die Freiheit, die mit einem schlechten Gewissen eingehandelt wurde, ist eben für den wahrhaft Gläubigen keine Freiheit mehr. Das haben auch die Hunderttausende erfahren müssen, die nach der Aufhebung des Ediktes von Nantes nur nach außen hin zum katholischen Glauben übertraten, um im Land bleiben zu können, nachher aber reuevoll wieder in ihren protestantischen Glauben zurückgekehrt sind.«

»Sie haben recht, Meister, ein Christ kann die Wahrheit nicht umgehen, weil Christus die Wahrheit ist. Er sagt: Ich bin der Weg, die Wahrheit und das Leben. Und niemand kommt zum Vater denn durch mich.«

Du Ferre verlangsamte seine Schritte und sah dem jungen Mann mit gütigem Blick in die Augen. »Pascalin, du wirst dein Ziel erreichen, das dir auf dieser Erde gesetzt ist; wie schön, daß wir uns begegnen durften. Es war Bompart, der uns zusammengeführt hat.«

»Ach Meister, Sie sind ein Vater für mich.«

»Menschen auf solche Weise begegnen zu dürfen, ist immer ein Geschenk Gottes. Ist es nicht traurig, daß jetzt, in dieser Stunde, da wir hier friedlich durch den

Wald schreiten dürfen, Tausende von Gequälten auf den Galeeren die gräßlichsten Mißhandlungen erdulden müssen? Dennoch will ich dir, um der Wahrheit willen, deine mir gestellte Frage noch zu Ende beantworten. Kehren wir noch einmal in die Welt der Trauer und Grausamkeit der Galeerensträflinge zurück. Wenn sich einer von ihnen erlaubt, während der Messe, die bei ihnen gelesen wird, die Mütze auf seinem Kopf zu behalten, wird er aus den Ketten gelöst, man reißt ihm die Kleider vom Leib, und völlig nackt hat er sich im Mittelgang zwischen den Ruderbänken niederzulegen. Zwei oder vier Männer knien ihm auf Hände und Füße, damit er sich nicht bewegen kann. Dann kommt der sogenannte Türke, der stärkste Mann auf der Galeere, um dem am Boden Liegenden mit einem teergetränkten Stück Schiffstau zwanzig, fünfzig, hundert oder noch mehr Hiebe auf den Körper zu schlagen, der aufschwillt, aufreißt und zerfetzt wird. Um eine Eiterung der fürchterlich blutenden Wunden zu verhindern, werden sie mit Essig und Salz eingerieben, so daß manche der auf diese Weise Gequälten ohnmächtig werden oder sogar sterben. Die Ruderbesatzung einer Galeere mit 50 Rudern besteht aus 300 Sträflingen, von denen je sechs an einer Ruderbank angekettet sind, um mit vereinten Kräften ihr Ruder zu führen. Nach den Zeichen des Aufsehers, die meist durch Pfiffe gegeben werden, haben die Männer jeder Gruppe gemeinsam durch Vorwärts- und Zurückspringen ihr schweres, sechzehn Meter langes Ruder so zu bedienen, daß alle fünfzig Ruder genau im gleichen Takt gehoben und gesenkt werden. Das ist so anstrengend, daß einer schon nach einer Viertelstunde müde sein kann. Aber sie müssen ohne Unterbrechung und ohne

Nahrung und Getränke nicht nur eine Viertelstunde, sondern bis zu zwölf Stunden aushalten. Erlahmt einer, ist sofort ein Aufseher zur Stelle, um ihn mit seinem Ochsenziemer durch ein paar tüchtige Schläge auf den nackten Rücken erneut zur Arbeit zu zwingen. Stirbt einer, wird er ausgekettet und ins Meer geworfen. Nur gegen die Sonnenglut wird wenigstens über ihren Köpfen eine Leinwand ausgespannt, aber nur, um den sonst drohenden Ausfall der ganzen Besatzung zu verhüten. Ursprünglich sind die Galeeren die Zuchthäuser für Schwerverbrecher gewesen, zu denen nun auch die wegen ihres Glaubens verurteilten Hugenotten kommen, für die es zuweilen fast unerträglich ist, Tag und Nacht mit gemeinen und gemeinsten Verbrechern so eng beisammen zu sein. Denn sie bleiben auch in der Nacht an die Ruderbänke gekettet und schlafen aneinandergelehnt. Mit ihren lästerlichen Flüchen, ihren schmutzigen Reden und ihren aufdringlichen Berührungen schaffen diese Menschen eine Atmosphäre, die für die Hugenotten schrecklicher sein kann als die körperlichen Qualen, die sie auszustehen haben.«

Eben traten du Ferre und Pascalin auf eine kleine Lichtung hinaus, die überglänzt war vom Schein der Sonne.

»Ist es da nicht schön?« fragte der Meister. »Wenn es dir nicht zu kalt ist, wollen wir uns hier noch ein wenig ausruhen. Zeit haben wir genug.«

Auf einem moosigen Plätzchen setzten sie sich nieder und schauten einem späten Schmetterling nach, der sie umgaukelte, worauf dann du Ferre die Stille brach: »So wollen wir denn hier im freundlichen Sonnenlicht unser düsteres Kapitel beschließen. Wenn einer, der im christlichen Glauben lebt, auf jeden geistlichen Zuspruch verzichten muß und darunter leidet, neben einem solch lasterhaften Menschen auf der Ruderbank festgekettet zu sein und Tag und Nacht keinen anständigen Umgang zu haben, so kann das schon zu einer wahren Hölle werden.«

»Das kann ich mir vorstellen«, sagte Pascalin. »Wie sind denn die Galeerensträflinge eigentlich gekleidet? Weiß man das?«

»Das kann ich dir ziemlich genau sagen. Die Sträflinge erhalten jedes Jahr zwei Hemden aus grobem Sacktuch, dazu rote Strümpfe und eine Jacke aus ebenfalls rotem Zeug sowie eine kleine rote Mütze. Das wertvollste Stück ihrer Bekleidung ist aber ein starker, widerstandsfähiger Mantel, mit dem sie sich bei Regen bedecken und sich zum Schlafen einwickeln können. Während des Winters werden die Galeeren in einem Hafen verankert, abgetakelt und mit einem Doppelzelt überspannt. Die Offiziere quartieren sich in der Stadt ein, während die Ruderskiaven die ganze Zeit an ihren Bänken auf der Galeere angekettet bleiben. So sind es denn in einem strengen Winter Hunderte von Sträflingen, die erfrieren.«

»Schauderhaft«, schüttelte sich Pascalin.

»Ja, das ist tatsächlich schauderhaft«, bestätigte du Ferre. »Menschen können wirklich sehr grausam sein. So werden die Kranken, unter denen solche sind, die zu Krüppeln geschlagen wurden, auf dem Schiff in einem Raum eingesperrt, durch den der Unrat der Mannschaft mit all seinen Düften fließt. Es kommt aber auch vor, daß die nicht mehr ›Brauchbaren‹ noch lebend über Bord geworfen und auf solch einfache Weise aus der Welt geschafft werden. Trotzdem, das muß zum Schluß auch noch gesagt werden, können selbst auf Galeeren noch

Wunder geschehen. So wurde der auf einer Galeere tätig gewesene Kaplan Jean Bion von der Glaubensstärke der protestantischen Rudersklaven derart beeindruckt, daß er sich zum hugenottischen Glauben bekehrte und dafür willig die Verurteilung zu einer lebenslänglichen Galeerenstrafe hinnahm. Elias Neau, Kapitän eines Galeerenschiffes, der ebenfalls von der Stärke des Glaubens hugenottischer Sträflinge ergriffen war und versucht hatte, in Marseille Schiff und Land heimlich zu verlassen, wurde gefangengenommen und in das dortige Gefängnis für Galeerensklaven eingeliefert, wo er sich unter den Mitgefangenen als Prediger zu betätigen begann. Einem in Holland lebenden Flüchtling schieb er: ›Denen, die mich zum Galeerensklaven gemacht haben, kann ich nichts Böses wünschen. Denn was sie mir Böses angetan zu haben glaubten, ist für mich zur Wohltat geworden. Denn jetzt erst erkenne ich, daß die wahre Freiheit im Befreitsein von der Sünde besteht.‹ Und damit, lieber Pascalin, wollen wir uns etwas Schönerem, einem Gnadengeschenk Gottes zuwenden, der in seiner Güte einen jungen Menschen hat gesund werden lassen und den wir nun zu uns holen dürfen. Dafür wollen wir von Herzen dankbar sein.«

»Ja, das wollen wir, Meister«, stimmte ihm Pascalin freudig zu.

Sie erhoben sich von ihrem sonnigen Plätzchen und setzten ihren Weg fort, dessen Ziel das Doktorhaus in Dieulefit war. Als sie am Fuß der Montagne d'Aleyrac aus dem Walde traten, begaben sie sich zuerst zum Gehöft, in dem Pferd und Wagen untergebracht waren. So konnten sie nach Dieulefit fahren, und auf dem Rückweg würde es dann vor allem für Bompart eine willkommene Erleichterung sein, nicht die ganze weite Strecke zu Fuß gehen zu müssen.

Als sich du Ferre und Pascalin im Doktorhaus meldeten und Bompart ihre Stimmen hörte, auf die er schon lange gewartet hatte, eilte er ihnen strahlend vor Freude entgegen und warf sich beiden an den Hals.

Wie Doktor Arnauld freudig mitteilte, war die Wunde Bomparts schön geheilt. »Seither hat sich der Junge gut erholt. Er ist aber nicht nur durch das schmerzhafte Geschwür geschwächt gewesen, auch sein vorher geführtes unstetes Leben mit all seinen Entbehrungen und Anstrengungen war einfach zuviel für seine jungen Kräfte.«

»Was für ein Glück ist es, daß wir Bompart zu Ihnen und Ihrer Gattin bringen konnten! Ich weiß, ich bin Ihnen zu höchstem Dank verpflichtet. Das soll aber im kurzen Rest dieses Jahres noch geregelt werden, soweit das überhaupt möglich ist. Ich bin mir bewußt, nicht nur Ihr geschickter Eingriff und das kalte Quellwasser sind es gewesen, was den Jungen geheilt hat. Es war doch vor allem die Liebe, die er bei Ihnen in so reichem Maße hat empfangen dürfen.«

»Ach, Herr du Ferre, sprechen wir nicht davon. Ein so netter und lieber Kerl wie Bompart ist! Wie schön war es für meine Frau und mich, ihn bei uns haben und ihn betreuen zu dürfen!«

»Und Mazet?« fragte da plötzlich Bompart. »Er ist doch nicht etwa krank?«

»Nein, nein, es geht ihm gut«, beruhigte ihn der Meister, »besonders seitdem er weiß, daß ihr heute abend wieder alle drei beisammen sein werdet. Meine liebe Frau, die Mutter, freut sich mit ihm auf dein Kommen.«

Als sich dann du Ferre verabschieden wollte, wehrte sich der Arzt gegen den Aufbruch mit aller Entschiedenheit. »Ihr geht nicht, ehe ihr noch mit uns gegessen habt.«

»Der Tisch ist schon gedeckt und alles steht bereit«, unterstützte ihn Frau Suzanne.

Da auch Pascalin und Bompart noch bleiben und essen wollten, gab du Ferre gerne nach. Während des frohen Gesprächs beim Essen einmal aufschauend, sah er gerade in das strahlende Gesicht des ihm gegenübersitzenden Jungen und fühlte sich verpflichtet, seiner Freude und Dankbarkeit noch einmal Ausdruck zu geben. »Es ist einfach großartig, wie Bompart jetzt ausschaut!« rühmte er und nickte der Frau des Arztes anerkennend zu. »Sie haben ihn wirklich gut betreut – als einen Seiner geringsten Brüder, Madame«, sagte du Ferre mit Nachdruck, »das haben Sie dem getan, der Sie dafür auch belohnen wird.« Sie senkte den Kopf und du Ferre sah Tränen in ihren Augen. Um sie auf andere Gedanken zu bringen, erkundigte er sich nach ihrer Schwester.

»Agnès ist nicht mehr bei uns. Ende letzter Woche ist sie nach Orthez zurückgekehrt. Diesmal hat sie Heimweh nach ihrem Gatten gehabt.«

Auf dem Nachhauseweg war du Ferre wirklich froh, den kräftigen Pascalin als Begleiter nach Dieulefit mitgenommen zu haben. Denn obwohl sich Bompart gut erholt hatte und wacker ausschritt, war doch nach der überstandenen Krankheit der Aufstieg durch den schon dunklen Wald eine Anstrengung für ihn, der er kaum gewachsen gewesen wäre, wenn ihn Pascalin nicht streckenweise immer wieder huckepack getragen hätte. Pascalin machte es Spaß, war es doch für ihn eine liebe Last, die er zu tragen hatte.

Laienprediger ersetzen die fehlenden Pfarrer

Die feste Überzeugung Amos du Ferres, nun Laien die Aufgabe der fehlenden Pfarrer zu übertragen, um die durch die maßlos strengen Verfügungen der Regierung stark geschwächte und dadurch gefährdete protestantische Kirche vor ihrem endgültigen Untergang zu bewahren, wurde mehr und mehr auch unter der Bevölkerung lebendig, besonders bei jenen, die über ihre eingegangene Zwangsbekehrung nun bittere Reue empfanden. Derer wurden immer mehr.

Einer der ersten, die zu dieser Einsicht gelangten, war der junge Schullehrer François Vivens aus Valleraugue, dessen Gewissen durch Himmelsstimmen, die er in den Cevennen gehört hatte, geweckt und beunruhigt worden war. Er fühlte sich aufgerufen, sein Schulmeisteramt aufzugeben und mit der Tätigkeit eines Laienpredigers zu vertauschen, um die sich nach Wortverkündigung sehnenden Gläubigen zu trösten und Zwangsbekehrte zu ermutigen, zu ihrem früheren Glauben zurückzukehren und nie mehr einer Messe beizuwohnen, trotz der ihnen drohenden Verfolgungen.

So zog denn Vivens allein oder mit einem gleichgesinnten Gefährten im Land umher, von Wüste zu Wüste, wie die verbotenen Versammlungsorte genannt wurden, um von den Cevennen bis ins südliche Languedoc hinunter das Evangelium zu verkünden. Dabei erwies er sich bald als ein wortgewaltiger Prediger, der seine Zuhörer und Zuhörerinnen zu fesseln und mitzureißen verstand. Zu seinen Veranstaltungen strömten immer mehr Gläubige zusammen, oft von weither kommend, so daß er bald nur noch unter freiem Himmel predigen konnte, weil kein Raum mehr die Menge der Gläubigen zu fassen vermochte. Bei einer Predigt in St. Jean-du-Gard im Jahre 1686 waren es Tausende, die er durch sein klares Wort aufrichten konnte.

Da sich von seinen Zuhörern manche entschlossen, sich ebenfalls, wie Vivens es tat, für die Erneuerung des Glaubenseifers der protestantischen Bevölkerung einzusetzen, wuchs die Zahl der Laienprediger rasch. Der Bedeutendste unter ihnen wurde Claude Brousson, seines Zeichens Jurist in Toulouse, der seine Ämter ebenfalls aufgab, um sich ganz für die Rettung der bedrohten Kirche einzusetzen. Als protestantischer Flüchtling lebte er vorerst in Lausanne, wo er in der Akademie bei der Ausbildung junger Pfarrer für Frankreich mitarbeitete.

Ihm lag vor allem am Herzen, die ins Ausland geflüchteten Pfarrer zu veranlassen, in ihre Heimat zurückzukehren und die Arbeit in den von ihnen verlassenen Gemeinden wieder aufzunehmen, trotz der Gefahr, in die sie sich damit begaben. Obwohl Brousson kein Pfarrer, wohl aber wie sie ein ins Ausland Geflüchteter war, wollte er ihnen mit gutem Beispiel vorangehen und kehrte nach Frankreich zurück, um dort als Laienprediger aufzutreten. Doch von den exilierten Pfarrern wagten es nur sehr wenige, Broussons Beispiel zu folgen.

Nachdem es Claude Brousson gelungen war, heimlich die Grenze nach Frankreich zu überqueren, fing er sofort damit an, unterdrückte Glaubensgenossen aufzusuchen, sie zu trösten, in ihnen neuen Mut zu wecken und die Zwangsbekehrten zu beschwören, sich nicht länger um den ihnen aufgezwungenen römischen Glauben zu kümmern, sondern erneut in ihrem protestantischen Glauben zu leben. Es war eine mühevolle und auch gefährliche Aufgabe, die er übernommen hatte, da er, wenn er entdeckt würde, mit dem Tod zu rechnen hatte.

Das veranlaßte ihn, seine Versammlungen wenn möglich in einsamen, unbewohnten Gegenden abzuhalten, wohin ihm seine Anhänger willig folgten. Sie kamen in verlassenen Hütten oder in Wäldern zusammen, um ihm beglückt zuzuhören und sich durch die in ihnen neu geweckte Hoffnung aufrichten zu lassen. Oft hatten sie stundenlang zu wandern, um ihn predigen zu hören. Eltern brachten ihre Kinder von weit her, um sie von Brousson taufen zu lassen. Das alles tat er, weil er überzeugt war, daß Gott ihm diese Aufgabe zugedacht hatte. Deshalb nahm er auch keine Rücksicht auf seine Gesundheit. Das unstete Leben bekam ihm nicht. In jeder Woche predigte er nachts drei oder vier Mal, und seine Veranstaltungen dauerten meist bis in den Morgen hinein. Drei Stunden für die Predigt und vier Stunden für die Feier und die Austeilung des Abendmahls. Die Anstrengungen und Entbehrungen schwächten ihn immer mehr, so daß er sich mehrmals wieder ins Ausland absetzen mußte, um sich in seiner Familie auszuruhen und zu erholen. Doch kaum ging es ihm besser, kehrte er zu neuem Einsatz nach Frankreich zurück.

»Die Steine schreien, wenn diese schweigen«, predigte er und meinte mit den Steinen nicht nur die Laienprediger, sondern auch predigende, einfache Frauen aus dem Volk und die ständig zunehmende Zahl der inspirierten Jugendlichen und Kinder, während er mit »diese« auf die Pfarrer anspielte, die das Land verlassen hatten.

Für die Behörden, die den protestantischen Glauben ausrotten sollten, war Brousson ein gefährlicher Mann. So wurde auf seinen Kopf ein Preis von fünftausend Livres ausgesetzt und alles unternommen, um seiner habhaft zu werden. Doch selbst die Bemühungen des grausamen Statthalters Lamoignon de Bâville waren vorläufig umsonst. Trotz der hohen Belohnung wurde Brousson von niemandem verraten.

Auf den vielen Reisen, die er in den Jahren seiner Wirksamkeit in Frankreich unternahm, durfte er schließlich mit großer Genugtuung feststellen, daß sich durch die aufopfernde Arbeit der Laienprediger, von denen die meisten früher oder später gehängt wurden, die todwunde protestantische Kirche langsam neu zu beleben begann. Diese Zeichen, wenn sie auch noch bescheiden waren, spornten ihn zu weiterem Einsatz an. Die hugenottische Bevölkerung, die diesen Gesundungsprozeß ebenfalls wahrzunehmen begann, faßte wieder neuen Mut, um aus ihrem unglückseligen Todesschlaf zu erwachen. Das war der verheißungsvolle Anfang der »Wüstenkirche«.

Brousson hatte auch den Mut, sich mit einem Schreiben direkt an de Bâville zu wenden und gegen seine Ächtung Einsprache zu erheben. »Einen Ihrer Befehle«, so schrieb er, »den Sie im Languedoc haben anschlagen lassen, habe ich gelesen. Sie schreiben darin, es sei Ihnen gemeldet worden, daß ich dauernd die Bevölkerung aufhetze und sie zu beeinflussen versuche, die Befehle des Königs zu mißachten, weshalb ich es verdiene, als Aufwiegler und Staatsfeind bestraft zu werden. Sie versprechen dem, der es Ihnen mit seinen Angaben über meinen Aufenthalt ermöglicht, mich verhaften zu lassen, fünftausend Livres auszuzahlen. Gestatten Sie mir, gnädiger Herr, Ihnen in Ehrfurcht zu erklären, daß ich Sie in meiner Notlage nicht als meinen Richter anerkennen kann. Nachdem das Edikt außer Kraft gesetzt wurde, obwohl es als ewig und unwiderruflich erlassen worden war, sind wir schutzlos geworden und werden nicht mehr als freie Menschen, sondern als Sklaven behandelt, indem man nicht nur unser Hab und Gut beschlagnahmt, sondern willkürlich auch über unsere Kinder und über unser Leben verfügt. Ist all das Elend, das man uns erleiden läßt, etwas anderes als Gewalttätigkeit und Unterdrückung? Das Unglück, das viele unserer Brüder im Vivarais, in den Cevennen und im Languedoc haben erleiden müssen, weil sie sich im Namen unseres Herrn Jesu versammelten, um Gott im Geist und in der Wahrheit anzubeten, seinen heiligen Namen anzurufen und seine Herrlichkeit in Lobgesängen zu preisen, hat der ganzen Welt gezeigt, daß Sie gegen einen kleinen Teil der Bevölkerung voreingenommen sind, der niemandem ein Leid zufügt und nichts anderes als die Freiheit will, Gott nach seinen Geboten anrufen und lobpreisen zu dürfen ... Sie haben wahrhaftig keinen Grund, zu behaupten, wir seien ungläubig. Freilich wollen wir nicht menschlichen Wesen, sondern dem Ewigen dienen, dem lebendigen und wahren Gott, dem Schöpfer des Himmels und der Erde. Unser ganzes Vertrauen setzen wir in die Barmherzigkeit Gottes des Vaters, in die Gnade Jesu Christi und in die Hilfe des Heiligen Geistes. Deshalb flehe ich Sie an, endlich Ihre Verfolgung eines treuen und unschuldigen Dieners Gottes einzustellen, der sich lediglich bemüht, die Pflichten seines übernommenen Amtes in Treue zu erfüllen. Der Herr, dem ich diene und der mich bisher gnädig behütet hat, wird mich auch in Zukunft nicht verlassen und sich weiterhin zu mir bekennen. Claude Brousson, Diener Jesu Christi.«

Doch auch dieses Schreiben vermochte die Einstellung des Statthalters den Protestanten gegenüber nicht zu ändern.

Ein paar Jahre später gelang es den fortgesetzten Bemühungen de Bâvilles dann doch, Brousson in Oléron im Languedoc verhaften zu lassen. In Montpellier wurde er, dem Urteil des Gerichtes entsprechend, gerädert und erwürgt.

Nach dem Brief eines Augenzeugen schritt er, der schon vor Jahren ordiniert worden war, erhobenen Hauptes und mit aufwärts gerichtetem Blick zur Richtstätte, um die sich viel Volk versammelt hatte. Damit er nicht verstanden würde, wenn er versuchen sollte, noch zu den Leuten zu sprechen, waren zwanzig Soldaten aufgeboten worden, die pausenlos trommeln mußten, bis der grausame Akt vorüber war. Unter denen, die diesem beigewohnt hatten, ob sie nun katholisch oder reformiert waren, war wohl keiner, der nicht tief erschüttert den Schauplatz verließ. Mit seiner Standhaftigkeit und seinem Blut hatte Brousson bezeugt, was er gepredigt und gewirkt hatte.

Nach Claude Brousson war es wohl Jean Roman, der die Reihe der befähigsten Laienprediger beschloß. Offenbar war nun deren Aufgabe erfüllt und wurde in den folgenden Jahren durch das Wirken der neu und wiederum in großer Zahl auftretenden Inspirierten fortgesetzt. Der aus dem Dauphiné kommende Jean Roman begann seine Arbeit im Vivarais und in den Cevennen. Ihm gelang es noch einmal, durch seine Predigten die Gläubigen derart zu begeistern, daß sie wiederum, wie einst unter Vidal und Vivens, zu großen Versammlungen zusammenströmten.

Daß der hugenottenfeindliche Statthalter de Bâville auch hinter ihm her war, ist selbstverständlich. Es gelang seinen Schergen denn auch bald, sich in Boucoiran des Predigers zu bemächtigen und ihn in einer Gaststätte festzuhalten. Doch eine Gruppe von jungen Protestanten konnte ihn befreien. In seinem Zorn darüber, daß der bereits Gefaßte nun doch wieder auf freiem Fuß war, rächte sich de Bâville auf schreckliche Weise an den jungen Befreiern und deren Kameraden. Zwölf von ihnen ließ er lebend auf das Rad flechten, einunddreißig weitere wurden gehängt und siebzehn andere kamen mit einer Gefängnisstrafe davon.

Also geschehen im Jahr 1699, als es in den Cevennen unter den jugendlichen Protestanten ohnehin schon zu gären begann und der ungestüme Geist der glaubenseifrigen hugenottischen Jugend sich nicht mehr länger mit der ständigen Unterdrückung und Verfolgung durch Kirche und Staat abfinden wollte.

Ihrer viele werden vom Geist angerührt

Kehren wir zurück auf den Berg d'Aleyrac, wo in der abgelegenen Glashütte Amos du Ferre seine Schüler auf die ihnen bevorstehende Aufgabe vorbereitete. Schon war es ein paar Wochen her, daß du Ferre und der Hirte Pascalin den Knaben Bompart vom Doktorhaus in Dieulefit hinauf in die Stille der Besitzung du Ferres gebracht hatten, wo der freundliche und stets hilfsbereite Junge von allen herzlich in ihren Kreis aufgenommen worden war. Die drei Hirten aus Bourdeaux waren glücklich, endlich wieder beisammen zu sein. Am Unterricht nahm Bompart nun sofort teil. Obwohl er der jüngste von du Ferres Schülern war, wuchs er rasch und ohne Schwierigkeiten in die Gemeinschaft der Zöglinge hinein.

Wegen seines natürlichen Wesens und seiner klugen Gedanken wurde er von allen geliebt und geachtet. Als dann der Meister damit begann, die Burschen und Mädchen einzeln vor allen andern eine kurze Predigt halten zu lassen, offenbarte sich erst recht Bomparts Überlegenheit allen andern gegenüber. Unbefangen und ganz natürlich trat er auf, als habe er schon immer gepredigt. Er äußerte seine Gedanken mit einer Überzeugung, die alle, selbst den Meister, stark beeindruckte. »Ein Auserwählter«, sprach du Ferre vor sich hin, »der Herr möge ihn segnen.«

Da die Leistungen seiner Zöglinge den Meister sehr befriedigten, glaubte er, es wagen zu dürfen, seine jungen Prediger und Predigerinnen schon bald in ihre selbständige Tätigkeit zu entlassen. Der ersten Gruppe, die er noch unterwies, gehörten sechs Burschen und vier Mädchen an, die drei Hirten aus Bourdeaux unter ihnen.

Wegen seiner Krankheit hatte Bompart sechs Wochen vom Unterricht versäumt. Da er jedoch, begabt wie er war, den andern in nichts mehr nachstand, war du Ferre bereit, der Bitte Pascalins zu entsprechen und Bompart bei der Aussendung mit seinen beiden Freunden ziehen zu lassen, damit sie als eine selbständige Gruppe dereinst ihr Prophetenamt ausüben konnten.

Amos du Ferre fühlte sich verpflichtet, es nicht bei dieser ersten Gruppe bewenden zu lassen, sondern noch weitere Gruppen zu jungen Propheten und Prophetinnen auszubilden. So hatte er nach der Aufnahme der drei Hirten die Suche nach weiteren willigen und geeigneten Vollwaisen fortgesetzt und die Aufgenommenen sofort an seinem Unterricht teilnehmen lassen.

Doch bevor der Meister die ersten seiner Schüler verabschiedete, hatte er vor, noch seine Kunden in der Schweiz zu besuchen. Bei dieser Gelegenheit würde er dann in Genf auch erfahren, ob sich die emigrierten Pfarrer den Inspirierten gegenüber immer noch so ablehnend verhielten, wie das im Herbst der Fall gewesen war. Er hoffte, ihre Einstellung habe sich doch etwas geändert, nachdem diese rätselhafte Erscheinung in der Zwischenzeit so stark zugenommen hatte. Denn du Ferre war überzeugt, daß die Arbeit der Inspirierten die Bemühungen seiner jungen Prediger wirksam unterstützen werde. Wie Pfarrer Jurieu deutete auch er die sich vor allem unter Kindern und Jugendlichen ausbreitende Inspirierung als ein weiteres sichtbares Eingreifen Gottes in die sich vollziehenden Geschehnisse. In außerordentlichen Zeiten antwortete Gott eben auch mit außerordentlichen Zeichen. Zuerst waren es die Himmelsstimmen gewesen, dann die Laienprediger und jetzt die Inspirierten.

Berichte über Kinderinspirationen sind sowohl auf protestantischer als auch auf katholischer Seite so oft niedergeschrieben worden, daß an der Wahrheit dieser Erscheinungen nicht gezweifelt werden kann.

Ein Unterschied bestand lediglich darin, daß die katholische Priesterschaft die Inspiration den Mächten des Bösen zuschrieb, während sie für die Protestanten eindeutig göttlichen Ursprungs war.

Wie sich eine Krankheit rasch ausbreiten und Menschen aus allen Teilen der Bevölkerung erfassen kann, so geschah es jetzt in zunehmendem Maß mit der Inspiration der Kinder. Das Ausmaß solcher Inspirationen erregte derartiges Aufsehen, daß Statthalter de Bâville Professoren von Montpellier beauftragte, sich mit der Angelegenheit zu befassen und nach einer Erklärung für diese ärgerlichen Vorkommnisse zu suchen. »Krankhafter Fanatismus« lautete dann das zögernd geäußerte Ergebnis ihrer Bemühungen, Licht in diese rätselhafte Erscheinung zu bringen. Ihr Urteil vermochte jedoch nicht zu verhindern, daß immer noch mehr Kinder in allen Teilen Südfrankreichs in Ekstase gerieten und zu prophezeien und Buße zu predigen begannen.

»Meine Brüder und Schwestern, bekehrt euch, tut Buße! Wir sehen in den Himmel, wo die Engel sind. Gehorcht dem wahren Glauben und wendet euch ab vom falschen!«

Doch sonderbar!

Während viele sich über den Empfang dieser Gabe freuten, ja, darum beteten, empfingen andere sie in Furcht als »heilige Krankheit«. Da oft ganze Familien verhaftet und ins Gefängnis gebracht wurden, wenn auch nur eines der Kinder die Gabe empfangen hatte und zu predigen begann, schreckten manche Eltern nicht davor zurück, das inspirierte Kind mit den strengsten Mitteln zu bestrafen, weil sie hofften, damit die ihnen unheimliche Gabe vertreiben zu können. Es zeigte sich jedoch bald, daß derartige Maßnahmen nicht nur keinen Erfolg hatten, sondern die mißhandelten Kinder in ihrer Inspiration nur noch eifriger werden ließen. Oft war es auch so, daß die, die eine Inspiration ersehnten, sie nicht empfingen, daß aber andere, die sich vor der Krankheit »von oben« fürchteten, die Gabe erhielten. Die Inspiration war keineswegs vom menschlichen Willen abhängig und durch ihn beeinflußbar.

Robert Gagg, ein gründlicher und zuverlässiger Kenner der hugenottischen Glaubenskämpfe in Südfrankreich, stellte dazu fest: »Die härtesten Schläge furchtsamer Väter vermögen die vom heiligen Ruf Erfaßten nicht zu ernüchtern. Die Gefängnisse sind mit Kindern überfüllt, vor allem in Nîmes und in Uzès. Mit typisch kindlichem Opfermut und Einsatz geben die jungen Inspirierten das Beispiel der Standhaftigkeit. Es steht fest, daß ohne die Mitwirkung der Kinder und Jugendlichen die Bewegung der Inspirierten weder angebrochen wäre, noch sich so hartnäckig hätte halten können. Dies ist um so erstaunlicher, als gerade die junge Generation am wenigsten in der hugenottischen Tradition fußte und nun also durch die Inspiration ›hugenottischer als die Väter‹ geworden ist, wie ein katholischer Kritiker feststellt.«

In der Regel erfolgte die »Begabung von oben« für die Auserwählten völlig überraschend tagsüber oder in der Nacht. Das Predigenkönnen war aber kein andauernder Zustand. Er setzte plötzlich ein, oft indem der Inspirierte zu Boden stürzte, Körperzuckungen eintraten und ihm ohne seinen Willen Worte in den Mund gelegt wurden, die er dann, zu einem Sprecher Gottes geworden, zu predigen anfing. Fast immer begann die Predigt mit der Anrede: »Ich sage dir, mein Kind«, einer Ansprache des Geistes an den Inspirierten. Endete dann der Zustand des Predigens, was nach Minuten oder auch erst nach Stunden der Fall sein konnte, vermochte sich der wieder in normalem Zustand Aufwachende nicht immer an das zu erinnern, was er gepredigt hatte. Die Inspiration konnte mehrmals am gleichen Tag einsetzen, sie konnte aber auch tagelang ausbleiben. Es lag keinesfalls in der Macht des Inspirierten, die Gabe nach seinem Willen wirksam werden zu lassen.

Wer inspiriert war, konnte die Gabe auch an andere weitergeben, ohne sie dadurch selbst zu verlieren. Zuweilen erfolgte die Weitergabe, indem der Inspirierte, im festen Glauben an die Wirkung seines Tuns, den neu zu Inspirierenden anhauchte oder küßte. Es kam vor, daß ganze Gruppen, die sich zu einer gottesdienstlichen Handlung versammelt hatten, als neu mit dem Geist Begabte nach Hause zurückkehrten. Die Inspiriertenbewegung breitete sich so rasch aus, daß der Apostat Brueys schreiben konnte: »Die Sekte der Inspirierten wurde bald zahlreich, in den Tälern wimmelte es von solchen und die Berge waren übervölkert mit Propheten. Es gab eine Unmenge von kleinen Propheten, es gab deren Tausende.«

Die Wichtigkeit, die der Inspirationsbewegung für die Neubelebung des hugenottischen Glaubens in der Folge zukam und damit auch die Erhaltung, ja, die Erneuerung der protestantischen Kirche Frankreichs ermöglicht hat, rechtfertigt es wohl, am Beispiel des Inspirierten Durand Fage zu zeigen, wie einer der Auserwählten seine Inspiration erlebte. Die Angaben stammen aus dem 1707 in London erschienenen Buch »Der heilige Schauplatz der Cevennen«, einer Sammlung von Augenzeugenberichten Verfolgter, die geflüchtet waren und sich nach England ins Exil begeben hatten.

Durand Fage traf im Alter von einundzwanzig Jahren in Saint- Laurent d'Aigouze in einer religiösen Versammlung ein elfjähriges Mädchen, das wegen seiner »Krankheit von oben« vom eigenen Vater in ein Gefängnis gebracht worden war, dann aber hatte fliehen können und nun abwechselnd in verschiedenen Familien versteckt gehalten wurde. An den Abenden pflegte es in Zusammenkünften zu predigen. Lesen hatte es nie gelernt. Fage war überrascht und ergriffen zugleich von der sanften und doch mutigen Art, mit welcher das Kind plötzlich und mit ziemlich lauter Stimme zu sprechen anfing: »Demütige dich, Volk Gottes, beuge dich demütig vor dem Herrn! Unsere Hilfe sei im Namen des Herrn!«

Hierauf hielt das Mädchen nach einem Gebet in gutem Französisch eine Ansprache, die etwa eine dreiviertel Stunde dauerte. Es drückte sich mit großer Leichtigkeit aus, was erkennen ließ, daß es lediglich aussprach, was eine höhere Macht ihm eingab.

Durand Fage hatte die Versammlung bereits verlassen, als das Kind noch ein zweites Mal in Verzückung fiel. Eine Dame, die Fage kannte, teilte ihm am anderen Tag mit, daß das Mädchen in seiner zweiten Inspiration auch von ihm gesprochen und erklärt habe, auch er werde die Gabe empfangen, sofern er weiterhin die Versammlungen besuche.

Diese Mitteilung beschäftigte Fage sehr. Einesteils hätte er die Gabe Gottes mit Freuden angenommen; da er jedoch auch schon kritische Stimmen über die Inspiration gehört hatte, wußte er nicht, wie er sich nun verhalten sollte. Bei der Dame, die ihm die Aussage des Mädchens überbracht hatte, bedankte er sich und sagte: »Der Name des Herrn sei gepriesen, sein heiliger Wille geschehe.«

Nach kurzem Aufenthalt kehrte Durand Fage zu seinen Eltern nach Aubus zurück. Als er sich, wenig später, in Grand-Garlargues befand, wohnte er in einem Haus, in welchem sich auch eine Verwandte von ihm aufhielt, die eine Inspirierte war. Eines Nachmittags, in einer Versammlung, wurde Fage gebeten, etwas Erbauliches vorzulesen. Als er daraufhin die Worte sprach: »Herr, mehre uns den Glauben«, spürte er plötzlich einen Druck auf seiner Brust, der ihm für Augenblicke den Atem raubte. Gleichzeitig füllten sich seine Augen mit Tränen, die dann ununterbrochen über seine Wangen flossen. Es war ihm ganz unmöglich, weiterzusprechen. Die Anwesenden zeigten sich jedoch keineswegs überrascht, sie mochten wissen, was der Vorfall zu bedeuten hatte. In diesem traurigen Zustand verharrte Fage anderthalb Stunden, währenddessen seine Verwandte eine weitere Inspiration hatte, in der sie aussagte, daß Durand Fage wegen seinen begangenen Sünden sehr unglücklich sei und deshalb so heftig weinen müsse.

Am gleichen Abend noch wurde sein ganzer Körper plötzlich von einem starken Zittern befallen. Gleichzeitig wurden seine Zunge und seine Lippen gezwungen, Worte auszusprechen, die zu hören ihn sehr erstaunte, da er an nichts gedacht und gar nicht die Absicht gehabt hatte, noch etwas zu sagen. Was sein Mund aussprechen mußte, waren vor allem Ermahnungen zur Buße. Nach ein paar Minuten fiel er in eine kurze Ohnmacht. Sobald er aus ihr erwachte, fing er erneut zu zittern an, was diesmal rasch vorüber ging, worauf er sich, wie wenn nichts geschehen wäre, wieder in seinem normalen Zustand befand.

In den nächsten Tagen wiederholte sich das Seufzen und Zittern, das er weder zu verhindern noch zu unterdrücken vermochte. Die gewöhnlichen Vergnügungen seiner Jugend erschienen ihm nun nicht nur verächtlich, schon an sie zu denken war ihm geradezu unerträglich. Die Gedanken an die von ihm häufig begangenen Sünden beschäftigten und quälten ihn unaufhörlich, was ihn immer wieder aufschluchzen und erzittern ließ, so daß er beinahe ununterbrochen um Gnade und Barmherzigkeit flehte. Dieses ständige Bitten brachte ihm endlich Erleichterung. Hoffnung und eine mit göttlicher Traurigkeit vermischte Freude erfüllten ihn.

Nach drei Wochen empfing er dann in einer zweiten Inspiration wunderbare Tröstungen, die ihm ein Glücksgefühl verschafften, wie es ihm bis dahin völlig unbekannt gewesen war. Dieser ihn mit Glück erfüllende Zustand wich nicht mehr von ihm.

»Herr, verfüge über mich, ich bin bereit«

Ehe du Ferre seine Fahrt in die Schweiz antrat, rief er noch die beiden Burschen Antoine und Pascalin zu sich. Als die Ältesten der Gruppe sollten sie ihn während seiner Abwesenheit vertreten; doch nicht nur, weil sie die ältesten, sondern von allen Zöglingen auch die befähigtesten waren, um den Unterricht erteilen zu können. Über den Stoff, den sie mit ihren Schülern durchnehmen und behandeln sollten, hatte er für jeden der beiden einen Plan zusammengestellt. Antoine und Pascalin freuten sich sehr über das ihnen vom Meister geschenkte Vertrauen.

Das Verpacken und Verladen der für die Kunden in Genf und Lausanne bestimmten Glaswaren besorgten die Söhne und Arbeiter du Ferres; sie waren es auch, die die zerbrechliche Fracht zum Wagen hinunterbrachten.

Die Fahrt, von immer noch trockenem Wetter begünstigt, verlief ohne unangenehmen Zwischenfall. Enttäuscht war du Ferre jedoch darüber, daß die Pfarrer in Genf ihre kritische Einstellung gegenüber der Zunahme der Inspirierten nicht nur nicht aufgegeben, sondern noch verstärkt hatten. Den Grund für diese Haltung konnte sich der Meister nicht anders erklären, als daß die Pfarrer wohl glaubten, durch ihre Verächtlichmachung und Ablehnung der Inspiriertenbewegung ihr eigenes Verhalten einigermaßen rechtfertigen zu können. Denn der Gedanke mußte ihnen unangenehm sein, ihre Heimat und die von ihnen betreuten Gemeinden verlassen zu haben, um nun erleben zu müssen, daß zum Teil unausgebildete Laien unter Gefährdung ihres Lebens die frühere Aufgabe der Pfarrer übernommen hatten.

In Lausanne, wo du Ferre Claude Brousson besuchen wollte, von dem er wußte, daß er ein eifriger Verteidiger der Inspiration war, mußte er erfahren, daß Brousson seine Tätigkeit in der Akademie aufgegeben hatte und in die Heimat zurückgekehrt war, um sich dort als Laienprediger zu betätigen.

So trat der Glaswarenhändler nach Erledigung seiner Geschäfte die Heimreise etwas früher an, als er beabsichtigt hatte.

Von Bourdeaux an, wo er wiederum wie im vergangenen Herbst übernachtet hatte, weilten seine Gedanken immer wieder bei den drei Hirten, die ihm in dieser Gegend unter so ungewöhnlichen Umständen zugeführt worden waren. An der Stelle, an der Pascalin ihn um Hilfe gebeten hatte, hielt er auch diesmal an, um sich die Füße ein wenig zu vertreten und den damaligen Lagerplatz der drei Burschen aufzusuchen, auf dem, aus dem welken Laub heraus, die ersten Anemonen blühten. Er dachte daran, daß Bompart, der mit heftigen Schmerzen hier gelegen hatte, ja nun schon bald, trotz seiner Jugend, das Amt antreten werde, auf das er den so reich begabten Jungen vorbereitete. Was mochte wohl das ihm bestimmte Schicksal sein? Es war anzunehmen, daß der Knabe, der mit solcher Eindringlichkeit zu predigen verstand, wohl der Todesstrafe entgegenging.

Am Abschluß seiner Reise hatte Amos du Ferre ein Erlebnis, das ihn im Innersten aufwühlte. Hatte er im Herbst von seiner Fahrt die drei Hirten aus Bourdeaux auf die Montagne d'Aleyrac mitgebracht, so war es diesmal die Inspiration, mit der er überrascht wurde. Er konnte sich nicht erklären, wer ihm die Gabe hatte übertragen können; wahrscheinlich war sie ihm nicht von einem Menschen, sondern von oben gegeben worden. Es war kaum faßbar, plötzlich in sich angerufen zu werden. Bei ihm waren keine körperlichen Zuckungen, kein Zu-Boden- Stürzen und kein Geschütteltwerden vorausgegangen, es war ihm einfach plötzlich das Herz zur Aufnahme des Wunders geöffnet worden. Doch weshalb und wozu war ihm dies zuteil geworden?

Das waren Fragen, die ihn dermaßen beschäftigten, daß er Antoine und Pascalin bat, ihn während der nächsten Tage noch weiterhin in der Schulstube zu vertreten, bis ihm dann auf einsamen Wanderungen durch die Stille des Waldes die klare Erkenntnis geschenkt wurde, daß es ganz einfach der Sinn dieser Gabe war, Werkzeug in Gottes Hand und damit ein Ausüber göttlichen Willens zu sein.

»Herr, verfüge über mich, ich bin dazu bereit!«

Nach diesem Gelöbnis kam eine wunderbare Ruhe über ihn. Von neuem nahm er freudigen Herzens die unterbrochene Arbeit wieder auf, seine Zöglinge für die ihnen bevorstehende Aufgabe auszubilden.

Als er wieder vor den gläubig zu ihm aufschauenden jungen Menschen stand, erwachte eine unsäglich starke Liebe zu ihnen, die ihn beglückte. Es kam ihm vor, als sei er, seitdem Gott ihn angerührt hatte, eine ganz andere, eine neue Kreatur geworden. »Siehe, ich mache alles neu.«

Auf der Flucht in eine neue Heimat

Eines Tages stellte der Zögling Pascalin im Unterricht du Ferre die Frage: »Meister, Sie haben gestern davon gesprochen, daß bereits ein großer Teil der protestantischen Bevölkerung Frankreichs ihre Heimat verlassen habe, um in ein anderes Land zu flüchten, wo sie ungestraft und ohne verfolgt zu werden nach dem hugenottischen Glauben leben können. Würden Sie uns sagen, in welchen Ländern das möglich ist?«

»Lieber Bruder Pascalin«, nickte der Meister dem Hirten freundlich zu, »das ist eine gute Frage. Ich hätte gestern wirklich sagen sollen, wonach du heute fragst.« Nach einer Weile fuhr er fort: »Das günstigste Land für die Flüchtenden ist, vom geographischen Standpunkt aus, die Schweiz. Von hier, von Südfrankreich her, ist es zugleich auch die kürzeste Strecke. Dazu kommt, daß die Schweizer im Südwesten ihres Landes französisch sprechen, wodurch schon eine gewisse Beziehung zu den Flüchtlingen vorhanden ist. Aber die Schweiz ist ein kleines Land, das nur eine beschränkte Anzahl der ihr zuströmenden Flüchtlinge aufnehmen kann. Die meisten von ihnen finden dort wohl eine erste Zuflucht, müssen dann aber, um sich niederzulassen, in andere Länder weiterziehen, vor allem nach Deutschland, den Niederlanden und nach England. Eine besonders freundliche Aufnahme haben die Flüchtlinge bisher in Brandenburg gefunden. Vor zwei Jahren, 1685, hat Louis XIV. das Edikt von Nantes außer Kraft gesetzt, was einen sprunghaften Anstieg der Flüchtlingszahlen zur Folge hatte. Auch heute, meine lieben Schwestern und Brüder, während wir hier in Frieden und Stille auf der Montagne d'Aleyrac verweilen dürfen, befinden sich zahlreiche Anhänger unseres Glaubens auf der Flucht. Sie sind in Not und in großer Gefahr, denn wer beim Versuch, die Grenze zu überschreiten, erwischt wird – und die Grenzen sind scharf bewacht –, muß damit rechnen, zum Tode verurteilt zu werden. Der Flüchtlingsstrom ist noch keineswegs versiegt, niemand kann sagen, wie lange die Verfolgung der Hugenotten noch andauert. Das weiß nur der Herr.«

Wieder blickte du Ferre nachdenklich vor sich hin. »Nur drei Wochen nach der Aufhebung des Ediktes von Nantes hat der Kurfürst Friedrich Wilhelm von Brandenburg mit seinem Edikt von Potsdam allen protestantischen Flüchtlingen in seinen Ländern gastliche Aufnahme zugesichert. Er gestattete ihnen, Schulen und Kirchen zu errichten. Für ihre erste Ansiedlung gewährte er ihnen nicht nur eine beträchtliche Unterstützung, sondern auch einen Steuerverzicht. Dies tat er, obwohl so bald nach dem Dreißigjährigen Krieg die Mittel des kleinen Landes sehr beschränkt sind. Als die Räte sich gestatteten, darauf hinzuweisen, daß die Freigebigkeit des Kurfürsten im Hinblick auf die leeren Staatskassen zu groß sei, antwortete dieser: ›So verkaufe man mein Silbergerät, damit ich die Vertriebenen nicht Not leiden lassen muß.‹«

»Sind andere Länder den Flüchtlingen gegenüber auch so hilfsbereit?« wollte Pascalin wissen.

»In gewisser Beziehung mag Deutschland ja ein Sonderfall sein«, antwortete ihm der Meister. »Denn nach dem Dreißigjährigen Krieg, der 1648 zu Ende ging, war das Land nicht nur verwüstet, sondern auch entvölkert, so daß man gerne bereit war, Flüchtlinge aufzunehmen. Wie ich hörte, hat man mit ihnen nur gute Erfahrungen gemacht. Das war in den Niederlanden wie auch in England nicht anders. Auch die Schweiz scheute keine Opfer, um den flüchtenden Hugenotten zu helfen. Als deren Zahl nach 1685 erneut zunahm, wurde sogar beschlossen, die Steuern um ein Drittel heraufzusetzen, um die Eingewanderten noch besser unterstützen zu können. Allein die beiden Kantone Genf und Bern haben im Laufe der Jahre aus öffentlichen Mitteln zehn Millionen Gulden für die bedrängten Glaubensgenossen aufgewendet.«

»Meister, ich habe noch immer etwas, das ich gerne wissen möchte.«

»Sprich nur, Bruder Pascalin«, antwortete lächelnd der Meister. »Ich gebe dir gerne Antwort, sofern es mir möglich ist.«

»Weiß man, wie viele Hugenotten unser Land bereits verlassen haben?«

»Nein, Pascalin, das weiß man nicht, das kann heute noch niemand wissen. Die Flüchtlinge verlassen das Land ja verbotenerweise, heimlich, so daß man sie nicht zählen kann. Es werden wohl Zahlen genannt, doch handelt es sich dabei lediglich um Vermutungen. Wenn dann einmal die Verfolgungen aufgehört haben, wird man möglicherweise mehr wissen, Genaues aber bestimmt auch dann nicht. Wie so viel anderes, wird auch das im dunkeln bleiben.«

Diese Antwort du Ferres hat sich voll und ganz bestätigt. Trotz eingehender Nachforschungen liegen auch heute keine genauen Zahlen vor. Die in verschiedenen Quellen vorliegenden Angaben sind sehr widersprüchlich. Es sind alles mehr oder weniger Dunkelziffern.

Dafür sollen hier gewissermaßen zur Ergänzung von Amos du Ferres Fragestunde noch einige weitere, interessante Tatsachen mitgeteilt werden. Sie bestätigen zum Teil die Antworten, die der Meister dem wissenshungrigen Pascalin gegeben hat und sind alle dokumentarisch zu belegen.

Hofprediger Boussuet hat die von ihm gehaltene Grabrede auf den alten Kanzler Le Tellier, den Verfasser des brutalen Ediktes von Fontainebleau, zu einer geradezu geschmacklosen Lobeshymne auf Ludwig XIV. werden lassen: »Unsere Herzen mögen sich ergießen über die Frömmigkeit unseres großen Ludwig, bis zum Himmel soll unser Beifall steigen und dem neuen Constantin, dem neuen Theodosius, dem neuen Karl dem Großen sagen: Du hast den Glauben gestärkt, Du hast die Ketzer ausgerottet, dieses Werk ist würdig Deines Königtums, durch Dich ist der Häresie ein Ende bereitet, Gott allein hat dieses Werk zu tun vermocht.«

Der solcherart gepriesene König, berauscht von der Flut der Glückwünsche seiner Anhänger, wertete seine Verdienste selbst mit dem Ausspruch, sein dreijähriger Enkel werde nur noch im Geschichtsunterricht erfahren, daß es in Frankreich einmal Reformierte gab. – Dieser Wunsch hat sich allerdings nicht erfüllt.

Der Philosoph und Schriftsteller Voltaire beurteilte die Aufhebung des Ediktes von Nantes durch Louis allerdings ein wenig anders: »Er (der König) wußte nicht, daß er eines der größten Unglücke Frankreichs unterschrieb.« Später stellte der Dichter André Gide die Frage: »Hat man sich jemals eine wirkliche Vorstellung von diesen ausgewanderten Familien gemacht, von jenem Geschenk, das Frankreich dem Ausland durch den Widerruf des Ediktes von Nantes gemacht hat?«

Es zeigte sich nämlich bald, daß die Aufnahme so vieler Flüchtlinge den Aufnahmeländern wohl beträchtliche Kosten verursachte – abgesehen davon, daß es ein großes Werk christlicher Nächstenliebe war –, aber in der Folge bedeutete sie sowohl in wirtschaftlicher als auch in kultureller Hinsicht einen großen Gewinn, denn die Aufgenommenen waren keine lästigen Nichtstuer, sondern zum Teil hochbegabte Intellektuelle, ausgebildete Gewerbetreibende und Arbeiter, die das Wirtschaftsleben mit ihrem Einsatz, ihrem Können und ihrer Zuverlässigkeit in hohem Maße förderten.

Geben wir noch einmal Voltaire das Wort: »Sie (die Flüchtlinge) trugen ihre Künste, ihre Reichtümer und ihre Web- und Wirkwaren zu den Fremden. Ein großer Teil des nördlichen Deutschland wurde durch die zahlreichen neu angesiedelten Einwanderer völlig verändert. Die Seidengewebe, die Borten, die Hüte, die Strümpfe, die man vorher in Frankreich hatte kaufen müssen, wurden nun in Deutschland angefertigt.«

Die von den Niederlanden aufgenommenen Flüchtlinge erwiesen sich als hervorragende Offiziere und Soldaten. Der Prinz von Oranien verfügte über ganze Regimenter, die aus geflüchteten Hugenotten zusammengestellt worden waren. Friedrich der Große, man erinnere sich seiner Freundschaft mit Voltaire, wurde von drei Hugenotten, von Madame de Roncours, Duhande de Jaudun und Jordan erzogen. In seiner Armee wirkten später neun hugenottische Generäle. Auch die Berliner Akademie setzte sich überwiegend aus Hugenotten und eingeladenen Franzosen zusammen.

Unter den nach Berlin Eingewanderten befanden sich nicht weniger als 60 Ärzte und 400 Textilspezialisten.

Die »Berliner Kolonie«, von den eingewanderten Hugenotten gegründet, besteht heute noch, nach mehr als 300 Jahren. Theodor Fontane, der selbst ein Hugenotte war, dessen Vater aus der Gascogne stammte, während die Mutter aus den südlichen Cevennen kam, hat den hugenottischen Kolonisten ein sympathisches Zeugnis ausgestellt: »Die Réfugiés waren Muster von Loyalität, ohne je servil zu werden und gaben ein gutes Beispiel nach mehr als einer Seite hin. Alles, was damals aus Frankreich kam, waren keine pariserischen, sondern puritanische Leute, steif, ernsthaft, ehrsüchtig, was sie vielfach bis auf diesen Tag geblieben sind.«

Allein in den beiden Monaten August und September nach der Aufhebung des Ediktes von Nantes sollen mehr als elftausend Auswanderer die Grenze nach der Schweiz überschritten haben.

Unter welchen Gefahren dies geschah, hat Fliedner sehr anschaulich wie folgt geschildert: »Umsonst hatte nämlich der tyrannische König die Auswanderung bei strenger Strafe untersagt, umsonst wurde den Angebern das halbe Vermögen der Flüchtenden als Judaslohn verheißen, umsonst die Grenzen des ganzen Landes mit einer Kette von Soldaten umstellt. Der Strom ließ sich nicht hemmen. Über die verschneiten Berge des Jura, durch die dichten Waldungen der Vogesen und die Schluchten der Ardennen, über die Wogen des Meeres hin suchten diejenigen Hugenotten, welche dem Evangelium treu geblieben waren, fremden Boden zu erreichen, wo sie ihrem Gott nach ihrem Glauben und Gewissen dienen konnten. Die Finsternis der Nacht, der dichteste Nebel, die rasenden Schneestürme schreckten sie nicht, sondern dienten ihnen als Schirm, unter dem sie die Grenze überschritten. Reiche Damen verkleideten sich als Bäuerinnen und Mägde, Edelleute wurden zu Viehhändlern und Bediensteten, andere ließen sich in Warenballen und leere Fässer verpacken, um den Späherblikken der Grenzwächter zu entgehen.

Es waren nicht Hunderte, nicht Tausende, sondern Hunderttausende, welche Vaterland und Freundschaft verließen, ungewiß, wo sie eine neue Heimat fänden. Ganze Landschaften im Süden und im Norden Frankreichs verödeten, die Dörfer standen leer, die Äcker blieben unbebaut, vormals gewerbefleißige und betriebsame Städte verfielen der Armut, denn die geschicktesten Seidenweber, die fleißigen Handwerker und die tüchtigsten Kaufleute hatten sie verlassen.«

Ein Abschied für immer

Es war Frühling geworden.

Auf der Waldlichtung, auf der die Häuser von Amos du Ferres Glashütte standen, leuchteten gelbe Primeln, im Wald selbst waren Anemonen aufgeblüht. Die Sträucher am Waldrand begannen grün zu werden, und unten im Flachland hatten die Mandelbäume ihre Blütenknospen schon geöffnet.

In der Mittagspause saß der Meister allein auf der Bank neben der Haustür und genoß die wohltuende Sonnenwärme. »Nun ist es soweit«, sagte er in Gedanken vor sich hin, »ja, nun ist es soweit.«

Durch die Stimme in ihm wußte er, daß jetzt der Zeitpunkt ihres Wirkens gekommen war, daß er die erste Gruppe seiner jungen Propheten und Prophetinnen, die er während vieler Wochen nach bestem Wissen und Gewissen auf ihre so wichtige Aufgabe hin vorbereitet hatte, nun auszusenden hatte. Welch großer Augenblick für sie und für ihn! Ein Augenblick der Freude und der Trauer. Denn nach ihrer Aussendung waren sie selbständig und ganz auf sich selbst angewiesen. Sie durften, sobald sie ihr ja streng verbotenes Amt angetreten hatten, nicht mehr zu ihm auf die Montagne d'Aleyrac kommen, wie auch er den jungen Predigern und Predigerinnen fernbleiben mußte, um nicht zu verraten, daß er, du Ferre, ihr Lehrer gewesen war. Die Menschen, die am Anfang ihres Lebens standen und ihm in der schönen Zeit ihres Beisammenseins und des Zusammenarbeitens alle lieb geworden waren, die an ihm in Liebe und Verehrung hingen, mußte er nun dazu verpflichten, ihn von der Stunde des Abschieds an zu verleugnen. Sie hatten ihm zu versprechen, nie jemandem seinen Namen zu nennen, auch unter Zwang und Folter nicht. Wenn einer wissen wollte, wer sie geschult und ihnen ihre biblischen Kenntnisse beigebracht habe, durfte ihre Antwort nur sein: »Ein Mann, den wir nicht kannten und den wir seither nie mehr gesehen haben.«

Das von diesen ihm liebgewordenen jungen Menschen verlangen zu müssen, war schwer, sehr schwer, sowohl für ihn als auch für sie. Aber es mußte so sein und er wußte, daß er nicht anders handeln durfte. Denn seine Aufgabe war noch nicht erfüllt. Wenn es herauskäme, daß er der Mann war, der sie unterwiesen hatte, dann wäre es um ihn geschehen, dann wären seine Stunden auf Erden gezählt. Das wußte er.

Morgen würde er es ihnen sagen. Was danach kam, der Abschied, war ein Abschied für immer. Keine und keinen von ihnen würde er in diesem Leben jemals wiedersehen. Ach, wenn er an den lieben Bompart dachte, der wohl der am meisten Gefährdete von allen war!

Du Ferre atmete tief und erhob sich. Er durfte jetzt, wenn auch schweren Herzens, noch einmal, noch ein letztes Mal zu ihnen hineingehen. Sie waren wohl schon versammelt und warteten auf ihn.

Noch sagte der Meister seinen Zöglingen nicht, daß sie am nächsten Tag die Glashütte verlassen würden. Sie sollten noch einmal eine Nacht ruhig durchschlafen können.

Doch die Feierlichkeit, mit der er dann am anderen Tag das Schulzimmer betrat – zum Morgenessen war er nicht in der Küche gewesen – sein ernstes Gesicht, verwunderte die Zöglinge. Sollte etwas geschehen sein?

Einen nach dem andern blickte der Meister an, gab

ihnen dann mit der Hand das Zeichen, aufzustehen und begann mit ruhiger Stimme: »Wir erheben unsere Herzen zu Gott dem Herrn. Wirf dein Anliegen auf den Herrn, der wird dich versorgen und wird den Gerechten nicht ewiglich in Unruhe lassen. Ich bin sicher und fürchte mich nicht, denn Gott der Herr ist meine Stärke. Der Friede Gottes, der höher ist als alle Vernunft, bewahre eure Herzen und Sinne in Christo Jesu. Euer Herz erschrecke nicht und fürchte sich nicht. Friede von dem, der da ist und der da war und der da kommt. Amen.«

»Amen«, wiederholten sie im Chor mit gedämpfter Stimme.

Auf du Ferres Handzeichen hin setzten sie sich.

»Meine herzlich geliebten jungen Brüder und Schwestern in Jesus Christus! Heute ist für euch, die der ersten Gruppe zugeteilt sind, der große Tag, auf den wir seit Wochen hingearbeitet haben. Der Tag, an dem ihr aufhört, meine Schüler zu sein. Dafür werdet ihr nun jugendlich begeisterte Propheten und Prophetinnen sein, deren Aufgabe es ist, von nun an in unserem geliebten, aber zur Zeit gequälten Land umherzuziehen, um den Leuten, die nach Gottes Wort dürsten, seine Heilsbotschaft zu verkündigen. Seid ihr dazu bereit?«

»Ja«, erscholl es im Chor mit großer Entschiedenheit.

»Von heute an werdet ihr ganz auf euch selbst angewiesen sein. Keinen Meister, keine Mutter und keine Schwester Marie könnt ihr mehr rufen, die euch Rat geben, helfen und dafür sorgen, daß euer Tisch stets wieder gedeckt ist. Für all das werdet ihr nun selbst sorgen müssen. Das wird nicht immer leicht sein, und der Gedanke daran wird in euch noch viele Fragen wecken, die ihr jetzt noch vorbringen könnt und die zu beantworten ich mich bemühen werde. Nach dem Mittagessen steigen wir hinauf zur Höhe unseres Berges d'Aleyrac. Alle kommen mit, auch meine Frau, die euch so lange eine gütige Mutter war, meine Tochter Marie, die euch wohl manchen Wunsch erfüllt hat und alle, die als meine Schüler noch weiterhin hierbleiben werden, bis auch für sie der Tag des Abschiednehmens da sein wird.«

Nach der ersten Überraschung waren die von der Meldung betroffenen Zöglinge sehr bedrückt beim Gedanken daran, das Haus des Meisters, in dem sie es so gut gehabt hatten, nun unerwartet plötzlich verlassen zu müssen. Doch nach und nach freuten sie sich immer mehr auf die ihnen bevorstehende Selbständigkeit und die große Aufgabe, die auf sie wartete. Eifrig wurde besprochen, was noch geklärt werden mußte.

Doch als sie dann vernahmen, daß es ein Abschied für immer war und daß sie ihren geliebten Meister sogar verleugnen mußten, kam über sie doch ein Erschrecken, das sie alle schmerzlich traf, ihre jungen Herzen erzittern ließ und ihnen Tränen in die Augen trieb.

Als der Meister ihnen dann die Gründe genannt hatte, die ihn zu solcher Härte zwangen, sahen auch sie ein, daß es so sein mußte, denn ihren Meister und sein Werk durften und wollten sie nicht gefährden.

Als Amos du Ferre mit Frau und Tochter und mit seinen Schülern und Schülerinnen auf der Höhe der Montagne d'Aleyrac angekommen war und sich alle vom Aufstieg etwas ausgeruht hatten, bewunderten sie zunächst die schöne Landschaft der Dauphiné und des Languedoc, die vom Sonnenglanz des Nachmittags überstrahlt war. Dann stand der Meister auf, trat vor die kleine Gemeinde hin, die ja zur Hauptsache aus seinen Zöglingen bestand, und richtete das Wort an sie: »In dieser Gegend, die sich da unter uns ausbreitet, haben verschiedene von euch mit ihren Eltern gewohnt und sind dort glücklich gewesen. Bis die Soldaten des Königs kamen und im Kampf mit der Bevölkerung auch eure Eltern umgebracht haben. Ihr wißt warum. Weil Ludwig XIV. in seinem Reich nur noch den katholischen Glauben dulden will und weil eure Eltern sich weigerten, ihren hugenottischen Glauben aufzugeben und katholisch zu werden. Für ihren Glauben sind sie gestorben. In fast allen Orten, die wir von hier aus sehen, gab es einst auch protestantische Kirchen, in denen Gottesdienste gefeiert und zum Lobpreis Gottes Lieder gesungen wurden. Wo sind die Kirchen heute? Sie stehen nicht mehr, weil sie auf Befehl des Königs niedergerissen worden sind. Wo sind die Kanzeln, von denen die Pfarrer die christliche Wahrheit verkündigten? Sie wurden zerstört und liegen in Staub und Asche. Wo sind die Pfarrer, die einst gepredigt haben? Sie sind nicht mehr da, weil der König sie ins Ausland vertreiben ließ. Das alles wißt ihr, weil wir darüber gesprochen haben. Ihr wißt auch, daß die Verfolgung der Hugenotten einzig zu dem Zweck angeordnet wurde, den protestantischen Glauben, die Kirche der Hugenotten zu vernichten. Aber so weit darf es nicht kommen. Dagegen müssen wir uns mit all unseren Kräften zur Wehr setzen. Der wahre christliche Glaube darf nicht untergehen. Ihr, meine lieben Brüder und Schwestern, seid aufgerufen zu verhindern, daß der König seine Absicht verwirklichen kann. Dies zu erreichen ist aber nur möglich, wenn die auch zahlenmäßig stark geschwächte hugenottische Bevölkerung aus ihrem Todesschlaf aufgeweckt wird und bereit ist, sich wieder mit Freude und Begeisterung für ihren Glauben einzusetzen. Das zu erreichen, ist nun eure Aufgabe. Deshalb seid ihr bei mir gewesen und deshalb werdet ihr nun ausgesandt, um die euch gestellte Aufgabe zu erfüllen. Ihr werdet an Stelle der fehlenden Pfarrer den Menschen die christliche Wahrheit verkündigen, die Leidenden trösten, ihren Glauben stärken und die, welche in Sünde gefallen sind, dazu bringen, zu bereuen und Buße zu tun. Jene, die zwangsweise ihren hugenottischen Glauben aufgegeben haben und katholisch wurden, werdet ihr ermahnen, in ihren alten Glauben zurückzukehren, in dem sie einst glücklich gewesen sind. Das alles sollt ihr nun tun, indem ihr als Gottes Apostel die Dauphiné und das Languedoc durchwandert, um den Menschen, die sich um euch versammeln werden, das zu verkünden, was in euren jungen Herzen brennt. Nun ist der Augenblick gekommen, da wir voneinander Abschied nehmen müssen. Unsere Wege trennen sich. Nicht im Glauben. Im Glauben werden wir auch weiterhin in der Liebe zu Jesus Christus miteinander verbunden sein. Ihr sollt wissen, daß ich euch immer in meine Gebete einschließen werde. Ich bitte euch, betet auch für mich. Gott hat mir in seiner Güte die himmlische Gabe der Inspiration verliehen. Diesen Geist werde ich nun auch an euch weitergeben und euer Wirken wird gesegnet sein.«

Damit hob du Ferre seine Hände hoch, ging dann von einem zum andern, legte feierlich jedem die Hand auf das Haupt, sah ihnen in die Augen und küßte sie. »Der Friede Gottes sei mit euch! Lebt wohl! Einmal, wenn der Herr uns zu sich nimmt, werden wir uns wiedersehen.«

Bompart stand da, den Blick seiner blauen Augen auf den Meister gerichtet, und die Tränen rannen ihm über die Wangen.

»Das sind die Lerchen Gottes«

In den ersten Tagen ihrer Selbständigkeit blieben die sechs Burschen beisammen, während die Mädchen sich um Jsabeau Vincent drängten, die ihnen vorschlug, sie nach Saou zu begleiten, wo sie, sofern der Vater nicht zurückgekommen sei, fürs erste eine gute Unterkunft finden würden.

Die Burschen aber, von Pascalin angeführt – auch Antoine hatte ihn darum gebeten – wählten Bourdeaux zu ihrem ersten Ziel, wollten aber schon unterwegs mit dem Predigen beginnen, sofern sich eine gute Gelegenheit dafür bieten sollte. Die erste Nacht verbrachten sie in einem abgelegenen, verlassenen und halb eingestürzten Stall, wo sie sich wenigstens in einen Strohhaufen verkriechen konnten, der allerdings feucht und muffig war. Das war nun allerdings etwas anderes als die guten Betten in du Ferres Haus, vom Himmelbett ganz zu schweigen. Aber sie hatten im voraus gewußt, daß sie es nicht leicht haben würden, und schließlich war es ihr eigener Entschluß und Wille gewesen, dies alles zur Ehre und zum Lobe Gottes auf sich zu nehmen. Man sollte nicht nur an Jesus glauben, sondern auch für ihn leiden, hatte sie der Meister gelehrt. Das wollten sie nun tun.

Wie gut war es, daß die Mutter und Schwester Marie den Hirten aus Bourdeaux, die von allen Zöglingen am armseligsten ausgerüstet gewesen waren, an ihren Kleidern geflickt hatten, was noch ausgebessert werden konnte und jedem von ihnen noch einen langen, ärmellosen Mantel genäht hatten, der um den Hals geschlossen werden konnte und nicht nur Wärme gab, sondern auch ein guter Schutz gegen Regen und Kälte sein würde. Auch Bompart hatte, obwohl er im Doktorhaus in Dieulefit neu ausgestattet worden war, zu seiner großen Freude einen solchen Umhängemantel bekommen, in den er sich nun zum Schlafen einwickelte.

In der Nacht erwachte Pascalin, der neben Bompart lag, weil der Junge heftig zu atmen und zu stöhnen begonnen hatte. Unruhig warf er sich von einer Seite auf die andere.

Pascalin ahnte gleich, was das zu bedeuten hatte. Es konnte nichts anderes sein als die Inspiration, die in Bompart erwachte. Gott rührte ihn an. Der jüngste von ihnen war also der erste, der die Gnadengabe empfing. Pascalin legte den Arm um den zitternden und zuckenden Körper des Knaben, der nun wie in Angst zu sprechen anhob: »Gnade, Gnade, vergib mir alles, womit ich dich in meinem Leben betrübt habe! Herr, habe Erbarmen mit mir!«

Dann wurde Bompart ruhiger, der plötzlich und spürbar nicht mehr nach seinem Willen sprach, sondern nach dem Willen dessen, der ihm die Worte eingab, die sein Mund nun zu sprechen begann: »Ich sage dir, mein Kind, daß ich dich schon in deiner frühen Jugend zu meiner Verherrlichung bestimmt habe.«

Pascalin spürte, wie sich daraufhin der Körper des Knaben entspannte. Bompart murmelte noch: »O Herr, wie gut bist du«, und fiel dann, offenbar nach beendeter Inspiration, wieder in ruhigen Schlaf.

Pascalin war zutiefst bewegt von dem, was er da miterlebt hatte. Bomparts Worte hatten auch seinen Glauben in wunderbarer Weise gefestigt und ihm ein seliges Gefühl geschenkt. Es war ihm, als fühle er, wie der Herr die Hand über sie beide hielt.

Am Morgen benahm sich Bompart, als wenn in der Nacht nichts Besonderes vorgefallen wäre. War es ihm nicht zu Bewußtsein gekommen? War ihm nichts in Erinnerung geblieben? Munter kroch er aus dem Strohlager und schüttelte die Halme aus dem Mantel. Dann wandte er sich lachend an Pascalin: »Ich glaube, ganz gut geschlafen zu haben. Und du?«

»Es war auch für mich eine gute Nacht, die ich wohl nie vergessen werde.«

Auch die andern rappelten sich auf und versicherten, ruhig geschlafen zu haben.

»Und doch hat einer von euch im Schlaf gesprochen und mich damit aufgeweckt. Aber ich bin sofort wieder eingeschlafen«, meinte Antoine und streckte wohlig die Arme aus. »Ein Glück, daß wir gestern nicht schon alles aufgegessen haben, was uns die Mutter mitgegeben hat.«

Als die sechs Wanderer auf der Straße nach Bourdeaux die Stelle erreichten, an der die drei Hirten im vergangenen Herbst Amos du Ferre getroffen hatten, ließen es sich Pascalin, Mazet und Bompart nicht nehmen, ihren damaligen Lagerplatz aufzusuchen. Sie fanden ihn im hellen Glanz der Frühlingssonne, der durch die sich neu belaubenden Kronen der Bäume fiel.

»Weißt du noch, Bompart, wie du da lagst und vor Schmerzen wimmertest?« fragte Pascalin den Jungen und legte den Arm um seine Schultern.

»Ja, Pascalin, ich erinnere mich, ich erinnere mich noch sehr gut. Aber dann ist durch ein Wunder alles anders geworden. Ich habe, als ich so lange krank war, viel darüber nachgedacht und habe immer wieder gebetet. Ich glaube, Gott hat mich damals angerührt, und seither darf ich wissen, in seiner Liebe und Güte geborgen zu sein.«

»So ist es bestimmt, Bompart, und ich bin überzeugt, die Gewißheit, in Gottes Liebe geborgen zu sein, ist das größte Glück, das ein Mensch hier auf Erden erlangen kann.«

Als sie aus dem Wald herauskamen, saßen Antoine, Tobie und Armand in der Sonne und warteten auf sie. Auf dem gleichen Platz, auf dem vor einem halben Jahr Amos du Ferre gerastet hatte. Was war seither nicht alles anders geworden!

Am Nachmittag kamen die beiden Jünglinge mit den vier Knaben in Bourdeaux an. Hier wollten sie nun zum erstenmal öffentlich predigen und mit der Aufgabe beginnen, auf die der Meister sie vorbereitet hatte. Sie wählten für diesen ersten Auftritt den Platz vor der Kirche. Dort traten sie in einem Halbkreis zusammen und eröffneten die Andacht mit dem Singen des zweiundvierzigsten Psalms: »Wie der Hirsch schreit nach frischem Wasser, so schreit meine Seele, Gott, zu dir. Meine Seele dürstet nach Gott, nach dem lebendigen Gott. Wann werde ich dahin kommen, daß ich Gottes Angesicht schaue?«

Schon bald stellten sich die ersten Zuhörer ein. Während des Gesangs der sechs hellen Stimmen kamen immer noch mehr Leute, Frauen, Männer und Kinder, die alle begierig waren und sich darüber freuten, wieder einmal an einer Versammlung teilnehmen zu können.

Nachdem der Psalm verklungen war, trat als erster Pascalin ein paar Schritte vor, hob die Hände, um den Versammelten den Segen zu erteilen und begann:

»Gelobt sei Gott, der Herr, der uns als seine Abgesandten zu euch geschickt hat. Wir sind beauftragt, euch kundzutun, was der Herr euch sagen will. Ihr wißt, Gott hat seinen eingeborenen Sohn in die Welt gesandt, damit wir durch ihn leben sollen. Darin besteht die Liebe: nicht, daß wir Gott geliebt haben, sondern daß er uns zuerst geliebt und seinen Sohn gesandt hat zur Versöhnung für unsere Sünden. Wo ist solch ein Gott, wie du bist, der die Sünde vergibt, der seinen Zorn nicht ewiglich behält? Gott ist barmherzig, er wird sich unser wieder erbarmen, unsere Missetaten dämpfen und alle unsere Sünden in die Tiefe des Meeres werfen. Aber merket euch wohl, eure Tränen und Seufzer sind nutzlos, es bedarf der ernsten Reue und des ernsten Entschlusses, unsere Sünden aufzugeben.«

Hier trat ein Priester, der hinter andern halb verborgen auch zugehört hatte, auf Pascalin zu und fuhr ihn an: »Im Namen Gottes befehle ich dir, unverzüglich zu schweigen, wenn du nicht von Gott bist!«

Rasch stellte sich Bompart, wie um ihn zu schützen, vor Pascalin hin und rief mit erhobener heller Stimme: »Er ist aber von Gott! Und der Geist Gottes hat nicht zu schweigen, wenn ein so schlechter Mensch, wie du einer bist, es befiehlt.«

Der Priester, offenbar doch irgendwie beeindruckt vom sicheren Auftreten dieser jungen Menschen, trat murrend zurück, und Bompart, nun wieder sichtbar inspiriert, fuhr an Stelle Pascalins zu sprechen fort: »Sind Menschen da, die sündig sind und Gott noch nicht ihre Reue versichert und Buße getan haben?«

Strahlenden Blicks und hoch aufgerichtet, schaute sich der Knabe im Kreise um. Dann wies er auf eine der

Frauen, die sofort als erkannt auf die Knie niedersank und ausrief: »Gnade, Gnade, o Herr, vergib mir armen Sünderin, ja, das bin ich.«

»Wenn du deine Sünden bekennst und sie bereust, dann werden sie dir von Gott auch vergeben.«

»Ich bereue, ich bereue sie von ganzem Herzen.«

»Wann ist es geschehen? Sprich aber die Wahrheit, die mir gesagt und deshalb bekannt ist.«

»Vor drei Monaten«, gestand die Frau.

Nach kurzem Besinnen antwortete Bompart: »Nicht genau. Es war drei Tage später. Doch dieser Irrtum ist dir verziehen.«

Ein Murmeln ging durch die Versammelten, und alle schauten erstaunt auf den Knaben, der wie ein kleiner richtender Engel vor ihnen stand.

»Ich habe den Auftrag, euch noch mehr auszurichten«, fuhr Bompart fort, »der Herr läßt euch durch mich sagen: Schon bald wird die halbe Welt untergehen. Von der übrig bleibenden Hälfte geht noch einmal die Hälfte unter. Doch die auf dem bestehenden Rest der Welt verbleibenden Menschen werden in unaussprechlicher Herrlichkeit emporgehoben in den Himmel. Um aber zu diesem auserwählten Rest zu gehören, bedarf es des wahren christlichen Glaubens, den so viele aus Furcht verleugnet und abgelegt haben. Merkt euch wohl, für niemanden gibt es eine Rettung ohne die Rückkehr zum wahren hugenottischen Glauben, der auf des Königs Befehl ausgerottet werden soll. Ihr habt es gehört, unsere Welt besteht nicht mehr lange. Es bleibt also nur noch wenig Zeit, Buße für die begangenen Sünden zu tun. Nicht erst morgen, sondern heute, jetzt, in dieser Stunde müßt ihr es tun, wenn ihr gerettet werden wollt, wenn ihr zu denen gehören möchtet, die emporgehoben werden in die Herrlichkeit Gottes.«

»Wer ist es, der da vor uns steht und solche Worte spricht?« rief eine Stimme aus dem Kreis der Zuhörer. »Wer sind diese jungen Menschen, die ja zum Teil noch Kinder sind? Wo kommen sie her?«

Da drehte sich eine alte Frau zu der Fragenden um und sprach: »Wer sie sind? Das sind die Lerchen Gottes; die er zu uns gesandt hat, um uns in unserer Bedrängnis zu trösten und auf den rechten Weg zurückzuführen. Durch sie erfüllt sich, was geschrieben steht. Habt ihr es nie gelesen? ›Aus dem Munde von Kindern und Säuglingen hast du dir Lobpreis zubereitet!‹ «

»So laßt uns ihn ehren und ihm danken, unserem Herrn!«

Zuerst nur einzelne, dann aber nach und nach alle der Versammelten fielen auf die Knie nieder und riefen: »O Gott, vergib uns elenden Sündern, vergib uns, o Herr!« Es waren viele, die in Tränen ausbrachen und laut aufschluchzten.

Mit einem Psalm beschlossen die jungen Prediger ihr erstes gemeinsames Auftreten.

Als der Kreis derer, die zusammengekommen waren, sich aufzulösen begann, trat eine Frau auf Mazet zu und begrüßte ihn. Sie hatte den Jungen erkannt, der früher, als seine Eltern noch lebten, in Bourdeaux gewohnt hatte. Mazet freute sich, Frau Perrin wiederzusehen, denn die beiden Familien waren miteinander befreundet gewesen, und Frau Perrin hatte ihn immer etwas verwöhnt, wenn er zum Spielen zu ihrem Sohn gekommen war.

»Wie geht es Noël?« erkundigte sich Mazet.

»Es geht ihm gut. Gegenwärtig ist er für ein paar Tage bei uns, sonst arbeitet er seit einem Jahr in Privas, wo er bei einem Notar eine Lehre macht. Kommt mit mir, er wird sich freuen, dich nach so langer Zeit wieder zu sehen. Seit dem Tod deiner Eltern haben wir nie mehr etwas von dir gehört. Wo bist du auch gewesen? Habt ihr für eurer Essen und eure Unterkunft schon etwas abgemacht?«

»Nicht daß ich wüßte.«

»So kommt doch zu uns, gleich alle sechs. Wie schön wäre es, wenn wir nach dem Abendbrot noch einmal miteinander eine kurze Andacht halten könnten. Findest du nicht auch?«

»Ich will Sie zu Bruder Pascalin führen, damit Sie ihn fragen können. Er ist gewissermaßen unser Vater.«

Pascalin, der sich wegen der Unterkunft für sechs Schläfer bereits Sorgen gemacht hatte, freute sich über die Einladung und sagte sofort dankbar zu.

»Was für eine glückliche Fügung!« freute sich Noëls Mutter. »Zwei oder drei können auch bei uns schlafen, und die andern werde ich bei einer Nachbarin unterbringen, die euch auch gehört und sich sehr über euere Versammlung gefreut hat. Wir haben ja so lange schon keinen geistlichen Zuspruch mehr gehabt.«

Nach dem einfachen, aber reichlichen Abendessen, an dem außer den Eltern Perrin auch deren Sohn und die Nachbarin mit ihrem Mann und ihren drei Gästen teilgenommen hatten, wechselten sie ihre Plätze zum Feuer hinüber, das Noël im offenen Kamin entfacht hatte. Pascalin sprach ein Gebet, und als sich Frau Perrin erkundigte, wie sich die Gruppe der Lerchen Gottes zusammengefunden habe und wo sie gelernt hätten, des

Herrn Wort so kraftvoll zu verkündigen, antwortete Pascalin vorerst mit der Gegenfrage, was das für eine Frau gewesen sei, die sie die Lerchen Gottes genannt habe.

»Ich kenne sie nicht näher, da sie nicht von hier ist. Als ich sie sah, habe ich mich darüber gewundert, daß sie gerade heute zu eurer Versammlung nach Bourdeaux kam. Sie ist eine Inspirierte, die wie ihr umherzieht und predigt. So hat sie wohl durch den Geist erfahren, daß ihr hier sein werdet.«

»Die Lerchen Gottes hat sie euch genannt?« fragte Perrin. »Das ist ein schöner und zutreffender Name für junge Menschen, die sich mit solcher Entschiedenheit für unseren immer mehr gefährdeten Glauben einsetzen. Wenn ich daran denke, wie im Sommer die Lerchen tirilierend zum Himmel emporsteigen, höher und immer höher, als wollten sie dem Schöpfer Lobpreis und Dank entgegenbringen, dann scheint mir, die Frau hat die jungen Prediger mit dem einzig richtigen Namen benannt.«

»Der auch mich und bestimmt uns alle berührt und erfreut hat«, stimmte ihm Pascalin zu. »Was nun Ihre Frage betrifft, wie wir zusammengekommen seien, will ich sie gerne beantworten. Mazet, Bompart und ich sind durch das gleiche, traurige Schicksal, durch den schrecklichen Tod unserer Eltern, zusammengeführt worden. Die drei anderen, Antoine, Tobie und Armand, die das gleiche Los getroffen hat, haben sich uns später angeschlossen und sind unsere Freunde geworden, Brüder in der gemeinsamen Liebe zu Christus. Trotz, nein, gerade wegen unserer Trauer haben wir unseren hugenottischen Glauben, in dem wir von unseren Eltern erzogen worden sind, nicht aufgegeben. In ihm haben wir Trost und Kraft gefunden. Da außer mir auch Mazet, Bompart und Antoine lesen und schreiben können, haben wir einander immer wieder aus der Heiligen Schrift vorgelesen und miteinander über das Gelesene gesprochen. An Zeit dazu hat es uns ja nie gefehlt. Bompart, der so still dort hinten sitzt, hat nun auch die himmlische Gabe der Inspiration empfangen dürfen.«

»O, deshalb hat er wie ein Engel gesprochen! Wie wunderbar, einen von Gott Angerührten bei uns haben zu dürfen!« freute sich Frau Perrin.

»Bompart, hast du uns nicht auch etwas zu sagen?« wandte sich Pascalin an den Jungen.

»Meine Brüder und Schwestern«, begann Bompart mit einer Stimme, die seine neuerliche Inspiration verriet, »wir haben heute nachmittag den Priester von Bourdeaux in große Aufregung versetzt. Jetzt geht er, zornig vor sich hin schimpfend, in seinem Zimmer hin und her, weil ihm das, was er von uns zu hören bekommen hat, immer noch keine Ruhe läßt. Er ist empört und sinnt unaufhörlich darüber nach, wie er uns bestrafen könnte, denn wir scheinen ihm gefährliche Menschen zu sein.«

»Für uns«, stellte Frau Perrin lächelnd fest, »sind die Lerchen Gottes etwas ganz anderes als gefährliche Menschen.«

Ein paar Tage vor der Aussendung der ersten Zöglinge war Jsabeau Vincent noch einmal zu einem abendlichen Gespräch bei Amos du Ferre gewesen. »Meister, ich habe in den letzten Wochen oft darüber nachgedacht, ob wir Mädchen, wenn der Unterricht zu Ende ist und wir mit unserer Aufgabe beginnen werden, gruppenweise predigen oder aber mit einzelnen Personen ein Gespräch führen sollen. Was halten Sie für richtiger?«

»Nun, das wird jedesmal von den Umständen abhängen. Beide Wege können erfolgreich sein im Bemühen, Zwangsbekehrte, die ihren Schritt bereuen, zur Rückkehr in ihren früheren Glauben zu veranlassen.«

»Was mich betrifft, würde ich, offen gestanden, wenigstens zu Beginn meiner Tätigkeit, ein persönliches Gespräch, wie wir hier eben eines führen, einer Versammlung vorziehen, weil man doch, wenn nicht noch andere zuhören, offener sprechen kann.«

»Da hast du recht«, pflichtete ihr du Ferre bei, »du hast volle Freiheit, Jsabeau. Wie ich dich kennengelernt habe, bist du selbständig genug, um von Fall zu Fall richtig entscheiden zu können. Handle immer so, wie es dir dein Gewissen eingibt. Aber nun habe ich auch noch eine Frage an dich. Hast du außer deinem Vater nicht noch andere Angehörige oder Verwandte?«

»Doch, Meister, ich habe noch einen Onkel. Er besitzt einen Bauernhof etwas außerhalb Saous und heißt Embaut Bourgeois. Da ich nicht glaube, daß mein Vater während meiner Abwesenheit zurückgekommen ist noch je zurückkommen wird, habe ich mich schon gefragt, ob es nicht fürs erste besser wäre, bei meinem Onkel zu wohnen, da ich ja noch minderjährig bin. Ist er einverstanden, dann habe ich dort eine gute Unterkunft. Bei ihm hätte ich auch Gelegenheit, Menschen kennenzulernen, mit denen ich über Glaubensfragen sprechen könnte. Vielleicht würde ich so eine kleine Gemeinde zusammenbringen, um mit ihr Versammlungen durchzuführen.«

»Das ist ein guter Gedanke. Hast du mit den drei Mädchen, mit denen du unterrichtet wirst, auch schon darüber gesprochen?«

»Ja, das habe ich. Sie würden es jedoch vorziehen, als Gruppe beisammen zu bleiben, um gemeinsam umherzuziehen und zu predigen, wie es auch die drei Hirten aus Bourdeaux für sich im Sinn haben.«

»Natürlich könnt ihr euch trennen, wenn du es für richtig hältst. Sobald ich euch ausgesandt habe, werdet ihr selbständig sein.«

Damit waren dann auch die anderen Mädchen einverstanden, als ihnen Jsabeau über ihr Gespräch mit dem Meister berichtet hatte.

Nachdem sie sich an jenem schönen und doch so traurigen Nachmittag auf dem Berge d'Aleyrac von allen verabschiedet hatten, machten sich die vier Mädchen unverzüglich auf den Weg nach Saou, wo sie nach zwei Tagen ankamen. Sie fanden das Haus der Vincents leer und erfuhren von den Nachbarn, während Jsabeaus Abwesenheit sei ihr Vater nie gesehen worden. So bezogen die Mädchen für ein paar Tage das Haus und wurden, da ihnen ja alles fehlte, von den Nachbarn freundlich unterstützt.

Bereits am zweiten Tage suchte Jsabeau ihren Onkel Embaut Bourgeois auf, um ihn zu fragen, ob sie, da ihr Vater weggegangen sei, bei ihm wohnen und arbeiten könne. Er sagte nicht viel, war jedoch einverstanden, sie auf den Hof zu nehmen, wenn sie bereit sei, für ihn die Schafe und Schweine zu hüten, was dem Mädchen gar nicht unangenehm war. Denn so hatte es viel Zeit, ungestört in der über den Feldern herrschenden Stille über Bibelverse und Glaubensfragen nachzudenken und so mit sich selbst eine Andacht zu halten.

Im Hause des Onkels hatte Jsabeau dann die geringsten Arbeiten zu verrichten, doch beklagte sie sich nie darüber und hatte für alle, die sie ansprachen, eine freundliche Antwort.

Es dauerte nicht lange, bis sie herausgefunden hatte, wer von den Bewohnern des Hauses für Fragen des Glaubens ansprechbar war. Obwohl sowohl der Onkel als auch dessen Frau nicht zwangsbekehrt waren, war ihnen der Glaube zu wenig wichtig, um mit Jsabeau je ein religiöses Gespräch zu führen. Sie hätten wohl auch nicht viel zu sagen gehabt. Aber es kamen auch andere Leute aus Saou ins Haus. Ohne je aufdringlich zu sein versuchte Jsabeau auch mit diesen ein paar Worte zu wechseln, wenn sie dadurch nicht von ihrer Arbeit abgehalten wurde.

So ergab es sich, beinahe wie von selbst, daß immer häufiger die eine oder andere Frau und oft auch mehrere ihr nach Feierabend in ihre Kammer folgten, um ihr zuzuhören, wenn sie eine Stelle aus der Bibel aufsagte, die sie auswendig wußte, einen Psalm sprach und dann noch mit ihnen betete. So erfüllte sich bald, was Jsabeau sich so sehr gewünscht hatte: die Bildung einer kleinen Gruppe glaubensstarker Hugenottinnen, die von ihr geleitet wurde. Das Hirtenmädchen beeindruckte alle, die zu ihr kamen und ihrer Rede lauschten, so daß die Zahl der Zuhörerinnen ständig zunahm.

Eines Abends blieb eine ältere Frau, Madame Teulon, nach Schluß einer Zusammenkunft als letzte bei Jsabeau zurück, um sie zu fragen, ob sie nicht bereit wäre, eine in Saou heimlich bestehende Hugenottengruppe zu leiten. Sie sei nun mehrere Male hier bei ihr auf dem Hof gewesen, habe ihr zugehört, und was sie zu hören bekommen habe, habe bei ihr immer einen starken Eindruck hinterlassen. Sie könne sich gar nicht erklären, wer ihr solch reiches Wissen beigebracht habe. Nun habe sie mit anderen aus der Gruppe gesprochen, und alle würden sich freuen, wenn sie, Jsabeau, zu ihnen käme, um die Betreuung der Gruppe zu übernehmen, da der gegenwärtige Leiter immer wieder verhindert war. Es sei eine Gruppe, zu der nicht nur Frauen, sondern auch Männer Zutritt hätten.

Das scheine ihr auch richtig zu sein, erklärte Jsabeau. Die anerkennenden Worte Frau Teulons taten ihr wohl. »Wie lange dauern jeweils Ihre Zusammenkünfte?«

»Das ist ganz unterschiedlich, gewöhnlich bis um zehn oder elf Uhr, doch kann es auch Mitternacht werden.«

»Dann muß ich zuerst meinen Onkel fragen. Wenn Sie das nächste Mal kommen, werde ich Ihnen Bescheid geben, Madame Teulon. Mich würde es freuen, wenn er es mir erlaubte.«

»Natürlich wären auch wir froh, denn du hast ein kraftvolles Wort, dem sich keiner und keine zu entziehen vermag.«

Zwar brummte Onkel Embaut etwas vor sich hin, doch da er spürte, Jsabeau würde die Führung der Gruppe gern übernehmen und da er mit ihrer Arbeit zufrieden war, sagte er ja. Möglicherweise dachte er auch, es könne seinem Ansehen unter den Hugenotten nicht schaden, wenn es seine Nichte war, die ihnen predigte. Wo Jsabeau die erforderlichen Kenntnisse herhatte, kümmerte ihn nicht, wie er auch nie danach gefragt hatte, weshalb sie so lange von Saou ferngeblieben war.

Auf jeden Fall waren die Teilnehmer und Teilnehmerinnen an den Versammlungen der Madame Teulon sofort von ihrer neuen und jungen Leiterin begeistert. Sie war gescheit und verfügte über eine Bibelkenntnis, die alle in Bewunderung versetzte, wußten sie doch, daß sie ihr Wissen nicht von ihrem Vater geerbt haben konnte und daß Jsabeau selbst weder schreiben noch lesen gelernt hatte. Es sprach sich rasch unter den ihrem Glauben treu Gebliebenen herum, und so waren es immer mehr, die sich zu den Abendandachten einfanden. Bis dann plötzlich etwas eintraf, was dem weiteren Geschehen eine Wende gab.

In einer Nacht im Februar des Jahres 1688, in der Jsabeau nicht in ihrer Kammer, sondern der Kälte wegen mit noch anderen Bewohnerinnen in einem Raum schlief, der erwärmt werden konnte, wurden die schon tief im Schlaf Liegenden plötzlich durch laute, ängstliche Rufe aufgeschreckt. Es war Jsabeau, die unaufhörlich rief.

Eine Frau, die an ihr Bett eilte, um sich ihrer anzunehmen, stellte überrascht fest: Das Mädchen lag in einem tiefen Schlaf und auch durch heftiges Schütteln war es nicht aufzuwecken. »So kommt doch her!« rief die Frau aufgeregt, »ich weiß mir ja nicht zu helfen!«

Schließlich flammte ein Licht auf. Die fünf aus dem Schlaf Aufgescheuchten standen alle um Jsabeaus Bett herum, doch wußte keine von ihnen Rat. Sie standen da und zitterten.

Auf den Lärm hin erschien schließlich auch Bourgeois, um zu sehen, was da eigentlich los sei.

Doch starr, ohne sich zu regen, lag Jsabeau in ihrem Bett und war mit nichts zur Ruhe zu bringen. Immer noch rief sie, wenn jetzt auch etwas weniger ängstlich als zu Beginn.

Doch dann, auf einmal, setzte sie sich auf und fuhr sich mit der Hand über das Gesicht. Als sie die ängstlich sie anstarrenden Frauen um ihr Bett herum versammelt sah, schüttelte sie den Kopf und fragte in ihrer gewöhnlichen und ruhigen Art, was denn vorgefallen sei. Sie selbst konnte sich an nichts erinnern und war sich nicht bewußt, geschrien zu haben.

Von dieser Nacht an veränderte sich das Verhalten Jsabeaus. Sie war nun eine Inspirierte. Tagsüber arbeitete sie wie bisher, war wohl etwas zurückhaltender im Gespräch mit anderen, doch beinahe in jeder Nacht begann sie schon kurz nach dem Einschlafen zu sprechen, wie sie es bisher getan hatte, wenn sie vor einer Versammlung stand. Dabei bewegte sich ihr Mund aber kaum und oft sprach sie so schnell, daß es nicht leicht war, ihren Gedankengängen zu folgen. Ihre Rede war nicht wie eine Predigt klar aufgebaut. Es war, als ob aus ihrem reichen Gedankengut, das sie erfüllte, ein Schwall hervorbreche, wobei es immer wieder überraschte, über was für einen reichen Schatz von Bibelversen sie verfügte und wie anschaulich sie einzelne Gleichnisse zu formulieren verstand. So verglich sie einmal die Messe mit zwei silbernen Tellern, die man aufeinandergelegt habe. Das sehe wohl von außen betrachtet schön aus, doch wenn der obere Teller abgehoben werde, zeige sich, daß der untere Teller leer war.

In normalem Zustand, in dem sich Jsabeau tagsüber meistens befand, konnte sie nicht singen, doch in der Nacht liebte sie es, ihre Rede mit dem Singen eines Psalms einzuleiten, am häufigsten mit dem zweiundvierzigsten: »Wie der Hirsch schreit nach frischem Wasser, so schreit meine Seele, Gott, nach dir.« Denn es war ihr ein besonderes Anliegen, immer wieder auf die Wichtigkeit des Wortes Gottes hinzuweisen, was in ihrem Ausspruch deutlich zum Ausdruck kam, das Wort Gottes sei ihre Festung.

Wenn sie dann aus ihrer Schlafinspiration wieder in die Wirklichkeit erwachte, vermochte sie sich nie an das zu erinnern, was sie im Schlaf gesagt hatte. Sie wollte es auch gar nicht wissen, weil ja nicht sie gesprochen hatte, sondern der Geist, der ihr eingab, was sie sagen sollte.

Viele, die von diesen nächtlichen Predigten Jsabeaus vernahmen, vor allem aber jene, die zu der von Jsabeau geleiteten Gruppe Madame Teulons gehörten, wollten auch dabeisein, wenn die schlafende Inspirierte predigte. So erschienen immer mehr Besucher auf dem Hof von Bourgeois, und im Haus war bald kein Platz mehr, um alle Ankommenden aufzunehmen. Es blieb so nichts anderes übrig, als das Bett mit der Schlafenden ins Freie zu tragen und unter den Obstbäumen aufzustellen.

Der Zuhörerstrom beschränkte sich jedoch keineswegs auf die Gläubigen aus Saou, auch aus Bourdeaux, Crest, Livron und sogar aus dem Cliousclat und aus Grenoble trafen nach tagelangem Anmarsch Zuhörer und Zuhörerinnen ein, um das Wunder der im Schlaf unter dem Sternenhimmel predigenden Prophetin mitzuerleben. Diejenigen, die sich am Abend als erste auf dem Hof einfanden und sich so in unmittelbarer Nähe des Bettes niederlassen konnten, hatten das Glück, wahrzunehmen, wie das Gesicht der Inspirierten eine Reinheit und Lieblichkeit annahm, so daß manche sich des Ausrufs nicht enthalten konnten: »Schaut sie an, ist sie nicht schön wie ein Engel?«

So zog dieses Geschehen seine Kreise, und auch die Behörden erfuhren davon. Unverzüglich griffen sie ein und lösten die Versammlung auf.

Jsabeau wurde verhaftet, in den Gefängnisturm nach Crest geschafft und sofort vor Gericht gestellt. Ruhig beantwortete sie die ihr vom Richter gestellten Fragen.

»Gibst du zu, Jsabeau Vincent aus Saou zu sein?«

»Ja, die bin ich.«

»Wie alt bist du?«

»Ich bin im Jahr 1673 geboren worden.«

»Welchem Glauben gehörst du an?«

»Dem protestantischen«, antwortete Jsabeau.

»War dir nicht bekannt, daß in Frankreich der protestantische Glauben verboten ist?«

»Es war mir bekannt.«

»Aus welchem Grund hast du dich dann nicht katholisch taufen lassen?«

»Meine Mutter hat mich gelehrt, daß der katholische Glauben nicht der richtige Glaube sei.«

»Gibst du zu, dich als Prophetin betätigt zu haben?«

»Ich gebe es zu. Aber ich bin nicht von mir aus eine Prophetin geworden. Gott selbst hat mir den wahren Glauben eingegeben. Was ich im Schlaf gesprochen habe, weiß ich nicht. Für das, was im Schlaf geschieht, kann man nicht verantwortlich gemacht werden.«

»Ist dir bekannt, daß du dadurch, daß du nicht katholisch wurdest und protestantisch gepredigt hast, von mir zum Tode verurteilt werden kannst?«

»Auch das ist mir bekannt, doch macht es mir nichts aus. Ich kann Sie nicht daran hindern, mich sterben zu lassen. Es würde Ihnen jedoch nichts nützen. Denn Gott wird für mich, wenn ich tot bin, andere Propheten an meiner Stelle einsetzen, die sein Wort noch besser verkündigen werden, als ich es konnte.«

Die Tatsache, daß Jsabeau wirklich nur im Schlaf als Prophetin gepredigt hatte, hielt den Richter vorderhand davon ab, über sie das Todesurteil zu fällen. Das Gericht beschloß, sie in das Spital von Grenoble einzuweisen, wo sie überwacht und beobachtet werden konnte. Sonderbarerweise wurde das Urteil mit der Verfügung gekoppelt, daß in Grenoble jedermann, der es wünsche, das Recht habe, sie zu sehen.

Es darf wohl angenommen werden, daß sich Jsabeau unter diesen Umständen nicht über Besuchermangel zu beklagen hatte, war ihr Name doch durch ihre Schlafinspirationen nicht nur in Grenoble, sondern in ganz Frankreich bekannt und Gegenstand eifriger Diskussionen geworden, wodurch ein neues Interesse für den in Notstand geratenen protestantischen Glauben geweckt worden war. Mächtig unterstützt wurde dieses Erwachen aus der bisherigen Glaubenslethargie auch durch die wachsende Zahl der inspirierten Kinder und Jugendlichen, von denen es allein in Saou bereits mehr als fünfzig und dem Lauf des Drômeflusses entlang über 200 junge Propheten und Prophetinnen gab. Viele suchten eine Erklärung dafür in der Annahme, daß es das Werk Jsabeaus Vincents sei, auf die vielen den »Geist von oben« übertragen zu haben.

Länger als ein Jahr wurde das »Hirtenmädchen von Crest«, wie man Jsabeau nannte, im Spital von Grenoble festgehalten, wo, wie es hieß, nichts geschah, was zu Klagen hätte Anlaß bieten können. Nach den Berichten, die allerdings nicht unbedingt zuverlässig sind, hörten ihre Schlafinspirationen nach und nach auf. Jsabeau soll auch der Messe beigewohnt haben, nachdem sie dazu aufgefordert worden war. Sie scheint gut behandelt worden zu sein und bekam, da sie deutlich unterernährt war, reichlich und gut zu essen. Möglicherweise hoffte man, sie auf diese Weise zur Aufgabe ihres »protestantischen Irrglaubens« und zur Annahme des katholischen Glaubens bringen zu können. Damit wäre auch das Hauptanliegen der Behörden in Erfüllung gegangen, die berühmte Jsabeau, die fraglos der protestantischen Bewegung zu neuem und starkem Auftrieb verholfen hatte, langsam in die Vergessenheit versinken zu lassen.

Wie sich Jsabeau selbst zu diesen Bemühungen stellte, ist nicht klar, da die Berichte von katholischer und protestantischer Seite widersprüchlich sind. Daß dann aber Jsabeau aus dem Spital von Grenoble in ein Frauenkloster überführt wurde, läßt doch eher vermuten, daß alle Bekehrungsbemühungen trotz des reichlichen und guten Essens nicht zum erhofften Erfolg geführt hatten. Doch gelang es auch mit der Internierung des Hirtenmädchens von Crest nicht, die gefährliche Unruhestifterin endlich und endgültig loszuwerden. Nun ging das prophetische Wort, das Jsabeau bei ihrer Verhaftung in Crest vor dem Richter gesprochen hatte, daß, wenn er sie sterben lasse, Gott an ihrer Stelle andere Propheten einsetzen werde, die sein Wort noch besser verkündigen würden, als sie es habe tun können, in Erfüllung.

Gabriel Astier tritt auf

Zu den eifrigsten Gläubigen, die jeweils von auswärts nach Saou gekommen waren, um an den von Jsabeau geleiteten Versammlungen teilzunehmen, gehörte auch der etwa 20jährige Bauernbursche Gabriel Astier aus Cliousclat. Astier war ein Inspirierter, der die Gabe wahrscheinlich von Jsabeau empfangen hatte. Die ersten von Gabriel Astier durchgeführten Versammlungen fanden nicht in Cliousclat, sondern im kleinen, auf der anderen Seite der Rhone im Vivarais gelegenen Dorf Bressac statt, das durch das eifrige Wirken Astiers schon bald zum Ausgangspunkt der Inspirationsbewegung in dieser Gegend wurde.

Für die Zusammenkünfte in Bressac stellte jeweils Antoine Benoît sein Haus zur Verfügung, in dem während seines Aufenthaltes in Bressac auch der junge Inspirierte Unterkunft fand.

Es war nicht schwer, Interessenten für Astiers Veranstaltungen zu finden, da die Protestanten in dieser Gegend seit langem jeden geistlichen Zuspruch hatten entbehren müssen.

An der ersten Versammlung Gabriel Astiers nahmen auch Marie Rouvière und deren Freundin teil. Es war schon zehn Uhr in der Nacht, als die beiden an die Tür pochten und um Einlaß baten. Astier begrüßte die verspäteten Gäste herzlich und verhieß der Begleiterin Maries, Gott werde ihr bald besondere Gaben zukommen lassen. Dieses Versprechen veranlaßte die Freundin Maries zum Bekenntnis, nun sehne sie sich um so mehr, durch den Mund Astiers das Wort Gottes verkündigt zu hören. Astier antwortete bescheiden, er hoffe nur, sie nicht zu enttäuschen.

Nach dem Vorlesen einiger Bibelstellen stimmte er einen Psalm an. Doch kaum hatte man zu singen begonnen, überfiel ihn ein heftiges Zittern, das in ein Geschütteltwerden überging und ihn schließlich zu Boden warf.

Nach diesen Zeichen der beginnenden Inspiration sprach Astier dann mit klarer Stimme den vierundvierzigsten Psalm, dem er eine eindringliche, alle Anwesenden ergreifende Predigt folgen ließ, in der er seine Zuhörer zur unbedingten Buße für begangene Sünden aufrief, wenn sie nicht für immer verloren sein wollten.

Diese Worte trafen den an der Versammlung teilnehmenden jungen Jean Créières derart, daß er laut aufschrie und immer wieder um Vergebung seiner oft begangenen jugendlichen Sünden bat. Später wurde der aufrichtig bereuende Bursche mit dem Geist begabt und wirkte mit großem Erfolg als Inspirierter, bis er den Märtyrertod zu sterben hatte.

Aber auch die Begleiterin Marie Rouvières wurde von der Predigt Astiers so sehr ergriffen, daß sie noch während der bis weit in den Morgen hinein dauernden Versammlung den Geist empfangen durfte.

Gott hatte also wirklich für das so jäh zum Verstummen gebrachte Hirtenmädchen Jsabeau Vincent einen ungewöhnlich begabten Nachfolger eingesetzt.

Immer mehr Teilnehmer kamen zu den Versammlungen Astiers. Antoine Benoît nahm dies mit heimlichen Bangen wahr. Da er und seine Schwester die Gnadengabe ebenfalls besaßen und über diese Auszeichnung sehr beglückt waren, befürchtete er, daß ihm durch einen neuen Besucher einmal der Geist genommen werden könnte, was für ihn ein schmerzlicher Verlust gewesen wäre.

Diese Angst in Antoine Benoît hatte ihren Grund. Weil die große und immer noch zunehmende Zahl der Inspirierten bewirkte, daß sie sich als Auserwählte vorkamen und sich in einem besonderen Verhältnis miteinander verbunden fühlten, veränderte sich bei vielen die ganze Lebenshaltung. Da sie ihre Freude erst dann ungetrübt empfinden konnten, wenn sie allein ganz unter sich waren, wurde ihnen ihr eifrigst gepflegter Glaube zum eigentlichen Inhalt ihres Lebens.

So kam es, daß manche, um ständig in dieser Glaubensgemeinschaft geborgen zu sein, sogar ihren Haushalt vernachlässigten und zu einer immer größer werdenden Schar vereint, singend und betend umherzogen, um schon jetzt die Vorfreude auf den ihnen in naher Zukunft verheißenen paradiesischen Zustand zu genießen.

Doch das sich geradezu demonstrativ gestaltende Auftreten der stets noch zunehmenden Inspiriertenbewegung in der Gegend um Bressac konnte den Behörden nicht lange verborgen bleiben, so daß sie eingriffen und alle Inspirierten, derer sie habhaft werden konnten, verhafteten und nach Voulte in Gefangenschaft brachten.

Astier, der gewarnt worden war, hatte noch rechtzeitig die gefährlich gewordene Gegend verlassen können. Mit großen Gruppen gefährdeter Protestanten zog er in die schöne Einsamkeit der Berge von Les Boutière zurück, die bis zum Ausbruch des Kamisardenkrieges für die Hugenotten eine oft benutzte Zufluchtsstätte blieb.

Ein unerwartetes Angebot

Doch wie erging es Pascalin und seinen fünf Begleitern weiter, nachdem sie in Bourdeaux zum erstenmal predigend aufgetreten waren und anschließend den Abend und die Nacht im Hause der gastfreundlichen Familie Perrin verbracht hatten?

Am liebsten hätte Frau Perrin ihre jungen Gäste noch für einen oder zwei Tage zurückgehalten, worauf aber Pascalin nicht einging, da er vorhatte, über Saou nach Crest und dann weiter über die Rhone ins Vivarais zu ziehen. »Aber wir kommen nach Bourdeaux zurück, wenn der Herr nicht beschließt, uns vorher zu sich zu nehmen«, versprach er.

»Das wird er nicht«, entgegnete ihm Frau Perrin mit Entschiedenheit, »der Auftrag, den er den Lerchen Gottes zugedacht hat, ist wohl noch lange nicht erfüllt.«

»Frau Perrin, Sie können darauf zählen: wir werden uns bei Ihnen melden, sobald wir wieder hier sind.«

Pascalin hielt Wort. Nachdem sie auf ihrem langen Weg an manchen Orten mit Hingabe, meist vor vielen Gläubigen, doch oft auch von Lästerrufen unterbrochen, gepredigt, gesungen und gebetet hatten, kamen sie wiederum nach Bourdeaux. Dort meldete sich Pascalin mit Mazet und Bompart sofort bei Frau Perrin zurück. Antoine, Tobie und Armand waren nicht mehr bei ihnen. Sie hatten sich in brüderlichem Einverständnis getrennt, nachdem Antoine den Wunsch geäußert hatte, seine Gruppe nun selbst führen zu dürfen, schon deshalb, weil es für drei leichter sei als für sechs, täglich an einem andern Ort Verpflegung und Obdach zu finden.

Frau Perrin war glücklich, die drei ehemaligen Hirten wiederzusehen und sie wenigstens für ein abendliches Beisammensein und für eine Nacht im Hause haben zu dürfen. Noël war nicht mehr da, er war wieder nach Privas zu seiner Arbeit zurückgekehrt.

Auch Herr Perrin freute sich, als ihn die drei Lerchen Gottes, an die er in der Zwischenzeit oft gedacht hatte, bei seiner Heimkehr mit ihrer Anwesenheit überraschten.

»Sieh da, sieh da, da sind sie ja wieder! Wie schön, euch wiederzusehen!« begrüßte er sie, und sein breites Gesicht strahlte vor Freude. Sie verbrachten miteinander einen gesegneten Abend, an dem Frau Perrin auch erzählte, sie sei nach dem ersten Auftreten der jungen Propheten in Bourdeaux zu einem Krankenbesuch beim Gemeindeschreiber gewesen. Dieser war vor ein paar Wochen durch einen Gehirnschlag gelähmt worden und seither ans Bett gefesselt. Sie habe ihm vom Auftreten der Lerchen Gottes erzählt, das alle, die dabeigewesen, sehr beglückt und aufgerichtet habe. Der kranke Jacques Duplan habe ihr mit Interesse zugehört und sehr bedauert, den jungen Prediger nicht auch habe hören dürfen. Denn seitdem er jeden Tag immer wieder so manche Stunde allein verbringen müsse, verspüre er oft ein brennendes Verlangen nach geistlichem Zuspruch und Trost. Er sei zwar, wie seine Tochter Louise auch, im Jahre 85 unter dem Druck der Umstände zwangsweise zum römischen Glauben übergetreten, jedoch nicht mit dem Herzen, sondern lediglich aus Verzweiflung. Darunter leide er jetzt noch mehr als unter seiner körperlichen Krankheit. »Da habe ich ihn damit zu trösten versucht, ihr würdet wieder nach Bourdeaux zurückkommen und euch bei mir melden. Ich versprach ihm, euch zu bitten, ihn dann zu besuchen und mit ihm zu beten.«

»Wofür ich Ihnen herzlich danke, gehört das doch mit zu unserer schönen Aufgabe, die wir übernommen haben. Ich werde morgen mit Mazet und Bompart zu ihm gehen. Oder wäre es ihm lieber, wenn ich allein käme?«

»Aber nein, ich habe ihm auch von Bompart erzählt, der damals wie ein zürnender Engel zu uns gesprochen hat. Herr Duplan wird sich bestimmt freuen, auch ihn sehen zu dürfen.«

Die drei Hirten, die bei Perrins auch die Nacht verbrachten, machten sich am nächsten Vormittag in Begleitung von Frau Perrin auf den Weg zum kranken Gemeindeschreiber.

Als ihnen seine Tochter Louise die Tür öffnete, war sie über das Erscheinen der vier Besucher nicht wenig überrascht. Nachdem ihr dann aber Frau Perrin eine kurze Erklärung gegeben hatte, ging ein Lächeln über Louises Gesicht. »Der Vater wird sich freuen! Tretet ein.«

Nach der Begrüßung begaben sich die drei jungen Prediger zum Bett des Kranken. Bompart kniete als erster nieder, legte die Hände über die auf der Bettdecke liegenden Hände Jacques Duplans und begann mit seinem Gebet: »Sorget nichts! Sondern in allen Dingen lasset eure Bitten im Gebet und Flehen mit Danksagung vor Gott kund werden. Und der Friede Gottes, welcher höher ist denn alle Vernunft, bewahre eure Herzen und Sinne in Christo Jesu!«

Bompart erhob sich, trat zurück und Pascalin nahm seine Stelle ein. Er ergriff die Hand des vor ihm Liegenden und sprach: »Laß dir an meiner Gnade genügen, spricht der Herr, denn meine Kraft ist in den Schwachen mächtig. Darum will ich mich am allerliebsten rühmen meiner Schwachheit, auf daß die Kraft Christi bei mir wohne. Deshalb bin ich guten Muts in Schwachheiten, in Mißhandlungen, in Nöten, in Verfolgungen, in Ängsten, um Christi willen, denn wenn ich schwach bin, bin ich stark.«

Zuletzt trat auch noch Mazet zu dem Kranken, strich ihm liebevoll mit der Hand über die Stirn und sagte: »Gott hat seinen eingeborenen Sohn gesandt in die Welt, daß wir durch ihn leben sollen. Darin besteht die Liebe nicht, daß wir Gott geliebt haben, sondern daß er uns geliebt hat und gesandt hat seinen Sohn zur Versöhnung für unsere Sünden. Amen.« Mazet sah, auf das Gesicht des Kranken niederblickend, daß Tränen in dessen Augen standen. Eine Weile herrschte Stille im Raum, dann dankte Duplan dem Herrn für seine Liebe und Güte und den Trost dieser jungen Propheten. »Ich danke aber auch euch, die ihr zu mir gekommen seid, um mir mit euren tröstenden Worten zu helfen. Ihr könnt nicht wissen, was ihr mir damit gegeben habt.«

»Wir haben mit unserem Besuch nur unsere Aufgabe erfüllt«, erwiderte Pascalin.

»Wenn Sie, Herr Duplan, noch einem von uns etwas sagen wollen, vielleicht etwas anvertrauen möchten, dann ist jeder von uns gerne bereit dazu. Wir haben alle drei den Geist empfangen.«

Eine kleine Weile lag der Kranke schweigend und mit geschlossenen Augen da, dann sah er zu Pascalin auf: »Ja, das möchte ich. Wie groß ist wirklich des Allmächtigen Güte.«

»Sie dürfen überzeugt sein: außer unserem Herrn wird niemand erfahren, was Sie mir mitteilen werden.«

So verließen Mazet, Bompart, Louise und Frau Perrin leise das Zimmer und saßen in der Wohnstube beisammen, um hier auf Pascalin zu warten.

Während des Gesprächs ergab es sich, daß Louise sich noch gut an Pascalin erinnern konnte, als er noch bei seinen Eltern in Bourdeaux gewohnt hatte und ihr immer als ein besonders netter Bursche erschienen war, obwohl sie sich nie nähergekommen waren. Sie war, als die Mutter noch lebte, für ein paar Jahre bei einer Tante in Nîmes gewesen und erst nach dem Tod der Mutter ins väterliche Haus zurückgekehrt, um dem Vater den Haushalt zu besorgen.

»Auf jeden Fall ist aus ihm ein prächtiger Mensch geworden«, rühmte ihn Frau Perrin, was der junge Bompart eifrig bestätigte: »Für mich ist er der liebste Mensch auf der ganzen Welt.«

Als dann Pascalin nach seinem mit dem Gemeindeschreiber geführten Gespräch ins Wohnzimmer kam, freute er sich, mit Herrn Duplan gesprochen zu haben, weil es ihm gelungen sei, ihm wegen seiner eingegangenen Zwangsbekehrung das Herz zu erleichtern. Damit war es ihm ernst, was auch seine strahlenden Augen verrieten.

Dann trat er vor Louise hin: »Auch Ihnen, Fräulein Louise, möchte ich versichern, daß eine in einer Notlage erzwungene, also eine nicht aus eigener Überzeugung eingegangene Bekehrung sowohl gesetzlich als auch vor Gott keine Gültigkeit hat. Ich teile Ihnen dies auf ausdrücklichen Wunsch Ihres Vaters mit, dem ich Stillschweigen über unser Gespräch versprochen hatte. Er hat mich dann aber gebeten, auch Sie zu beruhigen.«

»Was Sie mir da sagen, ist für mich wirklich ein großes Geschenk, für das ich Ihnen herzlich danke. Nun bin ich endlich diesen Druck los und kann wieder freier atmen. Wie gut ist es, daß Sie zu uns gekommen sind. Es war der Herr, der Sie zu uns geführt hat.«

Errötend und leicht verwirrt reichte sie ihm die Hand. Er sah sie an, erkannte den Liebreiz ihres Gesichtes, ihrer ganzen Erscheinung, und ein neues, sonderbares Gefühl blühte in ihm auf. »Fräulein Louise, darf ich wohl morgen Ihren Vater noch einmal sehen?«

»Ich glaube, er wird sich freuen, noch einmal mit Ihnen sprechen zu können.«

So war es auch. Mit Ungeduld hatte Duplan nach einer Nacht, in der er nur wenig geschlafen hatte, das Kommen Pascalins herbeigesehnt. Dieser kam allein. Mazet und Bompart waren bei Frau Perrin geblieben, um ihr im Haushalt zu helfen. Ihre Bitte zu erfüllen, doch noch einen Tag in Bourdeaux zu bleiben, fiel Pascalin diesmal nicht schwer. Er hatte ja noch ein zweites Gespräch mit dem Gemeindevorsteher vor sich, das seine Gedanken mehr in Anspruch nahm, als er sich anmerken ließ.

Louise Duplan empfing Pascalin am anderen Tag mit großer Freundlichkeit, dankte ihm für sein Kommen und führte ihn zu ihrem Vater. Nachdem sie für den Besucher einen Stuhl neben das Bett des Kranken gestellt hatte, ließ sie die beiden allein.

»Es freut mich sehr, Herr Pascalin, Sie wiederzusehen! Seit gestern abend habe ich immer wieder über das nachdenken müssen, was ich Ihnen anvertraut habe.«

»Lieber Herr Duplan, vorerst eine kleine Bitte. Lassen Sie doch mir gegenüber den Herrn weg und sagen Sie du zu mir. Ich bin einfach der Hirte Pascalin. Auch für Sie. Was Sie mir gestern sagten, hat auch mich sehr beschäftigt, es kam ja völlig unerwartet für mich. So habe ich mir vorgenommen, heute noch einmal in aller Offenheit mit Ihnen darüber zu sprechen.«

»Ich bitte Sie darum, lieber Pascalin.«

»Obwohl wir uns gestern zum erstenmal in unserem Leben begegnet sind und wir vorher nichts voneinander gewußt haben, sind Sie auf den Gedanken an eine Verbindung zwischen Ihrer Tochter und mir gekommen. Ihr Grund war es, Ihre Tochter beschützt wissen zu dürfen, wenn Sie einmal nicht mehr da sein werden.«

»So ist es, das waren meine Gedanken und Überlegungen«, bestätigte Duplan. »Es ist für mich die größte Sorge, was mit Louise geschehen soll, wenn ich sterbe. Warum ich sofort an dich dachte, sie gerade dir anvertrauen möchte, den ich zum erstenmal sah, von dessen bisherigem Leben ich nichts weiß, hat wohl nicht nur dich, sondern auch mich selbst überrascht. Wir leben in keiner guten Zeit, vor allem wir Protestanten nicht. Nichts als Unruhen und Verfolgungen. Es geht denen am besten, die der Herr in seiner Barmherzigkeit zu sich nimmt. Für mich selbst ist also gesorgt, nicht aber für meine Tochter. Das Schicksal Louises bereitet mir großen Kummer. Ich möchte doch das Beste für sie. Da bist nun du, lieber Pascalin, gestern in mein Leben getreten und hast mit mir gebetet. Was ich noch nie erlebt hatte, erlebte ich gestern. Es war wie ein Wunder. Vom ersten Augenblick an, da ich dich sah, wußte ich, du bist der Mensch, der Louise glücklich machen kann. Ich habe sofort volles Vertrauen zu dir gehabt, weil du wie selten jemand Güte ausstrahlst. Meine Frau und ich hatten uns so sehr einen Sohn gewünscht. Leider ist uns die Erfüllung dieses Wunsches versagt geblieben. Solltest du meinem Vorschlag folgen, dann würde er nun wenigstens mir noch erfüllt. Nun, Pascalin, wie stellst du dich dazu?«

»Herr Duplan, in meinem bisherigen Leben habe ich noch nie ans Heiraten gedacht, und mit einem Mädchen habe ich nie etwas zu tun gehabt. Ich war 17 Jahre alt, als meine Eltern von den Dragonern erschossen wurden. Da ich nun kein Heim mehr hatte und nicht immer allein sein wollte, schloß ich mich zwei andern Knaben an, die wie ich ihre Eltern verloren hatten. Wir zogen in der Gegend umher und haben, um leben zu können, immer wieder als Hirten gearbeitet, bald hier, bald dort. Wie hätte mir da der Gedanke ans Heiraten auch nur kommen können? Da wir drei sehr gläubige Eltern gehabt haben und auch wir fest im Glauben stehen, beschlossen wir, Prediger zu werden, um an Stelle der Pfarrer, die das Land verlassen mußten, den Leuten Gottes Wort verkündigen zu können. Mazet und ich konnten lesen und schreiben, und dem kleinen Bompart, der erst sechs Jahre alt war, als ich ihn zu mir nahm, habe ich dann das Lesen und Schreiben auch beigebracht. So lasen wir einander aus der Bibel vor und haben so die Heilige Schrift gut kennengelernt. Als junge Prediger sind wir gestern bei Ihnen gewesen –.«

»Und habt mich damit reich beschenkt. Euer Kommen und Beten war für mich wirklich ein Geschenk Gottes«, sagte Duplan ergriffen.

»Aber Sie haben nicht daran gedacht und konnten es ja auch nicht wissen: Einen Beruf habe ich nie erlernt. Wie sollte ich da heiraten und eine Familie durchbringen können?«

»Doch, auch daran habe ich gedacht«, erwiderte der Kranke mit sichtbarer Genugtuung. »Vor der Stadt besitze ich einen kleinen Bauernbetrieb, der jetzt, da ich im Bett liegen muß, verpachtet ist. Den würdest du übernehmen. Ach, schon der Gedanke daran, daß du ihn führen würdest, tut mir wohl.«

»Aber ich bin nicht allein. Da sind noch Mazet und Bompart, denen gegenüber ich mich verantwortlich fühle.«

»Und die dir eine gute Hilfe sein könnten«, fiel ihm Duplan ins Wort.

»Und Ihre Tochter Louise? Wir kennen uns ja gar nicht. Wie sollte sie mich da lieben können? Das gehört doch dazu, wenn es ums Heiraten geht.«

»Zugegeben, Louise kennt dich nicht, wenigstens nicht gut. Aber beobachtet hat sie dich schon, als du noch ein Knabe warst. Das hat sie mir gestern abend erzählt. Du hast ihr schon damals gut gefallen.«

Pascalin lachte kurz auf. »Das reicht nun aber doch noch nicht, um Hochzeit zu machen. Und ich? Ich habe sie lediglich gestern und heute nur ganz kurz gesehen. Sie ist ein sehr schönes und bestimmt auch ein sehr liebes Mädchen. Aber wir müssen doch wissen, ob wir überhaupt zueinander passen! Herr Duplan, was Sie sich da ausgedacht haben, ist sehr lieb von Ihnen. Doch wenn Sie mich kennen würden, wären Sie möglicherweise sehr enttäuscht von mir.«

»Das glaube ich nicht, nein, das glaube ich nun wirklich nicht.«

»Aber nun muß ich noch auf etwas anderes zu sprechen kommen. Ich und meine beiden lieben Gefährten sind junge Prediger geworden. Als wir vor ein paar Wochen hier in Bourdeaux vor der Kirche eine Versammlung durchführten, hat uns eine Frau, eine Inspirierte, die Lerchen Gottes genannt. Das möchten wir sein und bleiben, so lange der Herr uns braucht, bis wir erreicht haben, was wir als unsere Aufgabe betrachten: die Zwangsbekehrten zum hugenottischen Glauben zurückzuführen und die protestantische Kirche Frankreichs vor dem Untergang zu bewahren. Alle drei haben wir den Geist empfangen. Dürfte ich das, was ich zu tun gelobt habe, einfach aufgeben, um zu heiraten? Dazu kommt noch: Was wir als junge Prediger tun, hat der König bei Todesstrafe verboten. Es ist durchaus möglich, daß wir noch heute verhaftet und in ein paar Tagen hingerichtet werden, sofern uns jemand verrät. Sie haben selbst gesagt: Wir leben in keiner guten Zeit. Wie sich alles weiterentwickelt, wissen wir nicht. Es kann zum Krieg kommen, vielleicht schon bald. In dieser Ungewißheit verbietet es mir mein Gewissen, Ihrem schönen und vor allem lieben Gedanken zuzustimmen. Wir haben Gott gelobt, uns für seine Sache einzusetzen, und dieses Versprechen kann und darf ich nicht brechen.«

Eine Weile blieb es ganz still im Raum, dann räusperte sich der Kranke und versuchte, seine Lage etwas zu verändern, wobei sich Pascalin bemühte, ihm behilflich zu sein.

»Danke, Pascalin, so geht es. Ich hatte mich schon so sehr gefreut. Aber nach allem, was du sagtest, nach allen Bedenken, die du geäußert hast, verstehe ich dich, muß ich dich verstehen, so leid es mir auch tut. Es wäre eine schöne und eine gute Lösung gewesen, das glaube ich immer noch. Ich bin überzeugt, Louise wäre dir eine gute Frau geworden.«

»Sie dürfen nicht enttäuscht und traurig sein, Herr Duplan. Fräulein Louise wird bestimmt einen andern jungen Mann finden, mit dem sie glücklich werden kann.«

»Pascalin, wir wissen nicht, was die Zukunft für uns bereit hält. Laß mir ein bißchen Hoffnung, denn ich glaube daran: bei Gott ist kein Ding unmöglich. Was jetzt nicht möglich sein soll, kann vielleicht später doch noch möglich werden. Denn meine Gedanken sind nicht eure Gedanken, und eure Wege sind nicht meine Wege, spricht der Herr. Ich hoffe auf ihn. Eines aber mußt du mir noch versprechen, Pascalin. Immer, wenn ihr in Bourdeaux seid, mußt du zu uns kommen. Dann kannst du auch mit meiner Tochter sprechen, damit ihr euch kennenlernt. Auch dann, wenn ich nicht mehr da bin. Alles andere liegt in Gottes Hand.«

»Ja, Herr Duplan, das verspreche ich. Schon Ihnen zuliebe. Es tut mir sehr leid, Sie enttäuschen zu müssen. Aber auch dafür hat der Herr ein tröstendes Wort: Alle Züchtigung, wenn sie da ist, dünkt uns nicht Freude, sondern Traurigkeit zu sein. Aber danach wird sie geben eine friedsame Frucht der Gerechtigkeit denen, die dadurch geübt sind: die Frucht des Geistes, Amen.«

»Amen.« Jacques Duplan griff nach des jungen Mannes Hand und hielt sie lange fest. »Es schmerzt mich, daß du meinen Wunsch jetzt nicht erfüllen kannst. Seitdem ich nun auch deine geistige Haltung kenne, bist du mir noch lieber geworden. Mir ist, als würdest du doch noch mein Sohn.«

Bomparts großer Kummer

Während Pascalin beim Gemeindeschreiber gewesen war, hatten sich die beiden Jungen, Mazet und Bompart, zu Frau Perrins großer Freude im Hause nützlich gemacht. Mit Feuereifer hatten sie die ganze Wohnung gereinigt, um ihrer gütigen Gastgeberin eine Arbeit abzunehmen. Nichts hatte sie ihnen helfen dürfen, und so konnte sie ungestört in der Küche wirken. Alles war bereit, als Pascalin zurückkam und kurz nach ihm auch Herr Perrin eintraf, der erklärte, am Nachmittag zu Hause zu bleiben, um auch noch ein wenig bei den Lerchen sein zu können.

Es wurden dann wirklich schöne und gesegnete Stunden, die sie miteinander verbringen durften. Zu ihrer Freude waren die Perrins dabei, als Bompart eine kurze Inspiration bekam, die bei ihnen einen starken Eindruck hinterließ.

Sie hatten eben über die Möglichkeit eines Krieges gesprochen, der durch die wiederum verschärfte Verfolgung der Protestanten doch einmal ausbrechen könnte, als ein Zittern Bompart befiel und sein Körper heftig geschüttelt wurde. Nach kurzer Zeit begann er zu sprechen: »Ich sage dir, mein Kind, nicht du sprichst jetzt, es spricht der Geist, der in dir ist. Es wird geschehen, die meisten der ihrem Glauben untreu gewordenen Hugenotten werden zu ihrem alten Glauben zurückkehren. Es kann geschehen, daß selbst der König zum reformierten Glauben übertreten wird. Unter ihm wird dann in Genf ein Konzil tagen, das eine einzige christliche Religion schaffen wird. So wird es keine Katholiken und keine Protestanten, sondern nur noch Christen geben. Der König liebt das Blutvergießen nicht. Zu den bisherigen Verfolgungen ist er von seinen Ratgebern überredet worden. Ich aber sage euch, suchet vor allem vorerst das Wort Gottes und richtet euer Leben nach ihm ein. Ihr müßt aber das Wort Gottes unter euren Brüdern suchen. So oft als möglich müßt ihr zusammenkommen, um euch gegenseitig mit guten Gebeten zu trösten.«

Hier verstummte der Inspirierte, strich sich mit der flachen Hand über das Gesicht, sah sich verwundert um und war wieder der liebenswürdige Knabe Bompart.

Leider hat das durch Bompart vorausgesagte ökumenische Gespräch in Genf und die Bekehrung des Königs zum protestantischen Glauben nie stattgefunden. Jedoch war der junge Prediger in Bourdeaux keineswegs der einzige Inspirierte, der den König verteidigte und dessen gegen die Hugenotten gerichteten Maßnahmen mit dem starken Einfluß der Berater auf ihren Regenten begründete, was auch unwiderlegbar bestätigt worden ist. Vor allem stand der König unter dem zunehmenden Druck der Madame de Maintenon, was die beiden nachfolgenden Briefstellen deutlich belegen. So schrieb sie am 28. Oktober 1679: »Der König denkt jetzt ernsthaft an die Bekehrung der Ketzer, und in kurzer Zeit wird man sich mit dieser Sache gründlich befassen müssen.«

Im August 1681 gab sie ihrer Hoffnung wie folgt Ausdruck: »Der König beginnt ernstlich an das Heil seiner Seele und an das Heil seiner Untertanen zu denken. Wenn Gott ihn uns erhält, werden wir bald nur noch eine Religion im Land haben.«

Einen ebenfalls starken Einfluß übte der 1624 geborene Jesuitenpater La Chaise schon vor der Zeit der Aufhebung des Ediktes von Nantes auf den König aus. Als dessen Beichtvater besaß er große Möglichkeiten und benutzte sie auch, um ihn von der Notwendigkeit der Ausrottung der »hugenottischen Irrlehre« zu überzeugen. Nebenbei bemerkt: Ludwig XIV. überließ seinem Beichtvater ein Landgut im Norden von Paris, auf dem dann 1804 der Pariser Friedhof Père Lachaise angelegt wurde.

Durch Bomparts Aussagen in seiner Inspiration war nun genügend Gesprächsstoff gegeben, bis beschlossen wurde, nun doch endlich zur Ruhe zu gehen. Da in Noëls Zimmer ein Doppelbett stand, wurden Mazet und Bompart dort untergebracht, während Pascalin sein Nachtlager in der kleinen Kammer nebenan hatte. Eine Weile überdachte Pascalin noch einmal das mit Duplan geführte Gespräch. Er glaubte, ihm auf seinen Antrag richtig geantwortet zu haben. Auch der Inhalt von Bomparts Aussagen beschäftigte ihn. Sonderbar! Wie der Meister ihm einmal gesagt hatte, vertrat auch Pfarrer Jurieu die Auffassung, nicht der König selbst, sondern dessen Berater und Beraterinnen strebten die Verfolgung und Ausrottung der Hugenotten an. Dann aber schlief Pascalin ein.

Er erwachte, weil es ihm war, als habe ihm jemand die Haare aus der Stirn gestrichen. Er horchte, richtete sich auf, und wirklich, es stand jemand neben seinem Bett.

»Erschrick nicht, Pascalin, ich bin es.«

»Bompart? Was ist los mitten in der Nacht? Ist dir nicht gut?«

»Ach Pascalin, ich weiß nicht, was nun geschehen soll«, sagte der Knabe traurig.

»Ich verstehe dich nicht, was du meinst. Komm, leg dich neben mich und deck dich zu, damit du nicht krank wirst. Und nun sage mir, was dich bedrückt.«

Als Bompart neben Pascalin lag und dieser den Arm um ihn legte, brach er in heftiges Weinen aus.

»Was hast du nur, Bompart? Sag es mir, du darfst mir alles sagen.«

»Ich weiß nicht, was werden soll, wenn du nicht mehr bei mir bist«, schluchzte der Junge. »Du warst immer lieb zu mir und hast immer für mich gesorgt, als wärst du mein Vater.«

»Aber was sprichst du eigentlich? Ich habe dich doch immer noch lieb.«

»Herr Duplan möchte aber, daß du Fräulein Louise heiratest. Das ist es, was mich so traurig macht. Was wird dann aus mir?«

»Ach, das ist es. Ich dachte nicht daran, daß du wissen könntest, was Herr Duplan und ich miteinander gesprochen haben. Du armer, lieber Bompart! Du hast dich umsonst geängstigt, dazu wird es wohl kaum je kommen. Ich gehe nicht weg von dir, wir werden beieinander bleiben wie bisher. Morgen werde ich dir alles genau erklären. Doch über eines mußt du nachdenken. Jetzt bist du noch ein Kind, vielleicht schon nicht mehr ganz. Mit jedem Tag wirst du älter und deshalb mußt du lernen, selbständig zu werden. Damit du dich auch zurechtfinden kannst, wenn du einmal allein bist. Geh jetzt und schlaf ruhig ein. Morgen und vielleicht noch lange werden wir beisammen sein. Denk doch, wie klein du noch warst, als ich dich traf und dich dann mit mir nahm. Jetzt ist doch schon ein strammer Junge aus dir geworden. Bald wirst du ein junger Mann sein. Die Zeit geht ja so rasch vorbei. Ein Mensch ist in seinem Leben wie Gras, er blüht wie eine Blume auf dem Felde; wenn der Wind darüber geht, so ist sie nimmer da, und ihre Stätte kennet sie nicht mehr. Nun aber geh und schlafe gut. Der Herr behüte dich und segne dich, mein lieber Bompart.« Pascalin gab dem Getrösteten einen Kuß auf sein tränennasses Gesicht.

Das Versprechen, das Pascalin dem Gemeindeschreiber gegeben hatte, ihn jedes Mal zu besuchen, wenn der Weg ihn nach Bourdeaux führte, erfüllte er gewissenhaft. So lernte er auch Louise kennen. Wären es andere Zeiten gewesen und hätte nicht die Verpflichtung bestanden, die er als Inspirierter übernommen hatte, dann wäre möglicherweise Jacques Duplans sehnlicher Wunsch in Erfüllung gegangen.

Doch dann trug sich zu, womit Pascalin den Gemeindeschreiber einst getröstet hatte: Fräulein Louise begegnete einem Mann, der etwas älter als Pascalin war. Die Bekanntschaft führte bald dazu, daß sie ihm nicht nur ihr Vertrauen, sondern auch ihre Liebe schenkte. Auch der Vater erkannte: Der Freier war ein Ehrenmann und gehörte ebenso dem protestantischen Glauben an. Er war damit einverstanden, und Louise gab ihrem Léonard das Jawort. Das Warten auf Pascalin war doch zu einer zu unsicheren Angelegenheit geworden.

Jähes Ende einer frohen Wandergruppe

Zur gleichen Zeit, als sich Gabriel Astier jeweils in Cliousclat aufgemacht hatte, um den von Jsabeau Vincent geleiteten Versammlungen in Saou beizuwohnen, fand sich regelmäßig auch Madame de Baix dort ein. Mit Hingabe pflegte sie den sie begeisternden Predigten der jungen Prophetin zu lauschen, die sie sehr beeindruckten und in ihrem Leben einen völligen Wandel herbeiführten.

Madame de Baix war die Witwe eines Parlamentariers und wohnte mit ihrer erwachsenen Tochter in Grenoble. Beide waren eifrige Anhängerinnen der Inspirationsbewegung. Die Mutter begehrte nichts sehnlicher, als selbst mit der Gnadengabe ausgezeichnet zu werden. Ihr Wunsch ging dann auch in Erfüllung. Es war Jsabeau, die ihr die »Gabe von oben« vermittelte.

In ihrer Begeisterung darüber faßte Madame de Baix den Entschluß, von nun an in Grenoble eigene Versammlungen durchzuführen, von denen sie erhoffte, daß sie ebenso berühmt würden wie die Zusammenkünfte Jsabeaus in Saou. Es fehlte ihr unter den Bewohnern der Stadt nicht an guten Beziehungen, auf die sie große Hoffnung setzte.

Doch war ihr eine bittere Enttäuschung beschieden, als es ihr nicht gelang, ihre Zuhörer in erwarteter Weise zu begeistern. Als dieser Zustand andauerte, ja, die Zahl ihrer Besucher immer kleiner wurde, resignierte sie und beschloß, in Grenoble keine weiteren Versammlungen mehr zu veranstalten. Da sie vermutete, lediglich der Neid von Mitbürgern sei der Grund ihres Mißerfolges gewesen, beschloß sie, Grenoble endgültig zu verlassen und in ihr schönes Landhaus in Livron umzuziehen. Ihr dortiges Haus sollte zum eigentlichen Treffpunkt für Inspirierte werden und damit der Bewegung im Dauphiné zu weiterem Auftrieb verhelfen.

Diesmal blieb der erhoffte große Erfolg nicht aus.

Der Beitritt Gabriel Astiers zum aufblühenden Kreis um Madame de Baix verlieh diesem noch mehr Anziehungskraft, besonders nach dem kleinen Vorfall, der sich erst kurz zuvor in Bressac ereignet und die hugenottische Bevölkerung in helle Begeisterung für den jungen Inspirierten aus Cliousclat versetzt hatte.

Die Sache war folgende: Die besonders starke Verbreitung der Inspiration unter den Kindern im südlichen Dauphiné setzte sich den Drômefluß entlang fort und wurde durch Astier über die Rhone hinweg ins Vivarais weitergeführt. Dies veranlaßte ihn, in Bressac auch die Kinder im reformierten Glauben zu unterweisen, wobei er einem noch kleinen Knaben die Geistesgabe übertrug, wie er denn überhaupt mit dem Vermitteln dieser Gabe von oben überaus freigebig war. Nun fing da plötzlich in Bressac ein Junge zu predigen an, den dann aber der Vater mit Strafe bedrohte, wenn er dieses gotteslästerliche Getue nicht sofort unterlasse.

Doch der Knabe, der dem Vater ja nicht nur etwas vorgespielt hatte, sondern wirklich inspiriert war, konnte nicht anders, als dem Zwang des Geistes folgend fortzufahren. Als kleiner Prophet trat er vor die Leute, die von dem, was sie aus dem Munde des Knaben zu hören bekamen, derart überrascht und entzückt waren und dem Jungen nicht nur stürmisch Beifall spendeten, sondern ihre Begeisterung auch auf Gabriel Astier übertrugen und ihm wegen seiner segensreichen Tätigkeit nicht nur im Dorf, sondern in der ganzen Gegend Ruhm bereiteten.

So wurde Madame de Baix bald in die Lage versetzt, der Bewegung zahlreiche Neuinspirierte zuführen zu können. Damit nahm die Bedeutung ihrer Tätigkeit immer mehr zu, während sich die Teilnehmerzahl an den Versammlungen der Frau Teulon nach dem Ausfall von Jsabeau Vincent rasch verringerte. Wer vorher nach Saou gepilgert war, wandte sich nun dem Geschehen im Livroner Landhaus zu, womit sich der große Wunsch der Madame de Baix erfüllte und ihre Versammlungen nicht weniger erfolgreich wurden, als es jene des Hirtenmädchens von Crest in Saou gewesen waren.

Doch beiden Erfolgreichen war das gleiche Schicksal beschieden, beiden wurde ihr Erfolg zum Verhängnis. Denn wie im Fall Jsabeaus, wurden die Behörden auch im Fall der Madame de Baix schon nach kurzer Zeit auf das rege prophetische Treiben im Landhaus zu Livron aufmerksam gemacht. Sie schauten nicht lange zu, nahmen die Besitzerin des Hauses und deren Tochter gefangen und brachten sie in das Gefängnis von Tournon. Das Haus an der Drôme, das während kurzer Zeit ein Refugium für die Inspirierten gewesen war, wurde geplündert und zerstört. Über das weitere Schicksal der beiden Frauen de Baix ist nichts bekannt.

Obwohl die Gruppen, zu denen sich die immer größer werdende Zahl der Inspirierten als »Auserwählte« zusammengeschlossen hatten, wegen ihres demonstrativen und Ärgernis erregenden Verhaltens von den Behörden verfolgt und aufgelöst worden waren, kam es im Vivarais schon bald erneut zu Gruppenbildungen. Doch diesmal waren es nicht ausschließlich Inspirierte, die als

Auserwählte einen engeren Zusammenschluß anstrebten, sondern vor allem ehemalige Zwangsbekehrte, die sich aus dem ihnen aufgezwungenen katholischen Glauben befreit hatten und als Neubekehrte wieder in ihren früheren hugenottischen Glauben zurückgekehrt waren. Die Freude darüber, die sie quälende Gewissensnot los zu sein, weckte in ihnen den Wunsch nach einer engeren Verbundenheit mit allen, die ein gleiches Schicksal hatten ertragen müssen. So begannen sie, sich in Gruppen zusammenzuschließen und so als Glaubensgemeinschaften singend und betend durch ihr schönes, stilles und vielfach sehr einsames Land zu ziehen. Wenn es möglich war, hielten sie auf einer Anhöhe, dem Himmel näher, eine Versammlung ab, um ihr Verlangen nach dem göttlichen Wort in oft stundenlangen Andachten zu befriedigen. Bald waren es Hunderte, später dann Tausende, die sich zu solchen Gruppen zusammenfanden. Alle waren sie von dem Wunsch beseelt, nur noch ihrem wiederentdeckten früheren Glauben zu leben.

Verständlicherweise erregten diese Scharen wandernder Sängerinnen und Beter überall, wo sie durchkamen, ein starkes Aufsehen, so daß die Kommandanten der königlichen Truppen den Befehl erhielten, diesem überhandnehmenden Unfug, der fraglos der hugenottischen Sache zu neuem kräftigen Auftrieb verhalf, ein Ende zu bereiten und die wandernden Scharen auseinanderzutreiben oder, wenn sie sich widersetzen sollten, gefangenzunehmen und abzuführen.

Diese hugenottischen Großveranstaltungen fanden in Vivarais im Jahre 1689 statt und waren zweifellos, wie die frühere Gruppenbewegung der Inspirierten, das Werk Gabriel Astiers. Hatte er sich zuerst noch selbst an ihnen beteiligt und sie zum Teil auch angeführt, so überließ er nach und nach die Führung anderen, als sich bei ihm der Beginn einer geistigen Krise bemerkbar machte, die möglicherweise durch die erst kürzlich erfolgte Verhaftung der von Astier sehr verehrten Madame de Baix ausgelöst worden war.

Es war eine furchtbare Angst, die ihn bedrängte. Die Angst davor, demnächst verhaftet und dann verurteilt und hingerichtet zu werden. Die Todesbereitschaft, die sonst so vielen der Inspirierten eigen war, blieb Astier unbekannt. Zuerst hoffte er, Sicherheit in der Stille der Berge zu finden. So floh er in ihre Abgeschiedenheit, ohne dann aber in der Einsamkeit seine immer qualvollere Angst loszuwerden.

Zu dieser Angst vor einem baldigen Tod gesellte sich bald noch eine ihn immer mehr folternde Unsicherheit, weil ihm, dem noch jungen, wohl aufgeweckten, jedoch ungeschulten Bauernburschen immer deutlicher zu Bewußtsein kam, von christlicher Glaubenslehre keine Ahnung zu haben und sein eifriges, erfolgreiches Wirken einzig auf seine Inspirierung zurückzuführen war.

Das veranlaßte ihn, seine bisherige Tätigkeit immer mehr einzuschränken und seinen Bruder Alexander und den befähigten Inspirierten Louis Valette an seine Stelle treten zu lassen. Dies, obwohl er noch einen Monat zuvor nach einer Versammlung in Livron beim Abschiednehmen jeden Teilnehmer geküßt und ihm den Geist der Inspiration verheißen hatte.

Zu einer ersten Begegnung einer hugenottischen Wandergruppe mit den königlichen Truppen kam es am 9. Februar 1690 in der Gegend von St. Cierge-la-Serre. Aus dem einfachen Grunde, weil dem Truppenkommandanten nicht genügend Soldaten zur Verfügung standen, um einen erfolgversprechenden Angriff auf die Schar der Beter wagen zu dürfen, war ihr noch ein friedlicher Verlauf beschieden.

Anders wurde es dann drei Tage später, als sich eine dreitausendköpfige Versammlung in der Nähe von Pranles auf einem Hügel niedergelassen hatte und eben einer Predigt Louis Valettes lauschte, die auf die Zuhörer einen so starken Eindruck machte, daß sie sich zu Boden warfen und laut und immer wieder Gott priesen. Noch in höchster Begeisterung schwelgend, nahmen sie doch das Herannahen der nun verstärkten Truppe mit ihrem Kommandanten wahr. Obwohl dieser die Absicht hatte, die verbotene Versammlung nur aufzulösen und zu zerstreuen, kamen ungewollt doch einige der Protestanten ums Leben. Dies versetzte die Versammelten verständlicherweise nicht nur in Aufregung, sondern in heftigen Zorn. Mußten sie sich das immer wieder gefallen lassen? Sollten sie immer wieder wie bisher den Königlichen gehorchen? Oder war es endlich an der Zeit, sich einmal zur Wehr zu setzen?

Schließlich einigten sie sich, auch diesmal wieder nachzugeben und ruhig, dem Befehl gehorchend, abzuziehen.

Obwohl ihnen bewußt war, auch weiterhin von den Truppen verfolgt zu werden, ließ sich ein Teil der Gruppe doch nicht abschrecken, auch in den nächsten Tagen zu einer Versammlung zusammenzukommen, wobei es dann allerdings zum folgenschweren Zusammenstoß in Serre-de-la-Palle kam. Als die etwas mehr als fünfhundert Gläubigen den Kommandanten mit seinen Soldaten wieder auf sich zukommen sahen, faßten sie den unseligen Entschluß, diesmal nicht zu weichen, sondern es darauf ankommen zu lassen, ob ein Wunder ihnen Rettung bringen werde.

Der Kommandant, der wohl geglaubt hatte, die Hugenotten würden sich auch diesmal wieder zurückziehen, stutzte, als nichts dergleichen geschah. Da sandte er drei Soldaten zu ihnen, um sie aufzufordern, sich zu entfernen. Doch kamen diese mit der Meldung zurück, die Protestanten seien nicht wie bisher zum Rückzug bereit, sondern fest entschlossen, diesmal zu bleiben und sich in ihrem Gebet nicht stören zu lassen.

Der Offizier, der seit Tagen versucht und auch erreicht hatte, die Hugenotten zu schonen, obwohl es ihm befohlen war, sie zu bekämpfen, verlor nun doch die Geduld und entschloß sich, diesmal nach dem ihm erteilten Befehl diese Starrköpfigen und Unbelehrbaren anzugreifen und keine Rücksicht mehr walten zu lassen. Er sah, wie die Versammelten sich in mehrere Gruppen teilten und zum Gebet niederknieten, was ihn dazu veranlaßte, die Hugenotten noch einmal aufzufordern, unverzüglich seinem Befehl zu gehorchen und sich zu entfernen. Doch diese schickten den Boten mit der Meldung zurück, sie alle seien bereit zu sterben.

Daraufhin gab der Offizier seinen Soldaten das Zeichen zum sofortigen Angriff. Schweigend sahen die Hugenotten ihren heranstürmenden Vernichtern entgegen, welche die am Boden Knieenden grausam zusammenschlugen. Oft zogen die Soldaten sowohl den Männern als auch den Frauen die Kleider aus, um diese nicht zu beschädigen, ehe sie mit ihren Bajonetten zustachen. Den Frauen, welche Schmuck an ihren Händen trugen, schnitten sie die beringten Finger ab und steckten sie in ihre Taschen. Mehr als fünfhundert Tote blieben blutüberströmt auf dem Feld zurück.

Doch selbst dieses fürchterliche Gemetzel vermochte die Standhaftigkeit der Protestanten nicht zu lähmen. Um jedoch Wiederholungen derartiger Geschehnisse künftig zu verhindern, verfügten Alexander Astier und Louis Valette, Kundgebungen solchen Ausmaßes nicht mehr stattfinden zu lassen. Versammlungen seien außerdem, wenn immer möglich, in geschlossenen Räumen abzuhalten.

Nun lehnen sich auch die Jugendlichen auf

Trotzdem verstrich die Zeit für die Hugenotten auch weiterhin unter Verfolgung und stillem Martyrium. Es war aber keineswegs eine Zeit des Stillstandes. Durch das fortgesetzte Wirken der Laienprediger und der sie ablösenden Inspirierten, vor allem aber durch den großen und mit Eifer betriebenen Ehrgeiz inspirierter Kinder und Jugendlicher, zu denen ja auch die ehemaligen Zöglinge du Ferres gehörten, vollzog sich in der hugenottischen Bevölkerung im geheimen eine Wandlung.

Ein Großteil der Zwangsbekehrten, die sie, um einer Verfolgung zu entgehen, vielfach nach außen hin blieben, wandte sich, einem starken Bedürfnis folgend, mit neuer Hingabe und Begeisterung wiederum dem hugenottischen Glaubensleben zu. Scheinbar waren sie katholische Kirchgänger und die Kinder gehorsame Schüler katholischer Schulen geworden, während bei ihnen zu Hause immer mehr und eifriger noch als früher der alte hugenottische Brauch wiederaufgenommen und gepflegt wurde. Familienandachten wurden abgehalten, die Kinder mit der Bibel vertraut gemacht und in die protestantische Glaubenslehre eingeführt. Die Heranwachsenden schenkten ihren Eltern mehr Vertrauen als den katholischen Priestern in der Schule.

Die große Bedeutung, die die Protestanten der häuslichen Glaubenserziehung ihrer Kinder zumaßen, um in ihnen die Liebe zur hugenottischen Religion zu vertiefen, erkannten die Priester bald. So schrieb Bischof Fléchier von Nîmes: »Die religiöse Unterweisung in den hugenottischen Häusern verdrängt sehr rasch, was den Schülern im katholischen Schulunterricht beigebracht wurde, und so wird von Vätern und Müttern zu Hause wiederum zerstört, was unsere Priester ihren Kindern mühsam beigebracht hatten.«

Im gleichen Sinne schrieb ein hoher Offizier dem Kriegsminister: »Viele der jungen Leute können sich nicht erinnern, je einen protestantischen Pfarrer gesehen zu haben. Wie in aller Welt konnten sie dennoch derart hugenottisch werden? Es ist fraglos das Werk ihrer Väter und Mütter, die sich eifrig bemühen, ihre Kinder daheim im protestantischen Glauben zu erziehen, während nach außen hin die meisten von ihnen zur Messe gehen, als seien sie wirkliche Katholiken.«

Wie die wahre Gesinnung der Jugendlichen aber zuweilen geradezu ungestüm aus ihnen hervorbrechen konnte, zeigt eines von vielen Beispielen, das sich gegen Ende des Jahres 1699 in dem nahe von Alès gelegenen Dorf Monteil zugetragen hat. Es ist ein öffentlich abgelegtes Glaubensbekenntnis einer Gruppe von etwa zwanzig Knaben, von denen keiner älter als fünfzehn Jahre war. Geschlossen stellten sie sich eines Tages vor dem Eingang zur Kirche auf, sprachen zuerst vor den um sie herum versammelten Zuhörern einige Gebete, um dann mit heller Begeisterung einen Psalm nach dem andern zu singen. Entsetzt über solche Ungebührlichkeit vermeintlicher Lausbuben, verjagte der Priester die Knaben und wandte sich aufgeregt an ihre Eltern. Er suchte sie einzeln in ihren Wohnungen auf und drohte, im Fall einer Wiederholung solcher Lästerung, Anzeige gegen sie zu erstatten, da schließlich sie für das Tun ihrer Kinder verantwortlich seien. Trotz der elterlichen Mahnungen ließen sich die Knaben aber nicht davon abbringen, nach etwa zwei Wochen den Psalmengesang vor der

Dorfkirche zu wiederholen, natürlich zum noch größeren Ärger des beleidigten Priesters, der die Knaben veranlaßte, mit ihrem Gesang sofort aufzuhören und sich mit ihm in die Kirche zu begeben, wo er sie beschwor, ihm endlich mitzuteilen, wer sie zu ihrem frevelhaften Tun aufgereizt habe. Es konnte aber weder ein Schuldiger noch eine Schuldige ausfindig gemacht werden, da die Sänger offen und ehrlich erklärten, es habe sie niemand zu singen beauftragt, sie hätten völlig von sich aus und ohne jedes Wissen ihrer Eltern beschlossen, vor der Kirche, wofür sie doch da sei, zu beten und mit den Psalmen Gott zu preisen.

Nahezu ohnmächtig vor Zorn, ließ der Priester die Knaben in polizeilichen Gewahrsam nehmen, wobei es jedoch einigen gelang zu entkommen. Diese setzten sich mit anderen Kameraden in Verbindung und gemeinsam beschlossen sie, dem Priester für sein rabiates Vorgehen einen Denkzettel zu verpassen. Sie machten sich sofort auf den Weg nach einem benachbarten Weiler, wo sie in der Kirche ein Kruzifix und Heiligenbilder herunterrissen und diese vor der Kirchentür verbrannten.

Als sie schon unterwegs zur nächsten Kirche waren, um dort das Gleiche zu tun, wurden sie von inzwischen aufgebotenen Dragonern eingeholt und verhaftet, wobei zwei Knaben, die sich zur Wehr setzten, getötet wurden. Von den übrigen gelang es einigen, in die nahen Wälder zu entkommen, wo sie sich versteckt hielten, bis die Dragoner eine weitere Verfolgung aufgaben. Dankbar für ihre Errettung beteten sie und priesen Gott mit ihrem Gesang. Ein junger, etwa 25jähriger Mann namens Daniel hörte sie singen, trat zu ihnen hin und bot ihnen an, sie in seine Obhut zu nehmen. Es stellte sich bald heraus, daß er ein begnadeter Prediger und Beter war. Er schlug den Knaben vor, gemeinsam mit ihm in der Gegend Versammlungen durchzuführen, zu denen sich bald zahlreiche Zuhörer einfanden, um den von Knabengesang und Gebeten umrahmten Ausführungen und Ermahnungen zur Buße des Predigers zu lauschen.

So wurde auch hier weitergeführt, was vor zwölf Jahren die drei Hirten aus Bourdeaux als die Lerchen Gottes begonnen hatten und was seither im Süden Frankreichs noch von vielen anderen getan wurde im Bemühen, die Bevölkerung aufzurütteln und sie zu veranlassen, zu ihrem alten Glauben zurückzukehren.

Der Knabe Bompart von einst war inzwischen zwanzig Jahre alt geworden. Nun war er so alt, wie sein Beschützer Pascalin gewesen war, als sie von Amos du Ferre auf der Montagne d'Aleyrac für ihren Predigerberuf vorbereitet worden waren. Wie gut hatten sie es damals doch gehabt!

Nun waren sie schon seit Jahren als inspirierte Propheten tätig. Manche von denen, die sich gleich für die Erstarkung des hugenottischen Glaubens eingesetzt hatten, waren nicht mehr da, weil sie wegen ihres verbotenen Wirkens hingerichtet worden waren.

Zu diesen vielen gehörten auch Gabriel Astier und dessen Bruder Alexander sowie Louis Valette. Gabriel Astier, der sich einst vor allem im Vivarais begeistert und mit restloser Hingabe für die Erneuerungsbewegung eingesetzt und zahlreichen Begabten die Inspiration vermittelt hatte, wurde schließlich das Opfer seiner seelischen Erkrankung.

Seine Angst, verhaftet und hingerichtet zu werden, hatte ihn sogar dazu getrieben, den Truppen des Königs beizutreten, in der trügerischen Hoffnung, sich dadurch endlich in Sicherheit bringen zu können. Seine Bereitschaft, zum katholischen Glauben zu wechseln, wurde zum letzten Beweis seiner geistigen und seelischen Verwirrung. Doch selbst durch diesen Entschluß, den Bischof Fléchier mit einiger Genugtuung zur Kenntnis nahm, gelang es ihm nicht, Gnade zu finden und seiner Verhaftung und Hinrichtung zu entgehen. Statthalter de Bâville konnte ihm die große Zahl von Zwangsbekehrten nicht verzeihen, die durch Astiers Tätigkeit wieder in den hugenottischen Glauben zurückgeführt worden war. In Nîmes wurde er verhört und zum Tode verurteilt. Die Hinrichtung fand am 2. April 1689 in Baix statt. Wie stolz der Hugenottenhasser de Bâville auf dieses Urteil war, bewies er, indem er viele aus seinem persönlichen Bekanntenkreis einlud, dem Schauspiel beizuwohnen, das unter keinen Umständen versäumt werden dürfe.

Schon am Galgen, schrie Astier dann in seiner Todesnot noch um Erbarmen. Doch war sein Schrei nicht an seine Verfolger, sondern an den Herrn gerichtet, durch den er nun endlich Erlösung von seinen Ängsten zu finden glaubte.

Seine Leiche wurde dem Feuer übergeben, die Asche in alle Winde verstreut. Sein Bruder Alexander wurde zu einer lebenslänglichen Galeerenstrafe verurteilt, doch nach vierundzwanzig Jahren begnadigt und freigelassen. Bis an sein Lebensende blieb er dem hugenottischen Glauben treu. Wie Gabriel Astier wurde auch Louis Valette gehängt und seine Leiche ins Feuer geworfen.

Die Geduld der Hugenotten ist zu Ende

Nach der im Edikt von Fontainebleau verordneten Zwangsbekehrung der hugenottischen Bevölkerung war etwa die Hälfte der noch im Land verbliebenen Protestanten dem katholischen Bevölkerungsanteil zugeführt worden. Doch dieser Zustand dauerte nicht lange. Immer mehr der Zwangsbekehrten fanden, meist heimlich, als Neubekehrte wieder zum protestantischen Glauben zurück. Die Priester stellten es an der ständig abnehmenden Zahl der Messebesucher fest, was ihnen bewies, daß der hugenottische Glaube noch keineswegs besiegt war. Um dies zu erreichen, mußten unbedingt neue Maßnahmen ergriffen werden.

Sich solche Maßnahmen auszudenken, war schon seit einiger Zeit das eifrige Bemühen des hugenottenfeindlichen Statthalters Lamoignon de Bâville, dem wohl bekannt war, daß es unter der Bevölkerung noch immer heimlich Hugenotten gab. Diese in ihren Verstecken ausfindig zu machen und die Jagd nach ihnen kräftig zu intensivieren, mußte unbedingt das Ziel neuer Bemühungen sein, um über das protestantische Übel endlich Herr werden zu können. Man durfte die Entdeckung dieser Heuchler nicht mehr nur dem Zufall überlassen. Es ging also darum, einen Mann zu finden, der mit gleichen Haßgefühlen wie de Bavîlle selbst zur protestantischen Pest eingestellt war. Dieser Mann fand sich in François Langlade du Chayla, der zu dieser Zeit Vikar des Bischofs von Mende war.

Nachdem dieser geradezu begeistert seine Bereitschaft erklärt hatte, den Statthalter in seinen Bestrebungen zu unterstützen, beförderte ihn de Bâville zum Missionsinspektor der katholischen Aktion, wodurch du Chayla zum Leiter der Bekehrungsarbeit in den Cevennen aufrückte. Gerade das war der Posten, von dem der Erzpriester du Chayla schon lange geträumt hatte. Begeistert davon, nun die Vollmacht zu besitzen, die Bekehrung der erwischten und ihm abgelieferten Hugenotten mit allen ihm richtig erscheinenden Mitteln durchzuführen, war er schon bald davon überzeugt, das wirksamste Mittel, einen Glaubenswechsel zu erzwingen, sei die Folterung der verängstigten Opfer. Dafür heckte er mit wahrer Lust immer grausamere Methoden aus. Für das Aufspüren von Hugenotten und deren Gefangennahme wurden ihm außer den Dragonern auch mehrere Geistliche zur Verfügung gestellt. Nach seiner Beförderung hatte du Chayla Mende verlassen und war nach Pont-de-Montvert übergesiedelt, wo er das Haus des Herrn André bezogen hatte, das nun seine Residenz wurde. Hier standen ihm für seine neue Tätigkeit genügend Räumlichkeiten zur Verfügung, in denen seine Mitarbeiter, aber auch die zu bekehrenden Hugenotten untergebracht werden konnten.

Nicht nur zu seinem Schutz, sondern auch zur Unterstreichung der Wichtigkeit seines Amtes war ihm auch eine militärische Wache zugeordnet worden.

Um zu verhüten, diesem Fanatiker einmal in die Hände zu geraten, hatte eine Anzahl von protestantischen Männern und Frauen in den Hochcevennen den Entschluß gefaßt, ihre geliebte Heimat, wenn auch schweren Herzens, zu verlassen und die Flucht in die Schweiz zu wagen, um dort endlich unbedroht in ihrem Glauben leben zu können.

Angeführt wurden die Flüchtlinge von einem Maultiertreiber namens Massip, der sich ihnen angeboten und ihnen versprochen hatte, sie auf nur ihm bekannten Schleichwegen nach Genf in die Freiheit zu führen.

Leider gelang ihnen ihr Vorhaben nicht.

Sie waren schon ein paar Stunden unterwegs, als sie von Dragonern, die wohl auf Verrat hin in einem Hinterhalt auf die Gruppe gewartet hatten, überfallen und dem Erzpriester du Chayla gebracht wurden, aus dessen Machtbereich sie hatten entkommen wollen.

Dieser ließ die gefangenen Männer in die tiefen und feuchten Kellerräume des Hauses sperren, während die Frauen auf seinen Befehl hin nach Mende, in seinen früheren Wohnsitz gebracht wurden. Unter diesen Frauen befanden sich auch zwei Töchter der Familie Sexti von Moissac, einer stark gläubigen protestantischen Familie. Als deren Eltern von der Gefangennahme ihrer Töchter hörten, begaben sie sich unverzüglich nach Pont-du-Montvert, um du Chayla aufzusuchen. Sie flehten ihn an, ihre Töchter doch wieder auf freien Fuß zu setzen, was der Erzpriester jedoch hohnlächelnd mit den Worten abwies: »Es geschieht euch ganz recht, warum hängt ihr dem Ketzerglauben an.«

Sie flehten weiter und boten Lösegeld an, doch du Chayla lehnte ab und ließ sich auf keine weiteren Verhandlungen mehr ein. Die erschütterten Eltern mußten unverrichteter Sache nach Hause zurückkehren und mit der Wahrscheinlichkeit rechnen, ihre Töchter nie mehr zu sehen.

Die Gefangennahme der Protestanten, die sich in die Schweiz hatten flüchten wollen, und die höhnische Art, mit der Abbé du Chayla die Eltern Sexti abgefertigt hatte, sprach sich in den Cevennen rasch herum, und die ebenso empörten wie verängstigten Angehörigen und

Freunde der Unglücklichen kamen überein, sich noch mit anderen Glaubensbrüdern und -schwestern am nächsten Tag, dem 23. Juli 1702, heimlich in der Einsamkeit der Gegend von Le Bouget zu treffen. Sie wollten beraten, was unternommen werden sollte, um die Gefangenen aus den grausamen Händen des Erzpriesters zu befreien.

Wortführer der Versammlung in Le Bouget war der Inspirierte Pierre Séguier, der den Zunamen »Esprit« angenommen hatte.

Die Annahme eines Zunamens war damals unter Personen üblich, die gesucht wurden. Da ja nur die Eingeweihten den Zunamen kannten, bot er einen gewissen Schutz, weil die Nichteingeweihten nicht wissen konnten, wer sich hinter dem Schutznamen verbarg. Besonders Pfarrer, die unter ständiger Todesgefahr im Land geblieben waren und ihr Amt weiterhin ausübten, traten unter Schutznamen auf. So nannte sich Pfarrer Pierre Chabrier »Brunel« und Pfarrer Matthieu Morel »Duvernet«.

Séguier, von Beruf Wollkämmer, war etwa fünfzig Jahre alt und jetzt nur noch als Laienprediger und Prophet tätig. Er eröffnete die Versammlung mit einer Predigt, um daran anschließend mitzuteilen, er habe vernommen, Abbé du Chayla habe vor kurzem eine neue Möglichkeit des Knochenbrechens entdeckt, die derart qualvoll sei, daß sie kaum einer überstehen könne. Diese Methode werde er nun bei den von den Dragonern neu gebrachten Gefangenen anwenden, wenn diese sich trotzig zeigen sollten. Die Eröffnung Séguiers war wohl geeignet, den Zorn und die Empörung der Versammelten noch zu schüren.

»Meine lieben Schwestern und Brüder in Christus Jesus«, ergriff da der junge, doch schon bekannte Prophet Abraham Mazel das Wort und rief mit vor Erregung zitternder Stimme: »Nun aber muß etwas geschehen. Unverzüglich! Wir nehmen nicht mehr alles geduldig hin. Die Geduld der Hugenotten ist jetzt zu Ende.«

Seine mutigen Worte fanden begeisterte Aufnahme.

Séguier, über den eben eine Inspiration kam, verkündigte laut: »Gott befiehlt mir, zu den Waffen zu greifen, nach Pont-de-Montvert zu ziehen, dort die gefangenen Brüder und in Mende die Schwestern zu befreien, und dem Erzpriester, diesem Satan, sein blutiges Handwerk endgültig auszutreiben.«

Nach ihm teilte Salomon Couderc mit, auch ihm habe der Geist befohlen, den Priestern den Krieg zu erklären.

Da verlangte Abraham Mazel von Séguier noch einmal das Wort. »In einer Inspiration, die ich kürzlich hatte, sah ich in einen großen Garten, in welchem gemästete schwarze Ochsen gierig schöne Kohlköpfe fraßen. Während ich den fressenden Tieren zuschaute, sprach mich eine Stimme an: ›Abraham, verjage die Ochsen aus dem Garten!‹ Ich gehorchte der Aufforderung, und als keine Tiere mehr im Garten waren, verschwand das Bild. Die Stimme aber offenbarte mir, mit dem Garten in meiner Vision sei die Kirche des Evangeliums, mit den schwarzen Ochsen seien die katholischen Priester gemeint. Der Sinn dieser Inspiration aber war der Befehl an mich, die Priester aus den Cevennen zu vertreiben.«

Mazels Worte waren eindrücklich gewesen. Seine aufgewühlten Zuhörer riefen begeistert aus, es solle nun nicht nur geredet, sondern endlich auch gehandelt werden.

Die drei miteinander übereinstimmenden Aussagen der Inspirierten hatten alle überzeugt.

Séguier ordnete an, daß sich alle melden sollten, die bereit seien, sich an der geplanten Befreiung der Gefangenen zu beteiligen. Es waren 40 Männer, die ihre Bereitschaft erklärten. Nur einer von ihnen, der noch nicht einundzwanzigjährige Jean Cavalier wurde als noch zu jung von Séguier zurückgewiesen. Die anderen aber sollten sich am nächsten Tag bei Sonnenuntergang an gleicher Stelle wieder einfinden, bewaffnet und wenn möglich mit noch anderen Gleichgesinnten.

Sie fanden sich auch richtig ein, verstärkt durch zehn weitere, cevenolische Glaubensbrüder, die sie noch angeworben hatten. Hervorragend waren sie jedoch nicht ausgerüstet. Nur etwa zwanzig von ihnen besaßen eine Feuerwaffe, ein Gewehr oder eine Pistole, andere hatten einen Säbel bei sich, während mehrere nur mit einem Beil, einer Hacke oder auch nur mit einem Holzknüppel versehen waren. Einen Dolch aber hatten fast alle in ihrem Gürtel stecken.

In Viererkolonnen, Mazel allen voran, setzte sich die Befreiungstruppe nach Verrichtung eines Gebetes in Bewegung und marschierte, des Ernstes der ihnen bevorstehenden Aufgabe bewußt, durch die einbrechende Dunkelheit. Es war gegen zehn Uhr in der Nacht, als sie, unter dem Gesang des 51. Psalms »Misericorde et grace, o Dieux des Cieux«, über die Brücke in den Ort einzogen und sich zur Residenz du Chaylas begaben, in dessen Kellern sie die Gefangenen wußten. Da sich niemand aus dem Haus bemerkbar machte, gebot Mazel, zwei

Schüsse abzufeuern, worauf dann eine Stimme fragte, was das zu bedeuten habe.

»Wir verlangen die Herausgabe der Gefangenen, die hier festgehalten werden.«

»Die könnt ihr haben, wenn ihr nichts anderes wollt.«

Doch es geschah nichts, niemand zeigte sich.

Nach einer Weile aber wurde, vermutlich auf Weisung du Chaylas, das Feuer auf die Unruhestifter eröffnet. Zwei der Cevenolen wurden getötet, ein paar andere stürzten verwundet zu Boden.

Als die Verschworenen die Leichen von zwei ihrer Gefährten und die stöhnenden Verwundeten vor sich liegen sahen, die noch kurz vorher mit ihnen gesungen hatten, war es mit ihrer Ruhe vorbei. Schmerz und rasender Zorn erfüllte sie. Ohne erst einen Befehl abzuwarten, stürmten sie auf das Haus zu und überwältigten die nun vor den Eingang getretenen Wachen, zerschmetterten mit Axthieben die Tür, drangen ins Haus und drängten hinunter in den muffigen Keller, wo sie die Gefangenen vermuteten. Sie hatten sich nicht getäuscht. Im Schein einer Fackel, die sie einem herumstehenden Mönch entrissen hatten, sahen sie, in was für einem elenden Zustand sich einige der von Abbé du Chayla bereits gefolterten Opfer befanden. Es war nicht möglich, alle aufzurichten, da manche zerschmetterte Fußknochen hatten. Sofort begannen die Cevenolen damit, die Gefangenen aus den Kellerlöchern zu befreien und hinauszutragen, um sie in Sicherheit zu bringen. Die erschütterten Aufständischen konnten ihre Empörung nicht länger zurückhalten und riefen immer ungestümer nach dem Erzpriester. Dieser hatte wohl erkannt, daß es für ihn zu gefährlich war, sich jetzt den Wütenden zu zeigen. Denen entging es jedoch nicht, daß die Bediensteten, Priester und Mönche sich anschickten, sich auf der Treppe zu versammeln, um diese abzusperren und damit zu verhindern, daß der Abbé den Aufständischen in die Hände fiel. Die Kamisarden errieten die Absicht du Chaylas, sich vor ihnen zu verbergen, so daß Séguier ihnen zurief: »Meine Brüder, ich befehle euch, die Waffen niederzulegen. Wir haben eine andere Möglichkeit, diesem Apostel des Schrekkens sein satanisches Handwerk zu legen. Diesen Pfuhl der Grausamkeit werden wir jetzt in Flammen aufgehen lassen!«

Daraufhin brachten die Cevenolen in fieberhafter Eile ganze Arme voller Stroh herbei, das sie von den Lagerstätten der Gefangenen heraufgeholt hatten, und machten sich daran, an verschiedenen Stellen des Hauses Feuer zu legen. Der Brand breitete sich rasch aus, und das Gebäude stand bald in Flammen.

Nach unten konnten der Abbé und seine Leute nicht mehr entfliehen, da das Feuer die Ausgänge bereits versperrte, die zudem von den Verschworenen überwacht wurden.

Den Eingeschlossenen blieb nichts anderes übrig, als hinauf in den gewölbten Schlafraum zu flüchten, der unter dem Dach gelegen war. Lange durften sie auch dort nicht verweilen, da das Feuer sie schon in Kürze gefährden würde. Sie hatten keine andere Möglichkeit, als durch eines der Fenster zu entfliehen. So zerrten sie in aller Hast die Leintücher aus den Betten, rissen sie in breite Streifen, rollten diese zusammen und knüpften sie aneinander, tauchten sie in das Wasser der Waschschüsseln, kletterten durch das Fenster und ließen sich am nassen Leinwandstrick in den Garten hinuntergleiten.

Nachdem zwei Mönchen die Flucht bereits gelungen war, machte sich du Chayla daran, ihnen zu folgen. Aber wohl vor Aufregung und solche Eskapaden nicht gewohnt, stürzte er aus beträchtlicher Höhe hinunter und brach sich dabei ein Bein. Wenn auch unter heftigen Schmerzen, so gelang es ihm doch, zu einem Busch zu kriechen, hinter dem er sich verbergen konnte.

Nach Hilfe rufen durfte er nicht, da er sich damit den Feinden ausgeliefert hätte. Immer wieder hörte er, wie die Verschworenen aufgeregt nach ihm suchten. Sie schienen bereits zu befürchten, er sei ihnen entkommen.

Du Chayla atmete auf und schöpfte neue Hoffnung. Wenn er das Glück hatte, den Aufständischen verborgen zu bleiben, konnte er, wenn erst der ganze Rummel vorüber war, und die Feinde sich mit den Gefangenen davongemacht hatten, doch noch mit dem Leben davonkommen. Seinen Leuten schien die Flucht gelungen zu sein, wenigstens war von ihnen keiner mehr zu sehen oder zu hören. Als das Feuer dann aber auch die rückseitige Mauer des Hauses durchbrach und damit auch für Chayla die zunehmende Hitze kaum mehr zu ertragen war, wurde er im hellen Feuerschein doch noch entdeckt, was die Verschworenen in ein wildes Freudengeheul ausbrechen ließ. »Da ist er, da liegt das Scheusal, hier hat sich der Abbé versteckt!«

»Gnade, Gnade!« rief ihnen du Chayla zu, »oder wollt ihr auch noch die Sünde eines feigen Mordes auf euch nehmen, jetzt, wo ich hilflos daliegen muß? Ich erwarte, daß ihr euch meiner erbarmt.«

»Wir werden uns deiner genauso erbarmen, wie du dich deiner Gefangenen erbarmt hast. Statt Liebe zu predigen und auszuüben, wie es dein Glaube dir gebieten sollte, marterst du Menschen, die dir nichts zuleide getan haben, langsam zu Tode. Und dafür verlangst du von uns noch Erbarmen!«

»Halt! Keine Gnade für diesen Unmenschen!« rief der inspirierte Séguier mit lauter Stimme.

»Gnade, laßt mir mein Leben!« flehte du Chayla nochmals.

»Ich gebe dir eine Viertelstunde Zeit«, eröffnete ihm Séguier, »benütze sie, um zu beten und dich vorzubereiten, vor deinen Richter zu treten. Der Geist Gottes will, daß du stirbst.«

Die Verschworenen zerrten den zitternden Erzpriester du Chayla unter dem Gebüsch hervor und schleppten ihn, der sich wegen seines gebrochenen Beins auf sie stützen mußte, auf die Brücke, wo er niedersank. Nun wußte er: seine letzte Stunde war gekommen.

Pierre Séguier war es, der ihm als erster seinen Dolch in den Körper stieß. Dann trat einer nach dem andern der Cevenolen auf du Chayla zu; jeder versetzte ihm einen weiteren Dolchstoß.

»Nimm das als Lohn dafür, daß durch dich mein Bruder zu lebenslänglicher Galeerenstrafe verurteilt wurde,« sagte der eine.

Der nächste erklärte: »Den bekommst du dafür, weil du meine Mutter dermaßen in Kummer versetzt hast, daß sie starb.«

»Diesen gebe ich dir dafür, daß du meine Braut schändlich foltern ließest!«

Dreiundfünfzig Dolchstiche hatte du Chayla hinzunehmen, von denen vierundzwanzig tödlich waren.

Da lag er nun, nur noch ein blutüberströmtes Fleischbündel, der in seinem fanatischen Übereifer und wohl auch, weil er verbrecherisch veranlagt war, in seinem stolzen Leben so viel Leid und Tod über unschuldige Menschen gebracht hatte, nur, weil sie Protestanten gewesen waren.

Auch der Hausverwalter, der Koch und ein paar Soldaten, die als Wache dem Erzpriester zugeteilt gewesen waren, kamen uns Leben, da sie an den Quälereien, welche die Gefangenen du Chaylas hatten hinnehmen müssen, beteiligt gewesen waren. Nur einer der Soldaten und ein Bediensteter, die beide die Gefangenen menschlich behandelt hatten, wurden auf deren Bitten hin verschont.

Zu Beginn des Jahres, in dem nun Abbé du Chayla auf so grausame Weise umgebracht worden war, war auf seine Anordnung hin in Pont-du-Montvert das Mädchen Françoise Brest erhängt worden, weil es als Prophetin aufgetreten war. Vor seinem Tod am Galgen soll dieses Mädchen, in die Zukunft schauend, noch gesagt haben, ihm werde du Chayla schon bald in den Tod nachfolgen, und das nach einer weit schrecklicheren Hinrichtung, als es jetzt sein Erhängtwerden sei.

Nun war das Gesicht der Françoise Brest in Erfüllung gegangen. Im Morgengrauen traten die Befreier mit ihren Befreiten den Rückweg an, Psalmen singend und immer wieder Gebete verrichtend. In Mende befreiten sie ohne Schwierigkeiten auch noch die dort gefangengehaltenen Frauen und setzten dann ihren Heimweg in die Cevennen fort.

Da sie in Pont-de-Montvert so rasch eingegriffen hatten, waren von du Chayla erst an wenigen der Gefangenen die neuen Bekehrungsmethoden angewandt worden. So standen die Mehrzahl der Gefangenen lediglich unter dem Schock durch ihre Gefangennahme und der lieblosen Behandlung durch die Bediensteten. Nun konnten die Befreiten von ihren Verwandten und Freunden betreut werden. Außer denen, deren Fußknochen zerschlagen waren und die man auf Tragbahren gebettet hatte, war es vor allem dem Maultiertreiber Massip schlimm ergangen. Seine Beine waren zwischen zwei schweren Holzbalken festgeschnürt gewesen; so hatte er weder bei Tag noch in der Nacht sitzen oder liegen können. In dieser qualvollen Lage war er die ganze Zeit nie zum Schlafen gekommen. Nachdem er sich dann erholt hatte, flüchtete er doch noch auf den, wie er sagte, nur ihm bekannten Schleichwegen in die Schweiz. Diesmal gelang es ihm, die Grenze ungehindert zu überschreiten. In Lausanne ließ er sich nieder. Die beiden Töchter Sexti konnten wohlbehalten zu ihren beglückten Eltern zurückkehren. Unter den Befreiern hatte sich auch Périer, der Bräutigam der einen Tochter Sexti, befunden. Schon nach kurzer Zeit schlossen die beiden im Ausland ihren Ehebund.

Der Prophet Pierre Séguier und fast alle der Verschworenen, die zur Verstärkung der Befreiungstruppe angeworben worden waren, faßten den Beschluß, den nun begonnenen Kampf gegen die Unterdrücker der Hugenotten fortzuführen, um den Verfolgungen endlich ein Ende zu setzen. Dafür mußten sie sich jedoch besser ausrüsten.

So begab sich Séguier mit seinen Gefolgsleuten noch in Pont-de-Montvert zu zwei Priestern, von denen er wußte, daß sie mit du Chayla zusammengearbeitet hatten, indem sie ihm immer wieder die von ihnen ausfindig gemachten Hugenotten meldeten, die dann von den Dragonern verhaftet und dem Erzpriester zur Bekehrung überbracht wurden. Da die Priester über keine Waffen verfügten, ließ Séguier sie erschießen und ihr Haus einäschern. Dann zog er mit seiner Truppe weiter zum Schloß Devèze, wo außer der Familie des Schloßherrn noch zwei oder drei Priester wohnten, die ebenfalls in du Chaylas Diensten gestanden hatten. Die Verschworenen umzingelten das Schloß und verlangten die Herausgabe aller vorhandenen Waffen, worauf jedoch weder der Schloßherr noch die Priester eingingen. Dafür begannen sie auf die Aufdringlichen zu schießen. Dabei kam einer der Protestanten ums Leben. Das veranlaßte Séguier, Schloß Devèze ebenfalls in Asche legen zu lassen.

Zwar lehnten sich die in der Nähe wohnenden Hugenotten gegen diesen Racheakt auf, weil sie Vergeltungsmaßnahmen befürchteten. Séguier nahm jedoch seinen Befehl nicht zurück, gestattete aber den Dienstboten freien Abzug, worauf das Schloß in Brand gesteckt wurde. Dabei kamen sowohl der Schloßherr und seine Familie als auch die Priester um.

Man kann sich den Zorn des Statthalters Lamoignon de Bâville kaum vorstellen, als er vernahm, was für ein Verbrechen die Protestanten in Pont-de-Montvert begangen hatten und unter welch häßlichen Umständen sein Günstling und zuverlässigster Mitarbeiter du Chayla ums Leben gekommen war.

Es war für ihn eine Ehrensache, als Statthalter selbst die Verfolgung dieser Mörder in die Hand zu nehmen. Mit dem Grafen von Broglio, dem Obersten von Mirail, dem Hauptmann Poul und zweitausend wohlausgerüsteten Soldaten brach de Bâville auf, und es gelang ihm schon bald, Séguier mit einigen seiner Verschworenen festzunehmen.

Das Verhör Séguiers durch Hauptmann Poul und die Richter trug sich nach dem Bericht des Apostaten Brueys wie folgt zu: »Wie stellst du dir vor, da ich dich endlich habe, von mir behandelt zu werden?« fragte der Hauptmann.

»Genau so, wie ich dich behandelt hätte«, gab Séguier seelenruhig zur Antwort.

»Wie heißt du eigentlich?« wurde er vom Vorsitzenden gefragt.

»Séguier.«

»Weshalb trägst du dann auch noch den Zunamen Esprit?«

»Weil ich den Geist Gottes empfangen durfte.«

»Und welches ist dein Wohnort?«

»Die Wüste und, wie ich hoffe, bald der Himmel.«

»Ist es dir nicht eingefallen, den König um Begnadigung zu bitten?«

»Ich kenne keinen andern König als Gott.«

»Hast du nicht ein schlechtes Gewissen, weil du in deinem Leben so manches Verbrechen begangen hast?«

»Meine Seele ist voller Ruhe, wie ein von großen Bäumen beschatteter Garten.«

Das Urteil gegen ihn war bald gefällt und lautete: »Séguier wird die rechte Hand abgehauen. Dann wird er lebend verbrannt und zwar auf der Brücke in Pont-de-Montvert, wo er die Ermordung des Abbé du Chayla begangen hat.«

Selbst die Richter bewunderten die Ruhe, mit der Séguier sein Urteil entgegennahm.

Ruhig und stolz, wie er in seinem ganzen Leben gewesen war, ging er auch in den Tod.

Auf dem Richtplatz angelangt, teilte er in einer kurzen Inspiration mit, der Platz, auf dem er nun hingerichtet werde, werde bald einmal vom wilden Tarnfluß überschwemmt werden.

In der Tat riß wenig später der Fluß die Mauer des Marktplatzes ein, wobei dieser unter Wasser gesetzt wurde.

Bei seiner Hinrichtung schaute er gelassen zu, wie ihm vor dem Scheiterhaufen mit einem Säbel die rechte Hand abgeschlagen wurde, als wäre es die Hand eines anderen gewesen. Dann streckte er dem Henker auch noch seine Linke entgegen. Als die Flammen ihn schon umloderten, rief er aus: »Brüder, harret aus und hofft auf Gott! Der verwüstete Karmel wird erneut grünen und der einsame Libanon wird wieder blühen wie eine Rose.«

Es war die von Séguier durchgeführte Ermordung des Erzpriesters du Chayla am 24. Juli 1702, die nun zum Ausbruch des sogenannten Kamisardenkrieges führte.

Die Gefangennahme und Hinrichtung Séguiers und einiger seiner Gefolgsleute, die erhängt wurden, waren der erste Erfolg des sofort nach der Tat vom Statthalter de Bâville organisierten Vergeltungsfeldzuges. Doch dieser Erfolg genügte de Bâville noch lange nicht.

Ohne Begründung ließen er und seine Offiziere durch die ihnen zur Verfügung stehenden zweitausend wohlbewaffneten Soldaten die protestantische Bevölkerung in der Gegend durch brutale Überfälle und Zerstörungen in Angst und Schrecken versetzen. Dies führte schließlich dazu, daß sich die Cevenolen zu verteidigen begannen, nachdem sie bisher durch passives Verhalten alle Verfolgungen immer wieder über sich hatten ergehen lassen. Ihre Geduld war nun wirklich zu Ende.

Die Protestanten hatten den Krieg nicht gesucht. Es ging ihnen ja nur um die Rettung ihres reformierten Bekenntnisses und um Gewissensfreiheit, wie später Jean Cavalier als einer der beiden Hauptanführer der Kamisarden erklärt hat: »Wenn man uns nur die Freiheit läßt, Gott in der Reinheit des Evangeliums zu dienen, ist der Krieg sogleich zu Ende.«

De Bâville wußte wohl, daß an der Befreiung der Gefangenen aus du Chaylas Kellern eine große Schar von Protestanten teilgenommen hatte. Er hatte aber bisher nur einen kleinen Teil von ihnen erwischt und hingerichtet. Deshalb wurde unter der Bevölkerung ein Aufruf des Grafen von Broglio verbreitet, wonach alle, die bei der Ermordung des Abbé du Chayla dabeigewesen waren, begnadigt würden, wenn sie ihre Waffen abgaben und nach Hause zurückkehrten. Wer dieser Proklamation jedoch nicht Folge leiste, gelte als Rebell und habe mit der Todesstrafe zu rechnen.

Doch das Versprechen des Grafen war eine Lüge. Denn nach einiger Zeit, in der manche dem Aufruf gefolgt und zurückgekommen waren, wurden sie aus ihren Häusern herausgeholt und über ihrer eigenen Haustür erhängt.

Dieser gemeine Wortbruch verängstigte die Zurückgebliebenen noch mehr, und manche flohen in die Wälder, um sich dort zu verstecken. Doch wurden die meisten durch Broglios Soldaten aufgestöbert, gefangengenommen und auch erhängt. In dieser zunehmenden Spannung waren es bald nicht mehr nur einzelne, die sich zu verteidigen begannen und zur Wehr setzten. Der Widerstandsgeist ergriff mehr und mehr ganze Teile der Bevölkerung, wodurch auch die Neubelebung ihres Glaubens gestärkt wurde.

Die Cevenolen, die sich nach der geglückten Befreiung der Gefangenen des Abbés dem Führer Pierre Séguier angeschlossen hatten, um den begonnenen Kampf gegen die Verfolger der Hugenotten mit Waffengewalt fortzusetzen, kamen sich in den ersten Tagen nach der Hinrichtung ihres Anführers verlassen vor und wußten nicht, was sie nun unternehmen sollten, da de Broglios Soldaten fast pausenlos hinter ihnen her waren. Noch immer waren sie viel zu mangelhaft bewaffnet, um vor ihren Verfolgern nicht nur fliehen zu müssen, sondern sie auch angreifen zu können.

Zum Glück befanden sich die beiden Propheten Salomon Coudrec und Abraham Mazel immer noch bei ihnen. Diese bemühten sich eifrig, ihre Kameraden zu ermutigen. Dann stieß eines Tages unerwartet Gédéon Laporte zu ihnen, der schon in Pont-de-Montvert bei der Befreiung der Gefangenen dabeigewesen war. Gédéon

Laporte, aus der Gegend von Alès kommend, war fünfundvierzig Jahre alt und hatte sich früher als Schmied und Schweinehändler betätigt. Er war eine auffallende, stattliche Erscheinung. Sein ernstes Gesicht mit kühn blickenden Augen war von einem wilden, schwarzen Bart umwuchert. Laporte hatte eine ruhige und bestimmte Art, die Vertrauen einflößte, und bald mochten ihn alle von der Gruppe gerne und vertrauten ihm ihre Kümmernisse an. Einige überlegten sich, ob sie sich nicht ins Ausland absetzen sollten, um dort Asyl zu suchen, doch er riet ihnen davon ab. »Was habt ihr davon, euch in ein fremdes Land zu flüchten?« fragte er sie. »Ich rate euch, in dem Land zu bleiben, das eure Heimat ist. Habt ihr denn nicht den Wunsch, einmal in der gleichen Erde zu ruhen, in der eure Väter begraben sind?«

Mit solchem Zuspruch gelang es ihm, die Verzagenden wieder aufzurichten.

»Ihr klagt darüber, keine Waffen zu besitzen, um euch verteidigen zu können. Weshalb unterlaßt ihr es, darum zu bitten? Wenn der Herr es für richtig hält, wird er auch dafür sorgen, daß ihr welche erhaltet. Er wird gewiß auch unsere geringe Zahl vermehren, wenn wir ihn darum bitten. Wenn es uns bestimmt ist, zu sterben, dann sei es lieber durch das Schwert als durch den Strick des Henkers.«

»Laporte, dich hat Gott uns zugeführt. Bleibe bei uns und sei unser Führer. Nimm die Stelle ein, die Séguier Esprit innehatte! Dann braucht uns nicht länger bange zu sein.«

Laporte sah sich im Kreis um und blickte jedem der ihn Umdrängenden der Reihe nach in die Augen. »So sei es denn, mit Gottes Hilfe!«

»Gédéon Laporte, wir versprechen dir als unserem Führer unseren Gehorsam und unsere Treue!«

»So gelobe ich, für euch der Oberst der ›Kinder Gottes‹ zu sein, unsere Gruppe aber, die bestimmt bald Zuwachs erhalten wird, werde von nun an ›Heerlager Gottes‹ genannt. Das Ziel unseres Kämpfens soll für immer sein, für die Hugenotten Gewissens- und Glaubensfreiheit zu erlangen.«

Dieser ersten Armee der Cevenolen oder der Kamisarden, wie sie schon bald wegen der braunen Überhemden, die sie trugen, auch von den Feinden genannt wurden, gehörten bis jetzt erst etwa dreißig Männer an, die nie etwas von Kriegskunst gehört hatten und auch nur ungenügend bewaffnet waren. Wie sollten sie da vor den kriegsgeübten, mit den besten Waffen ausgerüsteten Soldaten und Offizieren des Königs bestehen können? Sie wußten es nicht, aber in allen lebte die feste Überzeugung, daß Gott ihr starker Verbündeter sei, solange sie ihm die Treue hielten. Das zu tun gelobten sie feierlich. Ohne das Auftreten und das resolute Eingreifen Gédéon Laportes wäre der geplante Aufstand der Cevenolen, der sogenannte Kamisardenkrieg, wohl nie ausgebrochen.

Vor allem lag es Laporte an einer Verstärkung seines Heerlagers, um endlich aktiv eingreifen zu können. Auf eine Inspiration Mazels hin begab sich dieser zusammen mit Laporte ins Vivarais, wo sie versuchen wollten, weitere Anhänger für ihr Unternehmen zu gewinnen. Zu ihrer freudigen Überraschung meldete sich schon bald ein Jüngling mit zwölf Kameraden bei ihnen, die alle um Aufnahme ins Heerlager Gottes baten.

In eben dieser Zeit hatten die Königlichen in Nîmes einen völlig unschuldigen Hugenotten lebend auf das

Rad geflochten, was die Bevölkerung in Schrecken und Zorn versetzte. Das veranlaßte mehrere empörte Männer, Laportes Mannschaft, von der sie gehört hatten, beizutreten, wodurch die Zahl der Kinder Gottes bereits auf sechzig anstieg. So fühlte sich Gédéon Laporte stark genug, nun den Feind zum erstenmal anzugreifen. Als erstes überfiel die wackere Gruppe Laportes die beiden katholischen Dörfer Fraissinet und Mandagout, wobei den Bewohnern versprochen wurde, sie würden nicht weiter behelligt, wenn sie bereit seien, ihre Waffen auszuliefern. Die Katholiken gingen auf den Handel ein. So waren nun wenigstens ein Teil der Kinder Gottes mit Gewehren und Munition ausgerüstet.

Gédéon führte ein strenges, ja, ähnlich wie Séguier Esprit, ein zeitweise brutales Regiment. Wenn es sich um Spione und Verräter handelte, verfügte er ohne langes Nachdenken die Todesstrafe, was seinen Gegner, den Hauptmann Poul veranlaßte, auch Hugenotten umbringen zu lassen, selbst wenn sie überhaupt nicht gekämpft hatten und völlig unschuldig waren.

Zornig darüber und um die getöteten Hugenotten zu rächen, begann Laporte, katholische Kirchen niederzubrennen, wie ja die Katholiken schon vor dem Aufstand zahlreiche protestantische Gotteshäuser niedergerissen hatten. Der erste kriegerische Zusammenstoß zwischen den allerdings sehr ungleich ausgerüsteten Kampfgruppen fand auf dem Champ Domergue statt. Die Soldaten des Königs mußten zu ihrer großen Überraschung erkennen, daß die Kamisarden trotz ihrer viel schlechteren Bewaffnung mit einem ihnen unverständlichen Mut, ja mit Todesverachtung kämpften, wodurch der Respekt der Soldaten vor den hugenottischen Kämpfern stark anwuchs. Die Auseinandersetzung endete damit, daß Laporte, im Hinblick auf die große Übermacht des Feindes, seinem Heerlager Gottes den Rückzug befahl und Hauptmann Poul es unterließ, die Kamisarden verfolgen zu lassen.

Das hielt ihn jedoch nicht davon zurück, die Protestanten und deren Führer bald wieder und noch heftiger zu verfolgen, um die ihm lästig gewordene kleine Gruppe fanatischer Kämpfer endgültig zu vernichten. Bisher war sie ihm immer wieder entkommen.

Da meldete ihm ein Verräter, wo sich Laporte mit seinen Männern verschanzt hatte und bot sich an, ihn zum Versteck der Aufständischen zu führen. Das war der 20. Oktober 1702, ein Tag, an dem es in sintflutartigen Wasserstürzen regnete. Die schlechten Feuerwaffen der Kamisarden waren bald völlig unbrauchbar. Nur drei Schüsse konnten sie abgeben, die drei Feinden das Leben kostete. An eine Fortsetzung des Widerstandes war nicht zu denken. Laporte befahl seinen Leuten, sich hinter eine Wand großer Felsblöcke zurückzuziehen. Als Laporte dabei über einen Stein sprang, wurde er von einer Kugel getroffen und brach unter seinen Kindern Gottes tot zusammen. Diese, erneut ihres Führers beraubt, ergriffen entsetzt die Flucht.

Hauptmann Poul triumphierte über seinen Sieg, der ihm bald auch das Lob de Bâvilles eintrug, ließ die herumliegenden Leichen von Laporte und sieben weiteren Kamisarden enthaupten und befahl, die Köpfe in einigen größeren Städten der Cevennen zur Schau zu stellen, um damit die aufrührerische Bevölkerung einzuschüchtern. Später wurden die Köpfe auf der Brücke von Anduze an Pfählen angenagelt, und nach einiger Zeit war Statthalter de Bâville Empfänger dieser schaurigen Trophäen, die schlußendlich, teilweise schon verwest wie sie waren, noch dazu ausersehen wurden, auf der Schloßterrasse von Montpellier den Protestanten Abscheu und Schrekken einzujagen.

Im erbittert geführten Kampf gegen die Aufständischen verfügte de Bâville, alle Dörfer zu Stützpunkten für das Militär auszubauen, wobei Kirchen und Pfarrhäuser so eingerichtet werden mußten, daß die Truppen, wenn sie tagsüber gekämpft hatten, in ihnen über Nacht einquartiert werden konnten. Sowohl in den Kirchen als auch in den Pfarrhäusern sollten Vorräte an Waffen, Munition und Proviant angelegt werden. Das veranlaßte die Kamisarden, von nun an vermehrt Kirchen und Pfarrhäuser zu überfallen, nicht als Bilderstürmer, sondern um die darin aufgestapelten Vorräte zu plündern, womit sie ihre eigene, immer noch mangelhafte Ausrüstung ergänzen und verbessern konnten. Dabei gelang es ihnen auch noch, ihre viel zu geringen Nahrungsvorräte aufzustokken, was ihnen hochwillkommen war. Es war ihnen immer nur mit Mühe möglich, mit dem wenigen, das sie besaßen, ihren Hunger und den ihrer Angehörigen zu stillen. Was sie von dem, was sie erbeuteten, nicht sofort dringend benötigten, brachten sie in ihren Verstecken unter, die sie weit herum verstreut an schlecht zugänglichen Stellen in Höhlen und Wäldern angelegt hatten und die bisher von den Königlichen nur selten entdeckt und ausgeraubt worden waren.

Als Nachfolger Gédéon Laportes übernahm kurzfristig der Prophet Abraham Mazel die Führung der Kamisarden. Seine dringlichste Aufgabe erblickte auch er wie sein Vorgänger darin, den Mannschaftsbestand kräftig zu erhöhen. Dies war aber gar nicht leicht, da immer wieder Waffen fehlten, um die Angeworbenen auch ausrüsten zu können.

Mazel wurde schon bald von Pierre Laporte abgelöst, der ein Neffe Gédéon Laportes war und unter seinem Zunamen Roland neben Jean Cavalier einer der beiden bedeutendsten Kamisardenführer wurde.

Zu seinem selbstgewählten Zunamen war er durch den Helden in Ariosts Epos »Der rasende Roland« angeregt worden, was für ihn in gewissem Sinn charakteristisch war. Während er sich in seiner Tätigkeit als Kamisardenführer den anderen Kindern Gottes gegenüber bemühte, als ihr Bruder aufzutreten, wußte er sich, wo es anging und möglich war, sehr selbstbewußt zur Geltung zu bringen. Statthalter de Bâville schilderte ihn in einem Schreiben an den Kriegsminister als eine Art wildes Tier, das nicht vernünftig denken könne und sich sogar zu der Behauptung verstiegen habe, man solle Gott mehr gehorchen als den Menschen. Er behaupte auch, selbst die Gabe des Heiligen Geistes zu besitzen, der ihn immer wissen lasse, wie er sich zu verhalten habe.

Behauptungen wie etwa die, er komme sich als der Beherrscher der Cevennen vor, ändern nichts an der Tatsache, daß Roland ein sehr ernsthafter und überzeugter Christ war.

Pierre Laporte, oder Roland, war als Sohn eines Bauern 1680 in Mas Soubeyran in der Gemeinde Mialet geboren worden. Er soll ein ungewöhnlich schöner Knabe und Jüngling gewesen sein. Sein Geburtshaus ist erhalten geblieben und wird oft besucht, da es zu einem Hugenottenmuseum ausgebaut wurde. Über der Haustür dieses »Musée du désert« befindet sich eine Marmortafel mit der Inschrift »Eigentum der Historischen Gesellschaft des französischen Protestantismus. Haus Rolands, des Helden der Cevennen.«

Wie es in jener Zeit für Bauernsöhne üblich war, betätigte sich auch der junge Roland zuerst als Wollkämmer. Beseelt vom Gedanken, sich für die bedrohte protestantische Kirche einzusetzen, begann er aber schon bald, sich als Laienprediger zu betätigen. In dieser Zeit wurde ihm die Gabe der Inspiration zuteil. Als zweiundzwanzigjähriger, als sein Onkel die Bildung der protestantischen Kriegstruppe vorantrieb, half ihm Roland bei der Anwerbung von weiteren Kampfbereiten. Seine Führerqualitäten wurden bald erkannt, und da er seinen Kameraden zum Vorbild geworden war, wählten sie ihn zum Nachfolger für den zurücktretenden Abraham Mazel.

Das zwar langsam, doch ständig wachsende Heer der Kinder Gottes wurde in zwei selbständig arbeitende Gruppen geteilt, von denen die eine Jean Cavalier, die andere Roland befehligte. Die beiden Truppen waren getrennt im Einsatz, die eine in den Cevennen, die andere in den Ebenen des Languedoc. Später wurden sie noch in kleinere Gruppen unterteilt, die von Unterführern geleitet wurden. Die Kamisardengruppe stand nie geschlossen in ihrer Gesamtheit im Kampf dem Feind gegenüber.

Jean Cavalier war am 28. November 1681 in Mas Roux, in der Nähe von Alès zur Welt gekommen. Sein Vater war der Bauer Antoine Cavalier, die Mutter Elisabeth Garnier. Damals behielten in Frankreich die Frauen während ihres ganzen Lebens den Mädchennamen, auch dann, wenn sie heirateten. Als Jean das Schulalter erreicht hatte, besuchte er regelmäßig die katholische Dorfschule. Er wurde vom unterrichtenden Priester beim Bischof als ein außerordentlich guter Schüler gerühmt. Und so erklärte sich dieser nach Jeans Firmung am 2. November 1694 bereit, ihm in einem Jesuitenkollegium einen Freiplatz zu verschaffen.

Der Junge bedankte sich für dieses gutgemeinte Angebot, war jedoch fest entschlossen, es nicht anzunehmen, da er heimlich von seiner Mutter, einer strenggläubigen Calvinistin, die auch Versammlungen Broussons besucht hatte, in hugenottischem Geist erzogen worden war. Zu einer der Versammlungen Broussons in Uzès hatte sie auch Jean mitgenommen. So war ihm bekannt, wie sehr die Hugenotten wegen ihres Glaubens unter dem Druck der katholischen Aktion zu leiden hatten.

Da Jean den ihm angebotenen Freiplatz in der Jesuitenschule nicht annahm, schickte ihn die Mutter für einige Zeit als Schweine- und Schafhüter zu seinem Onkel Lacombe nach Vézénobres, wo er vorerst überrascht feststellte, daß der Onkel ein beinahe freundschaftliches Verhältnis mit dem Curé des Dorfes unterhielt und jeden Sonntag zur Messe ging. In seiner Küche hatte er, gut sichtbar, ein Kruzifix und ein Weihwasserkesselchen hängen. Doch am Abend, wenn Onkel Lacombe mit dem Jungen allein war, schloß er die Fenster, horchte auf jedes Geräusch, um nicht überrascht zu werden, holte seine Bibel aus ihrem Versteck hervor und begann, seinem Neffen daraus vorzulesen, um ihn, vermutlich auf die Bitte der Mutter hin, in seinem hugenottischen Glauben zu stärken.

Bei diesen Vorlesungen war Jean stets ein aufmerksamer Zuhörer, der über das Gehörte gründlich nachzudenken pflegte, wenn er mit den Tieren auf der Weide war. Das freie Hirtenleben, das er hier führen konnte, gefiel ihm, da ihn dabei niemand in seinem Nachdenken störte.

Wenn sich einmal ein paar Schafe entfernen wollten, brauchte er nur den Hunden zu pfeifen, die dann die

Ausreißer zurücktrieben. Oft, wenn er auf dem Rücken im Gras lag und in das Blaue des Himmels hinaufschaute, dachte er auch an die schöne Jsabeau Chanurel, die er auf dem Weg nach Gardet kennengelernt hatte und mit der ihn bald eine innige Freundschaft verband. Wenn es ihm wohl ums Herz war, sang er auch etwa einen Psalm, den dann der Wind aufnahm und unter die Maulbeerbäume trug. Ja, dieses Leben in Stille und Einsamkeit gefiel ihm. Dennoch wurde der Wunsch in ihm immer stärker, nach Hause zurückzukehren, um im Einverständnis mit den Eltern beim Bäcker in Anduze eine Lehre anzutreten.

Er war jetzt ein sechzehnjähriger Bursche von etwas untersetzter, doch kräftiger Gestalt, der die Gewohnheit hatte, immer seinen Kopf etwas einzuziehen. Was aber für ihn sprach, war der gütige Blick seiner in dieser Gegend selten vorkommenden blauen Augen und sein schönes blondes Haar. Als ein ordentlicher und sauberer Bursche gab er sich als Bäckerlehrling Mühe, seinen Meister zufriedenzustellen, dem nur sein etwas verträumtes Wesen nicht recht paßte. Es mißfiel ihm auch, daß Jean in seiner Freizeit immer häufiger religiöse Versammlungen besuchte.

Doch davon ließ sich der junge Cavalier nicht abhalten. Über Fragen des Glaubens nachzudenken, war ihm manchmal wichtiger, als sich um die Brotlaibe zu kümmern, die er eben in den Ofen geschoben hatte.

Noch während seiner Bäckerlehre erlebte Cavalier seine Inspirierung. Ein gleichaltriger Kamerad, den er an einem Sonntag unterwegs traf, schlug ihm vor, ihn zu begleiten. Er sei auf dem Weg zu einer hugenottischen Versammlung, die in einer Scheune stattfinde und an der, wie ihm gesagt worden sei, auch Inspirierte das Wort ergreifen würden. Selbst neugierig geworden, schloß sich Jean seinem Kameraden an.

Die Scheune war bereits gut besetzt, aber auf den Bänken waren doch noch Plätze frei.

Es dauerte nicht mehr lange, bis ein Mann das vor den Versammelten aufgerichtete Podium betrat, ein Eröffnungsgebet sprach und dann zu predigen begann.

Nach einer Weile stand plötzlich aus der Mitte der Gemeinde ein Knabe auf, der bedeutend jünger als Cavalier und dessen Gefährte war.

»Mein Kind«, begann er zu sprechen, »ich sage dir, hier befinden sich zwei junge Menschen, die lediglich aus Neugierde hergekommen sind. Fordere sie auf, sich zu melden und Buße zu tun, sonst würdest du sie so genau beschreiben, daß jeder der Versammelten sie erkennen könnte.«

Als niemand sich bemerkbar machte und alle erwartungsvoll schwiegen, begann der Knabe, das Aussehen eines größeren Jungen zu schildern, und je länger er sprach, um so deutlicher erkannte Cavalier, daß kein anderer als nur er der Beschriebene sein konnte.

Es fuhr ihm siedend heiß über den Rücken, und am liebsten hätte er Hals über Kopf die Scheune verlassen. Aber er wagte nicht, sich zu rühren.

Da erhob sich ein zweiter, ebenfalls inspirierter Knabe, der unter heftigen Zuckungen die Gemeinde aufforderte, die eine der schuldigen Personen, die zu fliehen beabsichtige, daran zu hindern, die Scheune zu verlassen.

Als sich noch immer niemand meldete und nichts geschah, ergriff der Prediger wiederum das Wort und fuhr in seinen Ausführungen fort. Geängstigt und tief beeindruckt von dem, was er eben miterlebt hatte, wandelte sich plötzlich Cavaliers Gesinnung. Es war für ihn ein Wunder, daß sich hier Knaben befanden, die wußten, was in den Menschen um sie herum vorging. Mit nicht nachlassender Spannung lauschte er weiterhin den Worten des Predigers, der auf Mißstände in der römischen Kirche hinwies, dann aber seine Predigt plötzlich unterbrach und den Versammelten mitteilte, daß draußen noch Gläubige seien, die bei ihnen sein möchten, aber nicht wüßten, wo die Versammlung abgehalten wurde. Es sollten doch einige hinausgehen, um sie hereinzuholen.

Sofort erhoben sich ein paar der Zuhörer, verließen die Scheune und man hörte, wie sie draußen einen Psalm anstimmten, um damit den noch Umherirrenden den Weg zu weisen.

Das alles bewegte Cavalier tief. Wie war es möglich, daß der Mann in der Scheune, mitten in seiner Predigt sehen konnte, was draußen vorging? Es konnte nicht anders sein, als daß hier höhere Kräfte wirkten.

Sobald die Verspäteten hereingekommen waren und Platz genommen hatten, wurde ein dritter Knabe vom Geist ergriffen, durch den er den Versammelten mitteilte: »Mein Knabe, ich versichere dir, hier nun geborgen zu sein. Ihr braucht euch nicht mehr zu fürchten, es ist alles geregelt. Der junge Mann, der nur aus Neugierde herkam, ist anderen Sinnes geworden. So will ich nun mein Wort in den Mund des Predigers legen, mit dem er uns trösten wird.«

Es folgte in eindrücklichen Worten eine Predigt über den Text: »Auf, ihr Dürstenden, kommt zum Wasser, die ihr kein Brot mehr habt, kommt!« Als die Predigt zu Ende war, geschah es. Der junge Jean Cavalier wurde vom Geist angerührt. Es war ihm, als liege eine schwere Last auf seiner Brust, Hitzewallungen überfielen ihn, und er wurde sich seiner Sünden bewußt, die er begangen hatte.

Der Prediger, der ihn während der ganzen Zeit nicht aus den Augen gelassen hatte, trat auf ihn zu und beglückwünschte ihn, daß er sich nun auch unter den von Gott Berufenen befinden dürfe.

Es dauerte aber noch mehrere Monate, bis der Mund Cavaliers zum Predigen geöffnet wurde.

Nach Beendigung seiner Bäckerlehre kehrte er, mit einem guten Zeugnis in der Tasche, nach Mas Roux zu seinen Eltern zurück und begann, in Versammlungen als Prediger aufzutreten.

Als der Priester, der ihm einst im Jesuitenkollegium einen Freiplatz hatte verschaffen wollen, von solcher Betätigung eines ehemaligen Schülers hörte, empörte er sich derart, daß er gegen ihn Anzeige wegen verbotener hugenottischer Predigertätigkeit erstattete. Es wurde Cavalier zugetragen, er werde von den Behörden gesucht und es gäbe für ihn in der Heimat kein Bleiben mehr. Sein Entschluß war bald gefaßt. Er wollte sich nach Genf, in die Stadt Calvins flüchten, in der Hoffnung, dort dann endlich unbehindert in seinem Glauben leben zu können. Er stellte sich vor, für seinen Unterhalt in einer Bäckerei zu arbeiten. Die Abende aber, an denen er frei war, wollte er in Gruppen von Gläubigen verbringen und sich, wenn sich eine Möglichkeit ergab, auch als Prediger betätigen. Vor allem aber freute er sich auf den jeweiligen sonntäglichen Predigtbesuch in der altehrwürdigen Kathedrale St. Pierre.

Nachdem er sich von seinen bekümmerten Eltern verabschiedet hatte und wandernd über seine noch völlig ungewisse Zukunft nachsann, traf er mit einem jungen Mann zusammen, mit dem er ins Gespräch kam und dabei erfuhr, daß auch dieser unterwegs nach Genf war.

So schlossen sie sich zusammen, um den noch langen, weiteren Weg gemeinsam zurückzulegen. Der Begleiter, der Henri Debruy hieß, beruhigte seinen etwas ängstlichen Gefährten mit der Versicherung, er habe nichts zu befürchten, sie würden bestimmt gut über die Grenze kommen. Schon mehrmals sei er in der Schweiz gewesen und wisse, wo und wie man am besten in das Land der Glaubens- und Religionsfreiheit komme. In der Tat gelang ihnen unangefochten die Grenzüberschreitung.

Cavalier atmete auf. Als sich dann die beiden voneinander verabschiedeten, bat er seinen Helfer, er möge doch, wenn er wieder in Frankreich sei, seinen Eltern in Mas Roux Grüße von ihm bringen und ihnen ausrichten, daß er gut im gelobten Land angekommen sei und sie sich nicht um ihn zu ängstigen brauchten.

Henri Debruy versprach ihm, seine Bitte zu erfüllen und führte ihn noch zu einem der nach Genf emigrierten Pfarrer. Dieser war Cavalier behilflich, so daß er schon bald einen Arbeitsplatz und auch Unterkunft in einer Familie fand, in der er gut aufgehoben war und sich so in der Folge bald in der Stadt Calvins heimisch fühlte.

Zu seiner großen und freudigen Überraschung traf er ein paar Wochen später wieder mit Debruy zusammen, der in Angelegenheiten, über die er sich nicht äußerte, erneut nach Genf gekommen war.

»Und, hast du meinen Eltern die Grüße ausgerichtet?« fragte Cavalier seinen ehemaligen Wandergefährten.

»Leider nein. Es war mir nicht möglich, da sie nicht mehr zu Hause waren.«

»Nicht mehr zu Hause? Meine Eltern? Wo sind sie denn?«

»Da nach dir gefahndet wurde, du aber nicht zu fassen warst, weil du dich ins Ausland abgesetzt hattest, haben sie an deiner Stelle deine Eltern verhaftet und ins Gefängnis gebracht. Den Vater nach Carcassonne und die Mutter in die Tour de Constance in Aigues Mortes.«

»Entsetzlich!« entfuhr es dem schreckensbleich gewordenen Cavalier. »Was kann ich nur für sie tun?«

»Leider weiß ich dir keinen Rat. Das ist eine schlimme Geschichte«, antwortete Debruy, »du tust mir wirklich leid.«

»Es gibt für mich keine andere Möglichkeit, als sofort nach Hause zurückzukehren, um selbst zu versuchen, sie freizubekommen.«

»Und dich verhaften zu lassen, was ja auch die Absicht der Behörden war.«

»Sollen sie! Ich ertrage es nicht, daß meine Eltern durch meine Schuld ins Gefängnis gekommen sind.«

Die Gefahren, in die er sich mit seiner Rückkehr in die Heimat begab, vermochten ihn von seinem Entschluß nicht abzubringen. Er brachte in Ordnung, was zu regeln war und machte sich schon am anderen Tag auf den Weg nach Hause zurück. Dabei begegnete er Bekannten aus Mas Roux, von denen er erfuhr, seine Eltern seien zum katholischen Glauben übergetreten und hätten dadurch ihre Freiheit wiedererlangt.

Froh darüber, daß sie sich nicht mehr im Gefängnis befanden, doch schweren Herzens und zutiefst enttäuscht über ihren Entschluß, ihren hugenottischen Glauben abzuschwören, setzte er seinen Marsch fort.

Es war Sonntagmorgen, als er in Mas Roux ankam.

Sofort begab er sich ins elterliche Haus, wo Vater und Mutter sich eben anschickten, zur Messe zu gehen. Erfreut über die unerwartete Rückkehr ihres Sohnes umarmten sie sich zum Gruß, dann aber konnte Jean seine Enttäuschung über das, was in seiner Abwesenheit daheim geschehen war, nicht länger verbergen. In liebevoller Sorge um ihr Seelenheil überschüttete er die Eltern mit Vorwürfen: »Wie kommt es, daß ihr euer oft wiederholtes Gelöbnis, lieber sterben zu wollen als zur Messe zu gehen, habt brechen können? Und du Mutter, die du mir ein Vorbild gewesen bist im Einstehen für den protestantischen Glauben und die Glaubenstreue bis in den Tod, um dereinst die Krone des Lebens zu erlangen, du sitzt da mit dem römischen Gebetsbuch in der Hand, im Begriff, deinen wahren Glauben einmal mehr zu verraten und dich der Götzendienerei hinzugeben.«

So sprach Cavalier seinen Eltern wohl eine Stunde lang zu und erreichte endlich, daß sie einsahen, in ihrer Not im Gefängnis schlecht gehandelt zu haben. Unter Tränen versprachen sie, wiederum zum Glauben der Väter zurückzukehren, koste es, was es wolle.

Sie hielten ihr gegebenes Wort, womit sie sich allerdings erneut der Gefahr aussetzten, als Rückfällige wiederum verhaftet zu werden.

Wirklich wurden sie noch im gleichen Jahr als Neubekehrte in die Festung von Alès eingeliefert. Jean hoffte, Gott werde sich ihrer erbarmen und ihnen zu einer baldigen Freilassung verhelfen, was dann auch, wenigstens für die Mutter, schon bald in Erfüllung ging.

Bereits im folgenden Jahr wurde sie aus der Gefangenschaft entlassen, starb dann aber auf dem Heimweg, den sie allein hatte antreten müssen. Statt in ihr verlassenes Haus durfte sie nun ganz unerwartet in des Herrn Herrlichkeit eingehen.

Nach den Akten befand sich der Vater auch 1704 noch in Haft, über sein weiteres Ergehen ist jedoch nichts bekannt.

Aus Kummer über das tragische Schicksal seiner Eltern beschloß Jean Cavalier, nicht mehr nach Genf zurückzukehren. Denn eben war nun auch in Mas Roux die kürzlich unter Pierre Séguier erfolgte Ermordung des Erzpriesters du Chayla bekannt geworden und damit auch der feste Entschluß Séguiers, mit seiner allerdings noch zu verstärkenden Befreiungsgruppe endgültig den offenen Kampf der Hugenotten gegen ihre Bedrücker aufzunehmen.

Nun wußte Cavalier, was er zu tun hatte. Klar sah er seine künftige Aufgabe darin, sich ganz der sich bildenden protestantischen Kampftruppe zur Verfügung zu stellen. Diesmal wurde er von Séguier nicht mehr als zu jung zurückgewiesen, als er ihn um die Aufnahme in das Heerlager Gottes bat. Er begann auch sofort, eifrig mitzuarbeiten und gab sich jede erdenkliche Mühe, weitere junge Männer protestantischen Glaubens als Mitkämpfer zu gewinnen. So fiel ihm Ende Oktober 1702, als er in einer Versammlung predigte, unter den Zuhörern eine größere Gruppe von Jünglingen auf, die ihm aufmerksam zuhörten. Er ließ sie nicht aus den Augen. Nach Schluß der Veranstaltung trat er zu ihnen hin und fragte sie, ob sie sich nicht als Aufständische ins Heer der Kinder Gottes, dem er selbst auch angehöre, aufnehmen lassen möchten, um sich am Aufstand der Hugenotten gegen die Königlichen zu beteiligen.

Die jungen Männer sahen sich fragend an; nach einigem Zögern erklärten sich achtzehn von ihnen dazu bereit, ihm zu folgen. Doch nach einer Weile begannen sie, Zweifel zu äußern, es habe doch eigentlich keinen Sinn, noch weiter mit ihm zu gehen, da sie ja keine Waffen besäßen, ohne die man bekanntlich nicht kämpfen könne.

Doch Cavalier vermochte in seiner zuversichtlichen Art ihre Zweifel rasch zu zersteuen, als er ihnen mitteilte, er wisse von einem Priester, der in seinem Haus ein ganzes Arsenal zu behüten habe. Dort würden sie bestimmt bestens ausgerüstet. Daraufhin ließen dann alle ihre Zweifel fallen und setzten mit ihrem Begleiter den Weg fort.

Beim Überschreiten der Brücke von Anduze sahen sie die dort an Pfählen angenagelten Köpfe der Enthaupteten, die Hauptmann Poul hier hatte aufstellen lassen.

Cavalier erkannte das Gesicht Laportes sogleich, empfand aber bei dessen Anblick weder Furcht noch Entsetzen. Doch die grausam ausgestellten Köpfe reiften in ihm und in seinen neuen Gefährten den Entschluß, sich nun erst recht im Kampf gegen ihre brutalen Verfolger mit all ihren Kräften einzusetzen. Es war gegen zehn Uhr nachts, als sie das Dorf Saint-Martin erreichten, sich zum Pfarrhaus begaben und dort Einlaß begehrten.

Der Priester erbleichte, als er die Tür öffnete und die Schar junger Männer sah. So kam er ihrem Verlangen nach Auslieferung von Waffen für die achtzehn zukünftigen Kamisarden zitternd nach.

Die Jünglinge hielten mit freudigen Ausrufen nicht zurück, während sie sich aufs beste ausrüsteten. Als alle ihre Wünsche erfüllt waren, verabschiedeten sie sich beinahe freundschaftlich vom aufatmenden Geistlichen und setzten nunmehr zuversichtlich ihren Weg ins Lager der Kinder Gottes fort, wo sie von Mazel und Roland freudig empfangen wurden.

»Gerade die haben uns noch gefehlt«, stellte Mazel befriedigt fest, als ihm Cavalier die geworbenen achtzehn neuen Kamisarden vorstellte.

»Und sogar hervorragend bewaffnet! Wie habt ihr das nur angestellt? Nun, glaube ich, können wir zuversichtlich sein.«

Es dauerte nicht lange, bis Séguier die außerordentlichen Fähigkeiten Jean Cavaliers im Umgang mit seinen Glaubensbrüdern erkannte, von denen er sich nicht als Vorgesetzten, sondern schlicht und einfach als »Bruder Cavalier« ansprechen ließ. Willig nahmen sie seine Anordnungen entgegen und fühlten sich bald mit ihm verbunden, der wohl als einer der jüngsten unter ihnen väterlich um jeden seiner Gefährten besorgt war. Sie bewunderten seine Glaubensstärke, die vor allem in seinen packenden Predigten zum Ausdruck kam. Da er bald ihrer aller Vertrauen besaß, beschlossen sie, ihn als Führer des kamisardischen Aufstandes im Languedoc einzusetzen.

So leben, kämpfen und sterben die Kamisarden

Der große französische Historiker Jules Michelet hat einmal die Frage gestellt: »Wer wird diesen Krieg beschreiben? Kann man das überhaupt? Er füllt eine weitere traurige Seite in der Cevennengeschichte. Nein! Man kann diesen Krieg nicht erzählen.«

Im Gegensatz zu Michelet schrieb Claude Brousson, der berühmte Wüstenpfarrer, der ein aufmerksamer Verfolger und teilweise sogar ein Augenzeuge des Geschehens war, er möchte sich nicht für Millionen des Vorrechtes berauben lassen, Zeuge so großen Geschehens gewesen zu sein.

Diese gegensätzlichen Standpunkte sind beide berechtigt, denn der sogenannte Kamisardenkrieg war kein eigentlicher Krieg, sondern der Aufstand einer seit hundertfünfzig Jahren brutal unterdrückten Minderheit. Zu Recht ist das, was dann zwischen 1702 und 1704 in den Cevennen geschah, auch der Cevennenaufstand genannt worden.

Nie haben die protestantischen Kamisarden über mehr als zweitausendfünfhundert Mann verfügt, von ihren Anführern war nicht einer soldatisch geschult, während die königliche katholische Regierung einige von ihren besten Generälen und zwanzig- bis dreißigtausend reguläre Soldaten in die Cevennen abkommandierte, wozu noch zahlreiche Milizen und Freikorps kamen.

Genauso unterschiedlich waren auch die einander Bekämpfenden ausgerüstet. Den kriegsgeschulten und erfahrenen königlichen Truppen standen die Kamisarden gegenüber, von denen manche in Ermangelung eigentlicher Waffen oft nur mit Sensen, Heugabeln und Äxten einrückten. Viele von ihnen hätten, auch wenn sie vorhanden gewesen wären, mit Feuerwaffen überhaupt nicht umgehen können. Dennoch geschah es, daß im Dezember 1703 sechzig junge Kamisarden, eigentlich noch Knaben, unter Jean Cavaliers Führung zwei Kompanien der königlichen Truppen mit Steinwürfen in die Flucht schlugen. Der Unterschiede zwischen beiden Gegnern gab es also viele.

Die Frage drängt sich auf, wie es den armseligen Kamisarden bei einem so ungleichen Kräfteverhältnis möglich war, die königlichen Truppen zwei Jahre lang, von 1702 bis 1704, in Schach zu halten.

Die Antwort ist vor allem im Unterschied der inneren Einstellung der Kämpfenden, in der Ursache, wegen der sie kämpften, zu finden. Während die königlichen Soldaten zum Kampf aufgeboten worden waren, um die Befehle ihrer Offiziere auszuführen, hatte sich bei den Kamisarden jeder einzelne freiwillig zum Kampf gemeldet, weil er durch die Predigten der Inspirierten dazu aufgefordert worden war und es seinem eigenen Wunsch entsprach. Jeder wollte mithelfen, seinen ihm lieben Glauben zu retten, für den schon so viele von ihnen ihr Leben hingegeben hatten.

Die Glaubenstreue, die im Lauf der Zeit und unter dem Druck beständiger Bedrohung bei manchen einer gewissen Gleichgültigkeit gewichen war, war durch die Tätigkeit der Inspirierten, vor allem der inspirierten Jugendlichen, den glaubenseifrigen Lerchen Gottes, wieder gestärkt und für viele erneut zu einem echten Bedürfnis geworden.

Die Todesverachtung, ja geradezu Todessehnsucht, war bei den Kamisarden durchaus nichts Außergewöhnliches und für sie, ebenfalls durch den Glauben begründet, keineswegs nur ein leeres Wort. Zudem erwarteten die Hugenotten den Anbruch des Tausendjährigen Reiches in allernächster Zeit. So war für sie ein Sterben kurz vor dem alles umwandelnden Großereignis völlig bedeutungslos. Denn nach dem Propheten Durand Fage war ja für die Hugenotten der Tod nichts anderes als der Durchgang ins Leben.

Marschall de Villars hat in einem Brief an Marquis Puysieulx geschrieben: »Diese Menschen besitzen eine fast unverständliche Todesverachtung. Es ist Tatsache, daß sie auf ihrem Weg zur Hinrichtung Loblieder anstimmen, um Gott zu preisen, und wenn sie im Kampfe unterliegen, flehen sie niemals um Gnade, sondern danken denen, durch die sie zum Sterben kommen. Ein Geheimnis kann ihnen auch mit den grausamsten Martern nicht entrissen werden.« Der Glaube war ihnen eben alles. Er war für sie der eigentliche, der tiefste Sinn ihres Lebens. Deshalb kann es nicht verwundern, wenn ihr Kampf um die ersehnte Glaubens- und Gewissensfreiheit etwas ganz anderes war als der Kampf eines königlichen Soldaten, der lediglich einem Befehl gehorchen mußte. Zudem führten die Kamisarden ihren Kampf im völligen Vertrauen auf Gott, was Jean Cavaliers Grundeinstellung entsprach: »Unser Glaube muß uns lieber sein als unser Leben.«

Mehr als die Hälfte der Kamisarden waren Inspirierte. Es wurde kein Beschluß gefaßt und nichts unternommen, ohne daß Inspirierte gebetet und durch den Geist eine Weisung empfangen hatten. Nicht immer stimmten die Weisungen verschiedener Inspirierter überein. In solchen Fällen hielten sie sich an die Bibel, stets wurde das geschriebene Wort über die Inspiration gestellt.

Die Auffassung, die Kamisarden seien, weil sie keine militärische Schulung durchgemacht hatten, eine Bande von Freischärlern gewesen, wäre unrichtig. Das Gegenteil war der Fall. So soll sich der Prior von Mialet geäußert haben, wegen ihres Glaubens herrsche unter den Aufständischen mehr Ordnung und strengere Manneszucht als unter den Soldaten des Königs.

Es wurde auch keineswegs jeder, der sich zu den Kamisarden meldete, unbesehen angenommen und in ihre Gruppe eingereiht. Jeder, der beitreten wollte, hatte eine kurze, jedoch strenge geistliche Probezeit durchzumachen, in der am Tag und in der Nacht gebetet und Psalmen gesungen wurden. Der Reihe nach hatten die Novizen einen Bericht abzulegen, um sich über ihren Glauben und ihre Gesinnung auszuweisen. Denn es durfte einer nur durch und für seinen hugenottischen Glauben ein Kamisarde werden.

Die Predigten wurden von Inspirierten gehalten und fanden meist in den Wäldern, bei schlechtem Wetter auch in Höhlen statt. Dies geschah wöchentlich zwei- oder dreimal. Jeder Tag wurde mit einer Andacht beendet.

Unternahmen die Kamisarden einen Angriff oder wurden sie selbst angegriffen, dann knieten sie nieder, ihr Prediger sprach ein Gebet und segnete die Kämpfer, worauf diese begannen, aus vollem Herzen den berühmten 68. Psalm zu singen, so daß es laut von den Felswänden widerhallte: »Gott erhebt sich! Seine Feinde zerstieben, und die ihn hassen, fliehen vor seinem Angesicht.«

Einer der königlichen Offiziere bekannte: »Wenn diese Teufelskerle ihre Ketzerlieder zu singen anfingen, dann waren wir nicht mehr Herr über unsere Leute. Sie flohen, als ob alle Teufel hinter ihnen her gewesen wären.«

Die Lerchen Gottes und der Krieg

Zur gleichen Zeit, da sich die beiden Anführer der Aufständischen, Abraham Mazel und Gédéon Laporte ins Vivarais begeben hatten, um weitere Hugenotten für die aufzubauende Kampftruppe anzuwerben, stellten sich auch die drei ehemaligen Hirten von Bourdeaux die Frage, ob sie nicht verpflichtet seien, sich für die Erneuerung und Stärkung des hugenottischen Glaubens nicht nur mit Worten, sondern auch mit der Waffe einzusetzen.

Pascalin, der die Frage aufgeworfen hatte, vertrat die Ansicht, es sei ihre Pflicht, Mazel und Laporte in ihren Bemühungen zu unterstützen. Es gehe doch um nichts weniger, als die protestantische Kirche Frankreichs vor ihrem Untergang zu bewahren.

Mazet äußerte zwar Bedenken, da es heißt, man solle nicht töten, stimmte dann aber doch der Auffassung Pascalins zu, da ja die Inspirierten durch den Geist beauftragt seien, zum Kampf mit den Waffen aufzurufen, nachdem es nicht möglich gewesen war, auf friedlichem Weg durch Verhandlungen mit Kirche und Staat endlich Glaubensfreiheit zu erlangen.

Bompart aber, der seinem geliebten und väterlichen Freund Pascalin noch nie widersprochen hatte, erklärte diesmal ernst und mit aller Entschiedenheit, daß er mit keinem Mittel dazu zu bringen sei, einen Menschen zu töten.

Pascalin sah den zum jungen Mann herangewachsenen Bompart überrascht an. Dabei fiel ihm ein, daß ihm schon damals, als sie als Lerchen Gottes zum erstenmal öffentlich in Bourdeaux eine Versammlung durchgeführt hatten, Bompart, zu jener Zeit noch ein Knabe, schön wie ein zürnender Engel erschienen war.

»Wie kannst du nur so sprechen?« verwunderte sich Mazet. »Täglich müssen wir hören und sehen, mit welcher Grausamkeit die Katholiken uns Hugenotten verfolgen und danach trachten, uns umzubringen. Haben sie nicht auch deine Eltern getötet?«

Ruhig und überlegt antwortete ihm Bompart: »Darüber habe ich schon sehr oft nachgedacht. Warum sie meine Eltern umgebracht haben, weiß ich nicht. Ich weiß aber, daß der Herr gesagt hat: ›Meine Gedanken sind nicht eure Gedanken, und eure Wege sind nicht meine Wege‹. Der Herr weiß, warum, ich aber weiß es nicht. Aber ich weiß, daß Jesus geboten hat: ›Liebet eure Feinde, tut wohl denen, die euch hassen‹. Wie sollte ich da gegen Christi Wort und Ermahnung Menschen erschießen, die nur deshalb, weil der König unseren Glauben verboten hat, unsere Feinde geworden sind?«

»Es freut mich sehr, Bompart, daß du dich so eingehend mit der Frage der Tötung von Menschen befaßt hast. Sie beschäftigt auch mich immer wieder. Es ist mir im Neuen Testament keine Stelle bekannt, die das Töten von Menschen rechtfertigt. Soviel ich aber weiß, befinden sich bei den Aufständischen, die man jetzt Kamisarden, oder, nach Laporte, das ›Heerlager Gottes‹ nennt, auch viele Prediger. Ob die auch Waffen tragen, weiß ich nicht, doch ist es wohl anzunehmen, da die Hälfte der Kamisarden Inspirierte sind. Wir können uns bei ihnen ja selbst erkundigen. Der junge Jean Cavalier, der übrigens ein hervorragender Prediger sein soll, gehört jetzt auch zu ihnen. Er ist nicht älter als du, Bompart, so kannst du dich ihm ruhig anvertrauen. Ich schlage vor, wir machen uns gleich zu den Kamisarden auf. Wo sie sich gegenwärtig aufhalten, werden wir schon in Erfahrung bringen.«

Mit diesem Vorschlag war auch Bompart einverstanden und drückte Pascalin heimlich die Hand.

Nach drei Tagen trafen die drei jungen Männer in der Nähe von Nîmes mit den Kamisarden zusammen. Sie erkundigten sich nach Cavalier, wurden zu ihm geführt und von ihm freundlich empfangen.

Da die Aufständischen ein paar Tage zuvor ihren ersten Sieg hatten feiern können, war er gut gelaunt. »Es war kein großer Sieg, aber es war unser erster«, gestand er. »Es war bei Saint-Côme. Ich hatte nur fünfunddreißig Mann bei mir, als wir von etwa fünfzig königlichen Soldaten überrascht wurden. Wir hatten wenig Hoffnung, gut davonzukommen. Das erste, was wir taten, als wir plötzlich die wohlbewaffneten Feinde vor uns sahen, war, daß wir uns auf die Knie niederwarfen, Gott um Segen und Schutz baten und ihm unsere Seelen anvertrauten. Wir waren alle fest entschlossen, uns bis zum letzten Mann zu verteidigen, an einen Sieg dachte wohl keiner. Doch dann geschah, was uns wie ein Wunder erscheinen mußte. Als die Königlichen, die wohl geglaubt hatten, wir würden bei ihrem Anblick die Flucht ergreifen, plötzlich die Angegriffenen waren, waren sie es, die kehrtmachten und Hals über Kopf in Richtung Calvisson vor uns flüchteten. Zwanzig von unseren Feinden waren umgekommen, und wir selbst hatten einen einzigen Mann verloren. Unser Sieg hat sich rasch herumgesprochen, und schon gestern haben sich verschiedene wackere Burschen bei uns gemeldet mit der Bitte, sie in unsere tapfere Mannschaft aufzunehmen. Wenn das auch euer

Wunsch ist, dann seid ihr uns herzlich willkommen. Ihr werdet mit den andern Neueingetretenen ein Noviziat von etwa einer Woche Dauer durchzumachen haben, weil wir prüfen müssen, ob ihr die Bedingungen, die wir stellen, auch erfüllt, woran ich bei euch jedoch nicht den geringsten Zweifel habe.«

Sie kamen dann bald auch auf das zu sprechen, was Bomparts besonderes Anliegen war: ob er auch aufgenommen werde, wenn er von vornherein erkläre, daß er auf keinen Fall einen Menschen, auch keinen Feind töten werde.

Cavalier stutzte und blickte Bompart verwundert an. »Das ist nun eine Bedingung, die ich heute zum erstenmal zu hören bekomme. Die meisten, die sich uns anschließen wollen, brennen darauf, so bald wie möglich auf die Feinde schießen zu dürfen.«

»Dafür ist Bompart ein guter Prediger«, trat Pascalin lächelnd für seinen Schützling ein.

»Ich gestehe euch offen, daß mir vom Glauben her die Bedenken Bruder Bomparts selbst bekannt sind«. Dabei schaute ihm Cavalier fest und mit fast traurigem Blick in die Augen. »Ich verstehe, daß du mit deinem gütigen Herzen Bedenken hast. Aber vielleicht gilt das Wort auch hier ›Gebt dem Kaiser, was des Kaisers ist und Gott, was Gottes ist‹«, sagte er dann. »Da die Inspirierten durch den Geist aufgefordert werden, unseren Glauben auch mit der Waffe zu verteidigen, kann ich mir einen unbewaffneten Kamisarden gar nicht vorstellen. Es ist doch bestimmt nicht der Wille unseres himmlischen Vaters, daß ein junger gläubiger Mensch wie du sich ohne Schutz vor seinen Feind hinstellen soll, um von diesem niedergeknallt zu werden. Er muß sich doch verteidigen, um sich für die Aufgabe zu erhalten, die zu erfüllen ihm bestimmt ist. Nicht aus Haß, sondern zum Selbstschutz soll er sich verteidigen, zum Selbstschutz und um der Sache willen, für die er kämpft. Bompart gefällt mir. Ich glaube, wir werden uns gut verstehen. Über deine Frage werden wir noch miteinander sprechen.«

Die Prüfungszeit, die nun für die drei aus Bourdeaux und die anderen Neuangemeldeten bereits am nächsten Tag begann, war für sie ein beglückendes Erlebnis und stärkte in ihnen den Wunsch, dem Heerlager Gottes anzugehören. Es war eine richtige Bruderschaft, in die sie da hineinwachsen durften. Das tägliche Beten, Singen und die unterschiedlichen Bekenntnisse und Geständnisse, die sie da zu hören bekamen, waren für sie eine willkommene Schulung. Auch der Gebrauch der Schußwaffen wurde ihnen erklärt und mit ihnen geübt. Bompart freute sich dann doch, als er beim Schießen auf eine Papierscheibe nicht der schlechteste Schütze war. Aber eine Papierscheibe war eben kein Geschöpf Gottes.

Für Weihnachten plante Cavalier, mit den Kamisarden im Wald von Vézénobres eine Feier durchzuführen, zu der auch die hugenottischen Bewohner aus der Umgebung eingeladen wurden. Es waren an die fünfhundert Gläubige, die sich hier nach und nach versammelten. Doch zu ihrer großen Enttäuschung mußte die Feier unterbleiben. Cavalier hatte nämlich durch einen Boten erfahren, daß der Gouverneur Ayguines von Alès mit sechshundert Mann und einem mit Stricken beladenen Maultier bereits unterwegs sei, um die geplante Feier zu stören. Er habe sich gerühmt, er werde nicht ruhen, bis er sämtliche Kamisarden als Gefangene nach Alès mitnehmen könne, um sie dort an den vier Ecken der Stadt aufhängen zu lassen. Die Stricke dazu bringe er gleich mit.

Auf diese wenig weihnachtliche Nachricht hin ordnete Cavalier an, da es statt zur Feier zum Kampf kommen werde, daß die eingeladenen und erschienenen hugenottischen Bürger sich schnellstens zurückziehen und in Sicherheit bringen sollten. Dann stellte er seine Leute in kluger Anordnung hinter Verschanzungen so auf, daß die anrückenden Feinde nicht erkennen konnten, daß die Kamisarden stark in der Minderheit waren. So war es dann nicht das Heerlager Gottes, das geschlagen wurde, sondern die Mannschaft des prahlerischen Gouverneurs, die nach einem Verlust von etwa hundert Mann eiligst zum Rückzug nach Alès blies; mitsamt dem striketragenden Maultier. Die Kinder Gottes mußten nur sechs Gefallene beklagen. So hielten sie dann doch noch eine kleine Feier ab, um Gott für diesen neuerlichen Sieg zu danken.

Da ihnen immer wieder Kleidung und Waffen fehlten, waren sie genötigt, den Getöteten die Uniformen auszuziehen und die herumliegenden Waffen einzusammeln, wie sie es schon nach ihrem ersten Sieg getan hatten.

Am Weihnachtstag selbst, also am folgenden Tag, fanden sich dann die Kamisarden noch einmal auf dem Kampfplatz im Wald von Vézénobres zusammen, um zu bestimmen, wer nun ihr eigentlicher und verantwortlicher Führer werden sollte. Es wurden Rastanet und Cavalier vorgeschlagen und von diesen beiden einstimmig Cavalier zum Obersten gewählt. Zwar gab der Gewählte zu bedenken, er sei mit seinen einundzwanzig Jahren für dieses verantwortungsvolle Amt wohl noch zu jung und zu unerfahren, doch gingen die Versammelten auf diese Bedenken gar nicht ein. Nach einigem Zögern nahm Cavalier die Wahl dann doch unter der Bedingung an, daß er über Leben und Tod entscheiden könne und demzufolge nicht mehr verpflichtet sei, wegen einer Entscheidung jedes Mal einen Kriegsrat einzuberufen.

Damit waren alle einverstanden, hatte Cavalier doch schon während seiner bisherigen kurzen Tätigkeit allen klargemacht, daß er ein ebenso tüchtiger Führer wie auch begeisternder Prediger war und mit allen einen brüderlichen Umgang zu pflegen verstand. Zu dieser Zeit betrug der Mitgliederstand des Heerlagers Gottes zweihundertdreißig Mann.

Wie aber war es den Kamisarden möglich, ihr zwar erst kleines Heer von immerhin zweihundertdreißig Mann Tag für Tag zu verpflegen und mit Kleidern, Waffen und Munition auszurüsten? Vorsorglich hatten sie sich in den Bergen der Cevennen schon vor Ausbruch der kriegerischen Handlungen nach geeigneten Verstekken umgesehen, in denen sie für den Notfall Vorräte anlegen konnten von dem, was sie erbeuteten oder was ihnen die hilfsbereite Bevölkerung zutrug.

Eines der wichtigsten Verstecke der Kamisarden befand sich in dem hauptsächlich von Cavalier betreuten Gebiet etwa in der Mitte zwischen Alès und Uzès in nahezu undurchdringlichem Gehölz. Es waren die großen Höhlen von Euzet, auf die Cavalier schon in seiner Jugendzeit gestoßen war, als er für seinen Onkel in Vézénobres das Vieh gehütet hatte. Von seiner Entdeckung, auf die er sehr stolz war, hatte er nie jemandem erzählt.

Seit Ausbruch des Krieges hatten die Höhlen nun für ihn und die Sache der Kamisarden große Bedeutung erlangt. Ihr Vorhandensein war auch jetzt noch den meisten unbekannt, denn zur Sicherheit waren nur ganz wenige in das Geheimnis eingeweiht worden. In diesem Versteck befanden sich nun nicht nur Vorräte an Nahrungsmitteln, sondern auch Waffen, Munition und Verbandszeug. Zwei der Höhlen, die unter der Erde lagen, hatte Cavalier als Lazarette herrichten lassen. Zur Behandlung und Pflege der Verwundeten standen zwei Ärzte und einige Pfleger zur Verfügung. Doch auch einen Teil seines eigenen Besitzes hielt Cavalier hier verborgen.

Aus katholischen Dörfern, aus denen die Priester beim Anrücken von Kamisarden zu fliehen pflegten, um sich in den Schutz befestigter Städte zu begeben, wurden die nach der Verordnung de Bâvilles in Kirchen und Pfarrhäusern angelegten Vorräte für die Aufständischen eine willkommene Beute. Vor allem war es Getreide, das ihnen auf solche Weise zufiel. Da die meisten Kamisarden Bauern oder Handwerker waren, fiel es ihnen nicht schwer, aus dem Getreide Mehl zu gewinnen und aus diesem Brot zu backen, wobei sie Mühlen und Backöfen in Anspruch nahmen, an denen sie vorbeikamen oder in deren Nähe sie lagerten. Wo sie längere Zeit blieben, erbaten sie sich von der Bevölkerung aus der Umgebung, was sie benötigten.

Setzte Regen oder Kälte ein, dann suchten sie Unterkunft und Schutz in leerstehenden Scheunen und Ställen. Fleisch verschafften sie sich hauptsächlich durch die Jagd. Den Wein, den sie tranken, fanden sie in den Pfarrhäusern, in deren Keller meist stattliche Vorräte lagen. Das Geld, das sie immer wieder für dringend notwendige Anschaffungen benötigten, stammte meist aus den Taschen der gefallenen feindlichen Soldaten und Offiziere, wobei ihnen zuweilen recht ansehnliche Beträge in die Hände fielen. So hatten sie nach der Niederlage der königlichen Truppen in La Jonquières, wo verschiedene reiche Offiziere gefallen waren, teure Uniformen, goldene Schmuckstücke und Schuhschnallen sowie prall gefüllte Börsen erbeuten können. Damit wurde es ihnen möglich, Notwendigstes wie Stiefel, Strümpfe und immer wieder braune, leinene Überhemden anzuschaffen, denen sie ihren Namen zu verdanken hatten.

Die wohl größten Schwierigkeiten bereitete ihnen immer wieder die Beschaffung von Munition. Das Blei für die Kugeln gewannen sie aus den Bleifassungen der kirchlichen Glasfenster, und zuweilen schmolzen sie auch Zinngeschirr ein, wenn ihnen solches in die Hände fiel. Pulver verkauften ihnen manchmal königliche Soldaten, die sich dafür gut bezahlen ließen. Erst später waren dann unter ihnen zwei Brüder, die sich auf die Herstellung von Pulver verstanden.

Cavalier bedient sich der List

Durch List und Grausamkeit, Untugenden, gegen die auch Cavalier nicht gefeit war, war es ihm gelungen, im Frühjahr 1703 das an der Straße von Uzès nach Anduze gelegene Schloß Servas zu zerstören und dessen vierzigköpfige Besatzungsmannschaft unschädlich zu machen. Unter dieser hatten die in der Gegend wohnenden Protestanten immer wieder zu leiden gehabt. Das Schloß stand auf einem steilen Hügel, war solide gebaut und galt als uneinnehmbar, seit der Herzog von Rohan es während zwölf Tagen belagert hatte, um dann unverrichteter Dinge wieder abziehen zu müssen.

Cavalier hatte eben vor ein paar Tagen eine königliche Truppe von vierzig Mann auf ihrem Marsch nach Italien überfallen und in die Flucht geschlagen, wobei die Hälfte der Feinde getötet worden war. Beim Durchsuchen der Uniformen wurde in der Rocktasche eines Offiziers ein Schriftstück entdeckt. Es war ein vom Grafen von Broglio und dem Statthalter de Bâville an den Kommandanten von Schloß Servas gerichtetes Schreiben, das die Weisung enthielt, dem Überbringer dieser Verfügung, dem Neffen de Broglios, und seinen Begleitern im Schloß Aufnahme und Unterkunft für eine Nacht zu gewähren.

Was er da las, ließ das Herz Cavaliers schneller schlagen. Da brauchte er sich ja nur als Neffe des Grafen von Broglio auszugeben, um mit seinen Leuten in das Schloß eingelassen zu werden.

Wie dabei vorgegangen werden mußte, war ihm sofort klar. Er ließ den Gefallenen die Uniformen ausziehen, um damit zwölf seiner Aufständischen königliche Soldaten werden zu lassen. Er selbst zog die Offiziersuniform an. Sechs weitere Aufständische wurden gefesselt, um dann später als Gefangene auftreten zu können. Nach Vorweisung des Schriftstückes wurden sie im Schloß nicht nur anstandslos, sondern ehrenvoll empfangen. Cavalier gab an, sie hätten eine Gruppe von Kamisarden geschlagen und dabei sechs Gefangene gemacht, die er am anderen Tag seinem Onkel zur gerechten Bestrafung überbringen werde. Die vermeintlichen Gäste wurden bestens bewirtet und nachher noch, durch den Gastgeber selbst, zur Besichtigung des als uneinnehmbar geltenden Schlosses eingeladen.

Als der Rundgang beendet war, erteilte Cavalier plötzlich den Befehl, sich sowohl der Schloßwache als auch der Besatzungsmannschaft und des Kommandanten zu bemächtigen, was bei der völligen Ahnungslosigkeit der Überraschten ohne weiteres gelang. Nachdem die Aufständischen das Schloß dann gründlich nach Waffen, Munition und Lebensmitteln durchsucht hatten, zogen sie mit reicher Beute ab, versäumten jedoch nicht, das Schloß noch in Brand zu stecken. Sie mochten sich bereits eine Meile vom Schloß entfernt haben, als ein fürchterlicher Donnerschlag die Luft erzittern ließ. Offenbar hatte das Feuer ein Pulvermagazin erreicht, wodurch nun aus dem stolzen Schloß eine in Rauch gehüllte Trümmerstätte geworden war.

Kurze Zeit nach diesem gelungenen Streich kamen Roland und Cavalier überein, in ähnlicher Weise auch noch die befestigte Stadt Sauve zu entwaffnen, um auch die neu in das Heer der Kinder Gottes Eingetretenen ausrüsten zu können. Um die Bewohner der Stadt zu überlisten, beschlossen sie, Cavalier solle sich mit fünfzig Mann in die Stadt begeben und der Wache melden, sie seien Mitglieder der katholischen Bürgerwehr und würden von Kamisarden verfolgt. Nach einiger Zeit sollte dann Roland mit einer weiteren Mannschaftsgruppe unter Trommelwirbeln auf Sauve zumarschieren, um die sich bereits in der Stadt aufhaltende Truppe Cavaliers zu unterstützen. Dieser Plan wurde ausgeführt. Aber als dann Cavalier mit seinen Leuten am Stadttor erschien, war die Wache zuerst mißtrauisch, da er sich nicht als Führer der Bürgerwehr ausweisen konnte.

Als er dann aber vorgab, sie seien von Kamisarden verfolgt worden und hätten nun das Bedürfnis, sich in Sicherheit etwas auszuruhen, wurden sie schließlich doch eingelassen.

Auf dem Marktplatz wurde Cavalier als der vermeintliche Anführer der Bürgerwehr von einem Herrn von Vibrac zum Essen eingeladen, während Leute aus der Bevölkerung sich der Mannschaft annahmen und deren Hunger stillten.

Noch während Cavalier mit seinem Gastgeber beim Essen saß, waren plötzlich Trommelwirbel zu hören. Das war das zwischen Cavalier und Roland vereinbarte Zeichen. Die erschreckten Einwohner eilten zu ihren Waffen, da sie nicht daran zweifelten, daß nun die die Bürgerwehr verfolgenden Kamisarden im Anzug waren. Herr von Vibrac flehte Cavalier an, er möge ihnen nun doch mit seinen Leuten behilflich sein, die herannahenden Feinde zu bekämpfen, die unter Rolands Führung psalmensingend in die Stadt einmarschierten. Nun ließ Cavalier seine Maske fallen.

Er erhob sich, trat ans Fenster, riß es auf und schrie den Mitgliedern der Garnison und den Bürgern von Sauve zu, sich zu ergeben und ihre Waffen niederzulegen.

Am entstehenden Aufruhr erkannten sie, von den Kamisarden überlistet worden zu sein. Den nun vereinigten Aufständischen gelang es bald, den Einwohnern von Sauve die Waffen abzunehmen und hierauf auch noch in den Häusern nach weiteren Waffen zu suchen. Schließlich setzten sie noch die Kirche von Monoblet in Brand, wodurch drei Priester ums Leben kamen, die versucht hatten, sich den Brandstiftern entgegenzustellen.

Wiederum war es eine reiche Beute an Waffen und Munition, die die Aufständischen nach ihrem zwar gelungenen, doch nicht eben ehrenhaften Streich aus der Stadt mitnehmen konnten.

Als Ludwig XIV. in Versailles von diesen ihm wenig sympathischen Vorfällen vernahm, enthob er den Grafen von Broglio seines Amtes als Oberbefehlshaber der königlichen Truppen in den Cevennen und setzte für ihn den Marschall de Montrevel ein, der nun, um sich an den Kamisarden zu rächen, mit einer Truppe von zehntausend Mann anrückte und damit die Aufständischen in Unruhe versetzte, standen diese doch nun einer zehnfachen Übermacht gegenüber.

Die Königlichen jedoch triumphierten und waren überzeugt, nun die Kamisarden in Kürze endgültig zu besiegen.

Der vom König abgesetzte Graf von Broglio, ein Mann von sechsundfünfzig Jahren, hatte den Ehrgeiz, mit einer besonderen Leistung noch einmal seine taktischen Fähigkeiten zu beweisen und so Ludwig XIV. erkennen zu lassen, er werde zu Unrecht seines Postens enthoben.

So beschloß er, durch seinen Adjutanten bei Caudiac, in der Nähe von Nîmes, die unter der Leitung von

Cavaliers Unterführer Ravanel stehende Kamisardengruppe angreifen zu lassen. Dieser Adjutant war Hauptmann Poul, den nach der Ermordung des Abbé du Chayla der Statthalter de Bâville in den von ihm organisierten Vergeltungsfeldzug berufen hatte.

Doch war dann diesem Hauptmann Poul statt des erwarteten glänzenden Sieges ein etwas weniger rühmliches Ende beschieden.

Unter den Kamisarden, die er vernichtend schlagen sollte, befand sich auch ein junger Hirte, der David Samuelet hieß und ein mutiger und tollkühner Knabe war.

Mitten im Kampfgewühl, von Gewehrkugeln umpfiffen, sah er, wie ein feindlicher Offizier, eben dieser Hauptmann Poul, hoch zu Roß auf sie zusprengte, was den Hirtenknaben bewog, sich zu bücken, einen Stein aufzuheben und diesen gegen den Offizier zu schleudern, der, am Kopf getroffen, vom Pferde sank.

Schon stand David neben dem Gestürzten, riß ihm den Säbel aus der Hand, versetzte dem am Boden Liegenden den Todesstreich, schwang sich auf das herrenlos gewordene Pferd Pouls, riß es herum und jagte, die Waffe schwingend, mit stolzem Geschrei auf die königlichen Truppen zu. Damit erreichte er, daß die Soldaten, die bereits vom so unerwarteten Tod ihres Anführers aufgeschreckt waren, ihren Angriff abbrachen, kehrtmachten und von den ihnen nachstürmenden Kamisarden verfolgt, flüchteten.

Mit der besonders beeindruckenden Leistung des Grafen von Broglio war es also noch nichts gewesen, weshalb er an Stelle des umgekommenen Poul einen anderen Offizier beauftragte, am nächsten Tag die Kamisarden erneut anzugreifen. Doch auch diesmal erlitten die Königlichen eine schwere Niederlage.

Die durch ihre beiden Siege übermütig und unvorsichtig gewordenen Kamisarden wollten einen Ruhetag einlegen, den viele dazu nutzten, Freunde aufzusuchen oder zu ihren Angehörigen zu gehen. Daß der Feind sie nach seinen beiden erlebten Niederlagen gleich noch ein drittes Mal angreifen würde, hielten sie für ausgeschlossen.

Aber sie hatten sich getäuscht. Als sie bei ihrem nun geschwächten Mannschaftsbestand von den Königlichen doch wieder angegriffen wurden, erlebten sie, obwohl an diesem Tag nicht Ravanel, sondern Cavalier selbst ihr Führer war, wegen ihres Leichtsinns und Übermuts einen bitteren Rückschlag mit achtzig Toten, was Cavalier zwang, vorerst weiteren Zusammenstößen mit dem Feind auszuweichen, bis die erlittenen Verluste wieder einigermaßen ersetzt waren.

Nach dem Grafen de Broglio kam nun also Marschall de Montrevel mit seinem Adjutanten Julian in die Cevennen, um mit seinen zahlreichen Truppen den königlichen Befehl auszuführen, die Pest der Kamisarden endlich auszurotten. Das waren für Cavalier und Roland im Hinblick auf ihren geschwächten Mannschaftsbestand keine verheißungsvollen Aussichten.

Glücklicherweise war zu dieser Zeit eben die Ernte eingebracht worden, so daß nun viele junge Männer ohne Beschäftigung waren. Manche von ihnen meldeten sich deshalb zur Aufnahme in das Heer der Kinder Gottes, wonach Cavalier über eine Truppe von achthundert Mann verfügte und wieder kampfbereit war.

Nach der für Cavalier notwendig gewesenen Pause stießen die gegnerischen Verbände zum erstenmal wieder bei Sérignac aufeinander, wobei die Kamisarden siegten. Als sie ein paar Tage später südwestlich von Nîmes angegriffen wurden, schlugen sie den Feind noch ein zweites Mal und schwächten ihn derart, daß ihnen eine große Menge von Waffen in die Hände fiel.

Besonders in Uzès und seiner Umgebung verbreiteten katholische Banden unter der dort stark vertretenen hugenottischen Bevölkerung Furcht und Schrecken. Es waren arbeitsscheue, hemmungslos und grausam veranlagte Burschen, die sich den Namen »Kadetten vom Weißen Kreuz« oder auch »Weiße Kamisarden« zugelegt hatten und vor keinem Verbrechen zurückschreckten. Sie verübten Einbrüche, Brandstiftungen und Morde, vergewaltigten Frauen und schändeten Kinder. Cavalier beschloß, mit diesem Verbrechergesindel gründlich aufzuräumen und den Dieben und Mördern unbarmherzig zu Leibe zu rücken. Die erste Bande, auf die er bei Saint-Chaptes stieß, mochte dreihundert Mann stark sein. Doch als sie die Kamisarden anrücken sahen, ergriffen sie die Flucht, wodurch der Truppe Cavaliers nur noch etwa zwanzig der Verbrecher in die Hände fielen. Sie wurden alle sofort erschossen und am Straßenrand in einer Reihe nebeneinandergelegt. Hinter jeden wurde ein Zettel gesteckt mit der Aufschrift: »Dieser Tote war ein Mitglied des Weißen Kreuzes. Alle von dieser Bande, die wir erwischen, erwartet das gleiche Schicksal.«

Nur wenige Tage später trafen auch königliche Soldaten in Uzès ein. Der Marschall de Montrevel verfolgte eine neue Taktik, auf die er durch das Vorgehen der Kamisarden gekommen sein mochte. Er teilte die ihm zur Verfügung stehende Truppe ebenfalls in kleine Gruppen ein, um mit diesen möglichst viele Ortschaften zu besetzen und damit zu verhindern, daß die Aufständischen wie bisher mit ihren Überfällen auf Kirchen und Pfarrhäuser die in diesen lagernden Vorräte erbeuten konnten.

»Liebet eure Feinde«

Cavalier hatte mit seinen Leuten die Nacht östlich von Uzès im Wald verbracht, um am anderen Tag in der Frühe nach der Stadt aufzubrechen, wo er hoffte, einer weiteren Bande von Kadetten vom Weißen Kreuz zu begegnen, um auch diese unschädlich zu machen.

Doch kam alles anders, als er es sich vorgenommen hatte.

Auf ihrem Marsch durch den Wald wurden sie völlig unerwartet von einer großen Abteilung von Grenadieren, die ihnen hinter dichtem Strauchwerk aufgelauert hatten, angegriffen und in einen heftigen Kampf verwickelt.

Der überfallenen Kamisardengruppe waren auch die drei ehemaligen Hirten von Bourdeaux zugeteilt: Pascalin, Mazet und Bompart, die all die Jahre hindurch treu zusammengehalten hatten und von denen keiner mehr ohne die beiden anderen leben wollte. Es war ja ein Wunder, daß ihnen ihr Zusammensein unter den stets wechselnden Umständen schon so lange geschenkt worden war.

Zwar hatte sich der feinfühlige Bompart nicht mit allem abfinden können, was von ihm als Kamisarde erwartet und gefordert wurde und was zu tun vor den Menschen seine Pflicht gewesen wäre. So hatte er tatsächlich noch nie auf einen Feind geschossen, sondern immer an diesem vorbeigezielt. Er glaubte, das allein zu wissen, und es war das einzige Geheimnis, das zwischen Pascalin und ihm bestand. Wohl war es möglich, daß Pascalin es in einer seiner Inspirationen erfahren hatte, doch hatte er nie mit Bompart darüber gesprochen, vielleicht um den Jüngeren glauben zu lassen, er wisse es nicht.

Bomparts Einstellung und Verhalten war ja nicht Feigheit, sondern Gehorsam dem Gebot Christi gegenüber.

Jetzt, nach dem Lärm und dem Kampfgewühl um ihn her, wußte er nicht mehr, wo seine beiden brüderlichen Freunde sich befanden. Er hatte alle Kämpfenden aus den Augen verloren. Noch immer klopfte sein Herz wie ein Hammerwerk. Es mußte den Hugenotten gelungen sein, die königliche Truppe zu schlagen, so daß sie nun, sie verfolgend, hinter ihr herstürmten und sich damit immer weiter entfernten.

Bompart wußte nicht, was er jetzt tun sollte. Er dachte auch nicht darüber nach und blieb einfach in seiner Betäubung wartend zurück.

Doch worauf wartete er? Er wußte es nicht und begehrte auch nicht, es zu wissen. Es war ihm völlig gleichgültig, was nun geschah, da ihm Wille und Kraft fehlten, etwas zu überdenken. Denn noch immer war er ganz verwirrt von all dem Furchtbaren, in das ihn der Kampf hineingerissen hatte. Oder war das höllische Gebrüll und das Knattern der Gewehre nur ein schrecklicher Traum gewesen?

So stand er da, an einen Baum gelehnt, den Blick leer vor sich auf den Boden gerichtet, als plötzlich ein scharfer Knall erfolgte, gleichzeitig ein stechender Schmerz in seinem Bein ihn zusammenzucken ließ und er, aufgeschreckt, nur wenige Schritte von sich entfernt, den Soldaten wahrnahm, der aus seinem Buschversteck hervorgekrochen war und auf ihn geschossen hatte. Unwillkürlich riß Bompart sein Gewehr hoch, richtete den Lauf auf das ihn anstarrende Gesicht des anderen, der wie gelähmt dastand, sein Gewehr fallen ließ und den Gegenschuß des von ihm Überfallenen und damit sein eigenes Ende erwartete.

Ein paar Augenblicke noch sahen sich die jungen Männer erschrocken an, bis auch Bomparts Händen die Waffe entglitt und er, immer noch den andern nicht aus den Augen lassend, die Arme langsam ausstreckte und nun, Schritt um Schritt wie ein Träumender, auf den ihn erstaunt Erwartenden zuging, die Arme um seinen Hals legte, ihn an sich zog und küßte.

Es war ihm wohl kaum bewußt, was er tat; was geschehen war, hatte er einfach tun müssen, auf die Worte in der Tiefe seines Herzens hörend: »Liebet eure Feinde, tut wohl denen, die euch hassen.«

Dann aber brach Bompart zusammen und stürzte zu Boden.

Wiederum verstrichen ein paar Augenblicke, in denen er nicht wußte, wo er war und was um ihn her vorging, bis er unter der Berührung der Hände des anderen wieder in die Wirklichkeit zurückfand.

Das Gesicht dieses anderen war ganz nahe seinem eigenen. Er sah die ängstlich staunenden Augen über sich, sah die sich bewegenden Lippen und spürte die Wärme des Atems des fast liegend über ihn Gebeugten, der ihm jetzt zuflüsterte: »Warum, sag es mir, warum hast du nicht auf mich geschossen?«

»Weil – weil ich es nicht durfte, weil ich dem Herrn gehorchen wollte«, antwortete Bompart leise.

»Ich kenne dich nicht, ich habe dich nie vorher gesehen und du – und du hast mir, der ich dich töten wollte, das Leben geschenkt. Ich kann es nicht fassen.«

»Ja«, hauchte der Getroffene, »ich tat es, weil es des Herrn Gebot ist. Weil ich – weil ich dein Nächster bin und dich deshalb zu lieben habe.«

»Und ich, ich hätte dich beinahe umgebracht. Vergib mir, vergib mir! O, warum nur habe ich das getan!« Dann aber erschrak er, weil ihm plötzlich bewußt wurde, daß er nun etwas tun, etwas unternehmen mußte und fast verzweifelte, weil er nicht wußte was.

Bompart sah erst jetzt, daß dieser andere ein junger Mann war. Ein junger Mann wie er, mit einem freundlichen, jetzt freilich bekümmerten Gesicht, aus dem ihn traurige Augen ansahen.

»Wo hat sie dich getroffen, die Kugel? Ich muß es sehen, damit ich dir helfen kann.«

Doch brauchte er nicht lange zu suchen, da das am Bein durch das Tuch der Hose sickernde Blut sofort die Stelle der Verwundung verriet. »Schmerzt es dich sehr?« fragte er besorgt.

»Mach nur«, Bompart schloß die Augen und lag ruhig da, während der andere mit scheuen Händen seine Kleider öffnete.

»Entsetzlich!« rief der Soldat aus, »das ist ja furchtbar! Alles ist mit Blut verschmiert. Ein Schuß durch den Oberschenkel. Aber Gott sei Dank auf der Außenseite und am Knochen vorbei. Was für ein Glück! Ich glaube, der Knochen ist nicht einmal gestreift worden.«

»Und außerhalb des Oberschenkelknochens gibt es keine Schlagader«, beruhigte ihn Bompart. Das hatte er in der Rüstzeit der Kamisarden gelernt, wo sie auch im Verbinden von Wunden unterrichtet worden waren. »Wahrscheinlich sieht es schlimmer aus als es ist«, versuchte er den anderen und sich selbst zu beruhigen.

»Dann braucht das Bein auch nicht abgebunden zu werden. Du mußt es nur hochstellen, mit zwei gekreuzten Ästen«, riet Bompart.

»Natürlich will ich dir helfen, aber wie wird das denn gemacht? Ich kenne mich da nicht aus. Sag es mir, so sag es mir doch!« klagte der Soldat niedergeschlagen.

»Verbinde vorerst die Wunde. Nimm mein Hemd und reiß es in Streifen.«

»Nein, nicht dein Hemd!« Schon riß der Soldat die Knöpfe seines Rockes auf, zog das Hemd aus und zerriß es, wie Bompart geraten hatte. Jetzt, da er durch die Beschäftigung abgelenkt war, wurde er etwas ruhiger. »Die Kugel steckt nicht mehr im Bein. Da vorn schlug sie ein und hinten, da, da ist die Wunde, die sie beim Verlassen des Beins gerissen hat. Wenn ich nur etwas hätte, womit ich sie auswaschen könnte! Aber ich habe nicht einmal die Feldflasche bei mir.«

Er kniete nieder und machte sich mit den von seinem Hemd gerissenen Stoffstreifen an das Verbinden der Wunde. »Du mußt zum Arzt gebracht werden. Ein Arzt muß dich untersuchen und die Wunde behandeln, damit es keine Blutvergiftung gibt«, sagte er verzweifelt, als die Wunde endlich und nur notdürftig und ungeschickt verbunden war. Seine Brust und die Hände waren blutverschmiert. Bompart sah es, als er die Augen aufschlug und still zuschaute, wie der, der ihn angeschossen hatte, nun seinen Rock wieder zuknöpfte.

»Und das mit den Ästen, wie meinst du das?«

Bompart, der kaum mehr Schmerzen verspürte, erklärte ihm ruhig, was er nun zu tun habe. Bomparts Anweisung befolgend, legte der Soldat mit seinem Bajonett zwei Stämmchen um, entfernte die Äste und schlug dann die so gewonnenen Pfähle schräg gegeneinander in den Boden, so daß das verwundete Bein in die zusammengebundene Kreuzungsstelle gelegt werden konnte.

»Ist es so recht? Fühlst du dich so besser?«

»Ja, so ist es gut.«

Da griff sich der Soldat plötzlich an den Kopf und rief wie erlöst: »Da fällt mir eben ein, daß ich mich während meines Flüchtens hier auf die Seite gedrückt und versteckt hatte, weil ich doch Catherine besuchen wollte.«

»Wer ist Catherine?« fragte Bompart verwundert.

»Catherine ist meine Schwester.«

»Wohnst du denn hier in der Gegend?« staunte Bompart.

»Ich nicht, aber sie. Ganz in der Nähe. Beim Curé von St. Hippolyte, der unser Onkel ist. Seit einiger Zeit ist er krank und deshalb ist Catherine bei ihm, um ihm den Haushalt zu besorgen, bis es ihm wieder besser geht. Sie kann, sie muß, sie wird mir helfen! Das ist die Lösung. Jetzt kann alles noch gut kommen. Ach, wie bin ich froh! Jetzt kann dir geholfen werden. Aber – wer bist du eigentlich? Wie heißt du? Ich möchte dich beim Namen nennen. Ich selbst bin Constant, mein Name ist Constant Perrot. Und du?«

»Ich heiße Bompart, Bompart Vesson.«

»Bompart, hätten wir uns doch unter anderen Umständen kennengelernt! Wie schön hätte das sein können. Du bist ein guter Mensch. Eine Fingerbewegung von dir, und ich wäre jetzt tot. Läge hier am Boden und du lägst neben mir. Aber was schwatze ich da, statt endlich zu gehen! Der Arzt aus Uzès besucht meinen Onkel jeden Nachmittag. Sie sind miteinander befreundet. Ich muß ihn treffen, ich muß ihn bitten, hierher zu dir zu kommen, um dir zu helfen. Ach, wenn ich mich nur zurechtfinden kann! Verlaß dich darauf, ich werde zu dir zurückkommen. Doch wann das sein wird, weiß ich nicht. Aber du mußt mir glauben, ich werde dich nicht hier allein in deinem Elend lassen. Alles, was ich tun kann, werde ich für dich tun. Du hast mir das Leben geschenkt.«

Noch einmal beugte er sich zu dem vor ihm liegenden Bompart nieder und strich ihm das blonde Haar aus der Stirn. »Mein Gewehr lasse ich liegen, so bin ich nicht behindert und falle auch weniger auf.«

Bompart horchte auf die sich entfernenden Schritte Constants. Dann wurde es still, still und einsam um ihn her.

Wenn Constant nun nicht mehr zurückkäme? Wenn er den Weg zurück und durch den dunkel gewordenen Wald nicht wiederfände? Wenn er Schwierigkeiten hätte im Hause des Priesters? Wenn der Arzt sich weigern würde, zu ihm zu kommen? Diese Gedanken erregten Bompart. Dann wäre er verloren, dann wäre das sein Ende.

Doch weshalb zweifelte er? Constant war bestimmt ein anständiger Mensch. Hatte er es nicht mit seinem ganzen Benehmen bewiesen? Bompart faltete die Hände und betete: »Der Herr ist mein Licht und mein Heil; vor wem sollte ich mich fürchten? Der Herr ist meines Lebens Kraft; vor wem sollte mir grauen?«

Nach allem, was dieser Tag ihm gebracht hatte, war er nun müde geworden. Möglicherweise war das Schwächegefühl Hunger, hatte er doch seit ihrem Aufbruch am frühen Morgen nichts mehr gegessen. Warum sollte er sich da nicht ergeben und eine Weile schlafen? Denn bis Constant zurück sein konnte, würden Stunden vergehen. Er schloß die Augen. Schmerzen spürte er eigentlich keine mehr.

Dann blickte er auf einmal verwundert um sich. Es war dunkel geworden. Also hatte er nun doch geschlafen.

Eine jähe Angst ließ sein Herz schneller schlagen. Oder schlug es rascher, weil er Blut verloren hatte? Nein, es war Angst. Die Angst hatte ihn aufgeweckt.

War es denn nicht möglich, daß die Königlichen auch zurückkamen, um nach Verwundeten zu suchen? Wenn sie kamen und ihn hier fanden, dann war es um ihn geschehen. »Herr, segne mich, und wenn es jetzt mit mir zu Ende gehen soll, dann nimm meine Seele zu dir und laß sie in deiner Liebe geborgen sein.« Die Angst schwand, und eine wunderbare Ruhe kam über ihn, senkte sich sanft auf ihn nieder und hüllte ihn ein.

Es waren Stimmen, menschliche Stimmen, die neben ihm sprachen und ihn geweckt hatten. Der Schein aus einer Kerzenlaterne fiel auf sein Gesicht. Erschreckt schlug er die Augen auf.

»Bompart! Gott sei Lob und Dank, daß du noch lebst und wir dich gefunden haben! Bompart!« Es war Pascalin, der ihn in die Arme schloß.

»Pascalin? Und ist Mazet auch bei dir? Dann ist ja alles gut«, freute sich Bompart, vor Überraschung ganz verwirrt.

»Was ist mit dir geschehen? Warum liegst du hier?«

»Ein Schuß durch das Bein. Aber die Wunde ist verbunden.«

»Wer hat sie dir verbunden?«

»Constant. Nun ist er gegangen, um Hilfe zu holen. Wir konnten ja nicht wissen, daß ihr kommen würdet.«

»Und wer ist Constant?«

»Der Soldat, der auf mich geschossen hat. Nun ist er zu seiner Schwester gegangen, die beim Curé wohnt, und wird wohl bald mit dem Arzt zurückkommen, um mich zu holen.«

Pascalin schüttelte den Kopf. »Diese reichlich verworrene Geschichte mußt du mir nachher erklären. Doch jetzt sind wir da und werden dafür sorgen, daß dir geholfen wird. Wir werden dich mit uns nehmen. Es hat lange gedauert, bis wir dich gefunden haben, nachdem wir die Königlichen in die Flucht gejagt hatten. Mazet, wir müssen eine Bahre herrichten, um Bompart wegtragen zu können. Weißt du wie?«

»Keine Angst, das werde ich schon besorgen. Zwei Stangen, durch zwei zugeknöpfte Jacken gezogen, ich bin im Bild.« Schon entfernte sich Mazet, um die benötigten Stämmchen zu beschaffen, was in der herrschenden Dunkelheit nicht ganz einfach war.

Pascalin hatte sich neben Bompart hingesetzt, griff nach der Hand des Verwundeten und ließ sich nun alles, was sich zwischen Bompart und Constant zugetragen hatte, ruhig erklären. »Sonderbare Geschichte«, staunte Pascalin, »aber dein Constant scheint mir ein netter Mensch zu sein; die gibt es eben auch unter den Königlichen, wie wir in unseren Reihen auch nicht nur Heilige und Lämmer haben«, bemerkte er und wurde plötzlich auf ein Licht aufmerksam, das zwischen den Bäumen langsam und schwankend näher kam. »Sollte das Constant sein?«

»Wenn es nicht Königliche sind, die zurückkommen, um wie ihr nach Verwundeten zu suchen.«

»Das glaube ich nicht. Jetzt in der Dunkelheit schon gar nicht. Übrigens haben wir sie weit aus dieser Gegend vertrieben. Daß sie morgen kommen werden, ist wohl möglich, aber heute haben wir bestimmt nichts mehr von ihnen zu befürchten.«

»Bompart!« rief da eine Stimme aus der Dunkelheit.

»Das ist Constant. Jetzt kommen sie«, atmete Bompart auf.

Und wirklich trat jetzt Constant mit einem Mann, der wohl der Arzt war, zwischen den Bäumen hervor und in den schwachen Lichtschein von Pascalins Laterne. Constant war nicht wenig überrascht, als er neben dem Verwundeten jemanden sitzen sah, weshalb er sich nur zögernd näherte. »Wer sind Sie und wie kommen Sie hierher?« wandte er sich an Pascalin.

»Ich habe Bompart gesucht und ihn mit Gottes Hilfe nun auch gefunden. Mein Name ist Pascalin, und Sie werden wohl Constant sein. Bompart hat mir bereits erzählt, was alles geschehen ist.«

Nun erst trat Constant zu dem Verwundeten und beugte sich über ihn. »Wie fühlst du dich?«

»Ordentlich, etwas müde, aber die Hauptsache ist, daß ihr wiedergekommen seid. Ich habe lange warten müssen.«

»Das tut mir leid, doch konnte ich nicht eher kommen, da doch alles besprochen werden mußte. Dafür bringe ich gute Nachricht. Curé, mein Onkel, erlaubt uns, dich ins Pfarrhaus zu bringen.«

»Doch unterdessen hat mich nun mein Freund Pascalin gefunden«, sagte Bompart.

»Er hat nach mir gesucht, nachdem er mich nirgends mehr sah. Mazet, der ihn begleitet und der auch mein Freund ist, befindet sich hier ganz in der Nähe. Er will eine Tragbahre anfertigen, auf der sie mich wegtragen können.«

»Aber du kommst nun doch zu uns, es ist schon alles abgemacht!«

Da meldete sich endlich auch der Arzt zu Wort. Pascalin war bei dessen Näherkommen aufgestanden und auch Constant erhob sich, damit der Arzt zum Verwundeten treten konnte. »Wie fühlen Sie sich?« erkundigte sich dieser und faßte nach Bomparts Hand, um den Puls zu spüren. »Wie lange liegen Sie schon hier?«

»Es geschah am Mittag oder am frühen Nachmittag.«

»Wie ich feststelle, haben Sie noch kein Fieber. Das beruhigt mich. Die Wunde untersuche ich aber lieber nicht hier, sie muß ja auf jeden Fall ausgewaschen und richtig verbunden werden, was im Pfarrhaus in einem Bett besser zu machen ist als hier auf dem moosigen Waldboden und in der Dunkelheit. Übrigens«, wandte er sich an Pascalin, »Rocher ist mein Name.«

»Entschuldigen Sie, Herr Doktor, ich bin Pascalin«, stellte sich dieser nun auch vor. »Der Verwundete ist mein Schützling seit schon bald zwanzig Jahren. Als wir uns trafen, war er sechs Jahre alt. Er ist mir lieb, als wäre er mein eigener Sohn. Was soll nun geschehen?«

»Ich habe mit dem Curé, der mein Freund und der Onkel Constants ist, alles besprochen und wir haben folgenden Entschluß gefaßt: Ich bin bereit und als Arzt ja auch dazu verpflichtet, dem Verwundeten zu helfen, auch wenn er wie Sie auf die andere Seite gehört. Von Ihrer Existenz hat der Curé natürlich nichts gewußt, aber er ist bereit, den jungen Mann in sein Haus aufzunehmen, da sein Neffe – den Unfall verursacht hat. Ich hoffe, dem Verunglückten helfen zu können. Er hat nach Stunden noch kein Fieber, was ich als gutes Zeichen deute. Es ist ja tatsächlich ein Glücksfall, daß ich jeden Tag zum Curé komme, den ich seit langem kenne. So habe ich, wenn Ihr Schützling im Pfarrhaus liegt, die Möglichkeit, jeden Tag nach ihm zu sehen, was vor allem in den ersten Tagen wichtig ist, weil wir doch mit der Gefahr einer Vergiftung rechnen müssen. Das ist mein, will sagen unser Vorschlag. Wie stellen Sie sich dazu, Herr Pascalin?«

»So wie Sie nichts von uns gewußt haben, so wußten wir, Mazet und ich, auch nichts von Ihnen. Als die königlichen Truppen sich, nun, sagen wir einmal, von uns zurückgezogen hatten und für uns verschwunden waren, stellte ich sofort fest, daß Bompart fehlte. Unser Führer hat mir dann erlaubt, mit meinem Freund Mazet in den Wald zurückzukehren und nach ihm zu suchen. Wir haben Glück gehabt und Bompart noch lebend gefunden. Wir hatten vor, ihn in eines unserer Lazarette zu bringen. Aber wenn er, wie Sie sagten, hier bleiben kann, wo zu seiner Pflege auch noch die Schwester Constants zu helfen bereit ist, möchte ich Ihrem Vorschlag doch den Vorzug geben und Ihnen von ganzem Herzen für Ihre große Freundlichkeit und Hilfe danken.«

»Herr Pascalin, den Beruf, den ich ausübe, habe ich deshalb gewählt, weil er mir die Möglichkeit gibt, anderen Menschen zu helfen. Das zu tun, habe ich mich bis heute immer bemüht. Dazu sind wir ja doch wohl auf der Welt.«

»Auf der es anders aussähe, wenn alle dächten wie Sie«, nickte Pascalin dem Arzt zu. »Da kommt ja auch Mazet mit den beiden Tragstangen, die wir zur Herstellung einer Bahre benötigen.«

»Zur Rückfahrt steht mein Wagen zur Verfügung, den ich am Rand des Waldes habe stehen lassen«, bemerkte der Arzt. »Mein Sohn Thomas ist mitgekommen, um das Pferd zu hüten. Auf Ihrer Bahre werden wir den Patienten bequem zum Wagen bringen können.«

»Sie haben wirklich an alles gedacht.«

Da meldete sich Constant zu Wort: »Nun ist es für mich aber höchste Zeit zu gehen, da ich sonst leicht in Schwierigkeiten geraten kann. Ich habe ja nur die Ausrede, ich sei gestürzt, ohnmächtig gewesen und habe mich dann noch im Walde verirrt. Mein Gewehr muß ich auch noch holen. Es wird dort liegen, wo ich geschossen habe.«

Um die Waffe suchen zu können, überließ Pascalin dem Aufgeregten die Laterne. So war Constant bald zurück. Er brachte auch Bomparts Gewehr. Dann wandte er sich noch einmal an den Verwundeten: »Bompart, ich muß dich unbedingt wiedersehen. Sobald es mir möglich ist, werde ich ins Pfarrhaus kommen, in dem du ja wohl einige Zeit wirst bleiben müssen. Vergib mir, ich bitte dich!« Dann umarmte er ihn und war auch schon in die Dunkelheit hinein verschwunden.

Niederlage und Flucht Cavaliers

In dem nun schon seit einem Jahr dauernden Aufstand in den Cevennen wechselten auf beiden Seiten Erfolge und Niederlagen immer wieder miteinander ab. Daß es den königlichen Truppen trotz ihrer großen Übermacht noch immer nicht gelungen war, die Aufständischen vernichtend zu schlagen, ließ sich damit erklären, daß die Kamisarden auf ihrem heimischen Boden kämpften, der ihnen mit seinen heimlichen Fußpfaden, Übergängen und Verstecken seit ihrer Kindheit lieb und vertraut war, während sich ihre Feinde in diesem oft unwirtlichen Gelände nur mit Mühe zurechtfanden. Nach der unter dem Marschall erfolgten Befestigung und Besatzung zahlreicher Dörfer sahen die protestantischen Führer ihre notwendigste Aufgabe nun darin, diese vom Feind errichteten Stützpunkte immer wieder anzugreifen und, wenn möglich, zu zerstören. Immer wieder kam es aber auch zu größeren Zusammenstößen. Die auf königlicher Seite wohlvorbereiteten Kampfhandlungen endeten für die Kamisarden oft genug mit schweren Niederlagen. Das war auch im Februar 1703 bei Vagnas der Fall, wo Brigadekommandant Julian durch geschickte Taktik die von Cavalier angeführten Aufständischen in einen Hinterhalt gelockt hatte, wodurch Cavalier in der nachfolgenden Schlacht von seiner Mannschaft getrennt wurde und sich nur durch eine gefahrvolle Flucht noch zu retten vermochte.

Über diese Flucht hat Cavalier selbst einen ausführlichen Bericht verfaßt, aus dem hier das Wesentlichste festgehalten ist.

Das schlechte Wetter und die Erschöpfung der Kamisarden hatten viel zu ihrer Niederlage beigetragen.

Dazu waren ihre Schußwaffen im heftigen Schneegestöber unbrauchbar geworden.

Doch im dichten Gehölz, in das Cavalier hatte entweichen können, kam er wegen des tiefen Schnees nur äußerst mühsam vorwärts, da er immer wieder bis zu den Knien einsank. Die Bäche waren alle über ihre Ufer getreten und die Hohlwege hatte der Feind besetzt.

Cavalier kam sich wie ein gehetztes Wild vor und erschrak, als er plötzlich in einiger Entfernung vier Männer wahrnahm. Waren es Grenadiere? Bei genauerem Hinschauen erkannte er mit Erleichterung, daß es keine Grenadiere, sondern Männer seiner eigenen Gruppe waren, denen er nun winkend entgegenging. Wie ihm, so war es auch ihnen gelungen, in den Wald zu flüchten. Doch nun wußten sie in ihrer Aufregung nicht, wohin sie sich wenden sollten, um nicht den Königlichen in die Hände zu geraten. Unbeschreiblich war da ihre Freude, ihren Anführer getroffen zu haben, dem sie sich nun anschließen konnten. Als die fünf Männer endlich die Straße erreichten, erblickten sie, nicht weit von ihnen, eine Gruppe Soldaten. Diesmal waren es wirklich Grenadiere, die Julian vermutlich hierhergeschickt hatte, um Flüchtenden, die in den Wald hatten entweichen können, die Rückkehr zu ihren Leuten zu verwehren. Aus ihrem Verhalten schloß Cavalier, daß sie bereits entdeckt worden waren. Also kam es nun doch zu einem Zusammenstoß. So sei es denn! Sie waren entschlossen, sich keineswegs zu ergeben, sondern sich bis zum letzten Blutstropfen zu verteidigen. Oder sollten sie doch den Versuch unternehmen, zu entfliehen? Vielleicht war es doch möglich, im dichten Gesträuch einen Durchgang zu finden, auf dem sie sich in Sicherheit bringen konnten. So warfen sie sich in das undurchdringlich scheinende Gehölz und zwängten sich hindurch, wobei sie bald und zu ihrer großen Überraschung feststellten, daß das Gesträuch einen Felsen verdeckte, in dem sich ein höhlenähnliches Loch befand, in das sie hineinkrochen. Bei dem starken Schneefall, der die Sicht behinderte, würde es nicht lange dauern, bis Vorübergehende nicht mehr erkennen konnten, daß sich hier jemand durch das Gesträuch gekämpft hatte. Tatsächlich hörten sie bald sich nähernde Stimmen, die sie veranlaßten, den Atem anzuhalten. Doch die Grenadiere, die auf der Suche nach den Flüchtlingen waren, gingen laut schwatzend an den fünf Kamisarden vorüber, die dann, als nichts mehr von den sie Suchenden zu hören war, mit heißem Herzen dem Herrn für ihre vorläufig glückliche Rettung dankten.

Wie sie später vernahmen, hatte Julian in seiner Freude über den errungenen Sieg am Abend seinen Soldaten den Befehl erteilt, die Verfolgung der Aufständischen abzubrechen und sich vorerst nach Barjac zu begeben.

Die fünf Kamisarden beschlossen, zur Sicherheit die Nacht in ihrem Versteck zu verbringen. Doch, obwohl eng aneinandergedrängt, froren und hungerten sie dennoch ganz erbärmlich und waren froh, als sie am Morgen ihr kaltes Versteck endlich verlassen konnten. Sie hatten die Absicht, die Bewohner des ersten Hauses, auf das sie stießen, um Essen zu bitten. Es dauerte nicht lange, bis sie am Weg eine kleine Hütte erblickten.

Doch die Frau, die mit zwei Knaben hier wohnte, war mißtrauisch und hieß sie nur weiterzugehen, da sie selbst nichts zu essen habe. Enttäuscht blieb den Männern nichts anderes übrig, als diesen unfreundlichen Rat zu befolgen. Sie ahnten nicht, daß die Frau nach ihrem

Weggehen einen ihrer Knaben zu den sich in der Nähe befindlichen königlichen Soldaten schickte, um diesen zu melden, daß Männer, die sie für Kamisarden hielt, von ihr Essen verlangt haben, aber von ihr fortgeschickt worden seien. Dieser Bericht wurde sofort an den Generalmajor Julian weitergeleitet, der die unverzügliche Verfolgung der Flüchtlinge befahl.

Geschwächt, durchgefroren und hungrig, wie Cavalier und seine vier Gefährten waren, verloren drei von ihnen immer mehr den Mut und zweifelten daran, sich noch retten zu können. Cavalier gab sich alle Mühe, in den Entmutigten neue Hoffnung zu wecken. Selbst wenn es ihnen nicht gelingen sollte, der Gefahr zu entrinnen, sei es schließlich sinnvoller, im Kampf um eine heilige Sache das Leben zu verlieren, als in die Hände der Behörden zu geraten und gehängt oder lebendig verbrannt zu werden.

Nach langem mühsamen Marsch gelangten sie zu einem Bach, dem sie nun folgten und so aus dem Wald herauskamen. Etwas später entdeckten sie erneut eine Höhle, deren Eingang wie bei der früheren auch durch Sträucher verdeckt war. Sie krochen hinein und hielten sich in ihr den ganzen Tag auf. Sie waren völlig erschöpft, da sie seit zwei Tagen nichts mehr zu essen gehabt hatten. Da es in dem Felsenloch aber so kalt und feucht war, zogen sie es trotz ihrer Müdigkeit vor, die Nacht nicht auch noch hier zu verbringen, sondern zu versuchen, möglichst bald nach Vézénobres zu gelangen. Vor der Schlacht war nämlich vereinbart worden, sich dort zu sammeln, wenn die Auseinandersetzung mit dem Feind für sie ein schlimmes Ende nehmen sollte. Als sie endlich zu einem kleinen, halb zerfallenen Haus kamen, klopften sie an und baten den alten Mann, der die Tür geöffnet hatte, um Einlaß. Um nicht noch einmal als Kamisarden abgewiesen zu werden, gaben sie diesmal vor, den königlichen Truppen anzugehören, obwohl sie keine Uniformen trügen. Wenn ihnen der Alte etwas zu essen gäbe, seien sie gerne bereit, ihn dafür gut zu bezahlen. Doch der offenbar sehr arme Mann besaß lediglich sechs Eier, die er aber bereitwilligst für die Eingekehrten zubereitete. Dazu gab es hartes kohlenschwarzes Kastanienbrot und sauren Wein, doch war es den fünf Männern, als hätten sie schon lange nicht mehr so gut gegessen.

Nachdem sie sich gestärkt und etwas ausgeruht hatten, setzten sie, zuversichtlicher geworden, ihren Weg erneut fort. Auf ihre Bitte hin erklärte sich der Alte bereit, sie zu begleiten, um ihnen den Weg nach Saint-Jean-des-Aumals zeigen zu können. Das Gelände, durch das sie kamen, war in fürchterlichem Zustand. Sie hatten durch tiefen Morast zu gehen, in welchem Cavalier einen seiner Schuhe verlor, der im Sumpf steckenblieb. So mußte er nun während Stunden mit nackten Füßen weitergehen.

Bei Saint-Jean trennten sich die Kamisarden von ihrem Begleiter, dankten ihm für seine Hilfe und überreichten ihm eine große Gabe, die der Alte erst nach längerem Zögern annahm.

Cavalier aber setzte mit seinen Gefährten den Weg fort. Als sie den Cèze-Bach erreichten, den die Truppen Cavaliers vor der Schlacht an anderer Stelle, doch unter ebenfalls schwierigen Umständen hatten überschreiten müssen, wobei einige Männer ertrunken waren, wußten sie tatsächlich nicht, wo sie jetzt über den Bach gelangen sollten, der überschwemmt zu einem Weiher geworden war.

Zum Glück erinnerte sich Cavalier eines guten Bekannten, der hier in der Nähe des Baches wohnte und der ihnen möglicherweise helfen konnte. Tatsächlich war der hier völlig einsam lebende Mann hocherfreut, als er Cavalier sah, da er befürchtet hatte, der Anführer der Kamisarden sei in einem der von ihm geführten Kämpfe umgekommen. Beglückt darüber, daß dem nicht so war, bat er die Männer inständig, ihm die Freude zu bereiten, den ganzen Tag bei ihm zu verbringen, ihren Hunger zu stillen und sich auszuruhen, nachdem sie die vergangenen Nächte schlaflos und zitternd vor Hunger und Kälte hatten verbringen müssen. Cavalier und seine Begleiter nahmen die Einladung zu einer Ruhepause gerne an, doch gegen Abend brachen sie wieder auf. Zum Glück fand der freundliche Gastgeber in seinem Besitz für Cavalier noch ein paar passende Schuhe, ehe er seine Besucher zu einer Furt führte, auf welcher der Bach auch jetzt bei Hochwasser zu überqueren war, wobei ihnen allerdings das Wasser bis zum Halse hinauf reichte.

Schon ging der Abend des folgenden Tages zur Neige, als sie einige Kamisarden trafen, die sehr um ihren Anführer gebangt hatten und nun glücklich waren, ihn wohlbehalten wiederzuhaben.

Miteinander setzten sie ihren Marsch nach Vézénobres fort. Cavalier brannte darauf, endlich die Größe seiner Verluste feststellen zu können. Sobald ein vorausgesandter Bote die in Vézénobres bereits Versammelten vom baldigen Eintreffen Cavaliers benachrichtigt hatte, brach der ganze Troß auf, um ihrem verehrten Anführer entgegenzugehen.

Nach den durchstandenen Schreckenstagen waren sie alle überglücklich, einander wiederzusehen. Sie dankten dem Allmächtigen für ihre Bewahrung und Wiedervereinigung, worauf Cavalier mit der Musterung seiner Treuen, die die Schlacht überstanden hatten, begann. Dabei stellte er mit Freude fest, daß der Verlust zwar groß, aber doch geringer war, als er befürchtet hatte. Nach den beiden geschlagenen Schlachten fehlten fünfzig bis sechzig Mann, von denen einige im Cèze-Bach ertrunken waren.

Bompart und Catherine

Der Arzt und sein Sohn Thomas auf dem Bock, hinten im Wagen der in Decken eingehüllte Bompart, neben dem Mazet und Pascalin kauerten, traten die nächtliche Fahrt an, die ohne Zwischenfall verlief. Es ging schon stark auf Mitternacht zu, als sie beim Pfarrhaus von Saint Hypolyte-du-Fort ankamen. Der Curé und seine Nichte Catherine hatten unterdessen in der Kammer, in welcher der Verwundete untergebracht werden sollte, alles schon vorbereitet. Pascalin hob Bompart sorgfältig aus dem Wagen, trug ihn ins Haus und legte ihn in den Kleidern auf das Bett. Aber da griff der Arzt ein und bat Pascalin, den Verwundeten auf den mit einer Decke etwas gepolsterten Tisch umzubetten, damit nicht die saubere Bettwäsche sofort verblutet und beschmutzt werde. Bompart ließ willig und schweigend alles mit sich geschehen. Mit Befriedigung stellte Doktor Rocher fest, daß der Verwundete noch immer fieberfrei war. »Ehe ich aber die Wunde untersuche und behandle, muß der junge Mann noch gründlich gewaschen werden. Er ist ja wohl seit Tagen nicht aus den schmutzigen Kleidern gekommen.«

Der Arzt machte sich bereit. Er reinigte sich gründlich die Hände und bat Pascalin, ein Gleiches zu tun, um ihm, wenn es notwendig werden sollte, helfen zu können.

Als Catherine das Becken mit dem warmen Wasser in die Kammer brachte, stutzte sie ein paar Augenblicke, als sie auf Bompart niedersah, der ruhig und mit geschlossenen Augen dalag und nicht wußte, was um ihn her vorging. Sobald das Mädchen die Kammer verlassen hatte, kleidete Pascalin den Verwundeten aus.

»Passen Sie gut auf, es darf kein Waschwasser in die Wunden gelangen. Die kleinste Verunreinigung könnte zum Verhängnis werden«, mahnte der Arzt.

Nach genauer Untersuchung konnte er bestätigen, was schon Constant festgestellt hatte. Der Schenkelknochen war von der Kugel nicht getroffen worden. Als die Wunden fachkundig verbunden waren, zog Pascalin dem ihm zulächelnden Bompart ein Nachthemd des Curé über, trug ihn ins Bett, deckte ihn sorgsam zu und strich ihm die zu lang gewordenen Haare aus der Stirn, wie er das so oft getan hatte, als Bompart noch ein Knabe gewesen war.

Dann machte er für sich und Mazet auf dem Boden ein Lager bereit, um den Rest der Nacht noch bei Bompart verbringen zu können. Lange hatten sie nicht mehr zu schlafen, da sie schon in der Frühe aufbrechen mußten, um rechtzeitig auf dem Sammelplatz der Kamisarden einzutreffen.

Weshalb sich der tragische Vorfall mit Bompart hatte ereignen müssen, war für Pascalin die große Frage, die ihn nicht nur in diesen Nachtstunden, sondern auch in den nächsten Tagen ständig beschäftigte und auf die er keine Antwort fand, auch nicht in einer seiner übrigens nicht sehr häufigen Inspirationen. Der Sinn des Geschehens blieb wenigstens vorderhand noch im dunkeln. Oder hatte der Herr Bompart aus dem gräßlichen kriegerischen Geschehen herausnehmen wollen, weil für ihn eine andere Aufgabe vorgesehen war? Wenn es aber eine andere Aufgabe für ihn gab, die zu lösen ihm zugedacht war, dann mußte er auch einem besonderen Schutz unterstellt sein, so daß Pascalin sich nicht um ihn zu sorgen brauchte. War diese Überlegung nicht doch eine Eingebung von oben? Auf jeden Fall wurde Pascalin ruhiger und sah seine begangene Schuld ein, sich in seiner Kleingläubigkeit dermaßen geängstigt zu haben, da er doch endlich wissen sollte, daß Bompart in der Liebe Gottes geborgen war.

Bompart fand im Pfarrhaus von St. Hyppolyte eine nicht nur freundliche, sondern eine geradezu liebevolle Aufnahme. Catherine, ein sehr hübsches, etwa achtzehnjähriges Mädchen, war eifrig um sein leibliches Wohl besorgt.

Wenn sie kam, um sein Bett zu richten oder ihm das Essen zu bringen, wobei ihre Hand ihn zuweilen zärtlich berührte, war es immer, als sei durch die geöffnete Tür mit Catherine auch Sonnenschein hereingekommen.

Auch der Curé, dem es gesundheitlich wieder ordentlich ging, kam jeden Tag eine Weile zu ihm, setzte sich an sein Bett und plauderte mit ihm, wobei bald auch Fragen des Glaubens zur Sprache kamen. Bompart erkannte die positive Einstellung des Curés gegenüber dem protestantischen Glauben, was er nicht erwartet hatte. Er bedauerte den Krieg zwischen den beiden Religionen mit all seinen Schrecken.

An den Nachmittagen kam regelmäßig der mit dem Curé befreundete Arzt, Doktor Rocher, ins Haus, um nicht nur den Gesundheitszustand des Priesters, sondern nun auch Bomparts Befinden zu überwachen. Meist kam er allein, doch zuweilen brachte er seinen jungen Sohn Thomas mit, dessen fröhliches Wesen den Patienten immer erheiterte. Die Wunden am Bein hatten bisher zu keinerlei Besorgnis Anlaß gegeben, und das einzige, was Bompart Kummer bereitete, war, daß er über das Ergehen seiner beiden Gefährten Pascalin und Mazet nichts erfahren konnte. Er bangte um sie und fürchtete sich davor, sie nie mehr zu sehen. Eines Morgens, als ihm Catherine das Frühstück brachte und er sie, sich im Bett aufsetzend, mit einem fröhlichen »Bonjour Catherine« begrüßte, bemerkte er, daß sie geweint hatte. »Du hast geweint? Warum bist du traurig?«

Da brach Catherine in Schluchzen aus.

»Catherine, was ist geschehen? Geht es dem Onkel nicht gut?«

»Er ist tot – Constant ist tot.«

Diese Worte trafen Bompart wie ein Stich ins Herz. »Constant ist tot? Woher weißt du das?«

»Gestern, noch spät am Abend, wurde dem Onkel gemeldet, daß Constant im Krieg umgekommen sei.«

»So ist er nun von einem anderen erschossen worden«, flüsterte Bompart ganz verstört vor sich hin. »Catherine, das tut mir leid, von ganzem Herzen leid. Constant ist also tot, den ich kennenlernen durfte. Freilich nur für eine kurze, ganz kurze Zeit, nur für ein paar Stunden. Ich wäre gern sein Freund geworden. Aber jetzt hat ihn der Herr zu sich geholt. Catherine, setz dich bitte zu mir. Hier auf den Bettrand. Nun falte die Hände.« Er selbst faltete die seinen auch und legte sie auf die der Weinenden. »Er kommt nicht wieder in sein Haus, und sein Ort kennt ihn nicht mehr. Liebe Catherine, es war Gottes Wille, daß dein Bruder starb. Denn das Sterben ist ja der Weg ins eigentliche Leben, das freilich ein Leben in einer ganz anderen Seinsweise ist, über die wir, solange wir auf der Erde sind, keine Kenntnis haben. Hier sehen wir nur durch einen Spiegel in einem dunklen Wort, dann aber, nach unserem Tod, von Angesicht zu Angesicht, wenn wir beim Herrn sein werden allezeit.«

Dieses gemeinsame Gebet führte dazu, daß das Verhältnis zwischen den beiden jungen Menschen bald so wurde, als wären sie Geschwister, die immer mehr, was sie beschäftigte, einander anvertrauten.

»Das werde ich dir nie vergessen, Bompart, wie lieb du mich getröstet hast. Jetzt nimmst du für mich die Stelle Constants ein, den ich verloren habe. Freilich, sobald du wieder gesund sein wirst, werde ich auch dich wieder verlieren, doch daran wollen wir jetzt noch nicht denken.«

Dazu lag leider auch noch gar kein Grund vor, denn mit zunehmender Besorgnis stellte der Arzt fest, daß, obwohl die Wunde, wenn auch langsam, so doch sauber ausheilte, das Gefühl im Bein abnahm und erste Lähmungserscheinungen festzustellen waren. Es war ja möglich, daß sie sich wieder zurückbildeten und endlich ganz verschwanden, sobald Bompart mehr Bewegung hatte. Obwohl der Kranke das Knie nur mit starken Schmerzen beugen konnte, die Wunden jedoch nicht mehr verbunden werden mußten, ordnete Doktor Rocher erste Gehversuche an. Vorläufig nur im Haus; als es dann aber nach ein paar Tagen schon recht ordentlich ging, gab er die Erlaubnis, die Gehversuche zu verlängern und nach draußen zu verlegen. Zur großen Freude Catherines bat er sie, den Patienten jeweils zu begleiten und ihn nötigenfalls am Arm zu führen.

Wie soll nun alles weitergehen?

Nach der schweren Niederlage bei Vagnas kamen die beiden Hauptführer des Heerlagers Gottes, Cavalier und Roland, zu einer Beratung zusammen, wie der Übermacht des Feindes am besten zu begegnen sei. Sie beschlossen, sich vorläufig mit ihren Truppen zu einer Waffenruhe in die Gegend von Nîmes zurückzuziehen und die Zeit zu nutzen, um nach Möglichkeit die Lücken in ihren Reihen wieder zu schließen.

Marschall de Montrevel war jedoch keineswegs gewillt, dem Feind Zeit zu lassen, wieder zu erstarken. Deshalb überfiel er die Kamisarden erneut und bereitete ihnen eine weitere Niederlage, die ihm allerdings unverhältnismäßig hohe Verluste einbrachte, während die unter Ravanel kämpfenden Protestanten glimpflich davonkamen.

Der Mannschaftsbestand der Aufständischen betrug zu dieser Zeit tausenddreihundert Mann, während der in der Nähe lagernde Marschall sechstausend Soldaten zur Verfügung hatte. Zudem waren manche von den Kindern Gottes noch ganz junge, kriegsungewohnte und nur mangelhaft ausgerüstete Burschen, weil den Kamisarden immer wieder das erforderliche Geld fehlte, um für sie vor allem gutes Schuhwerk und Munition anzuschaffen.

Da erkrankte Cavalier plötzlich an Blattern, so daß er sich für Wochen in Pflege begeben mußte. Wo wäre er besser aufgehoben gewesen als bei seiner Jugendfreundin Jsabeau Chanurel, der er in der Zeit begegnet war, als er seinem Onkel Lacombe in Vézénobres das Vieh gehütet hatte? Seither waren sie in Freundschaft miteinander verbunden geblieben.

Als Cavalier wieder genesen war und sich einigermaßen erholt hatte, begleitete ihn, nach den Aussagen von Cavaliers Unterführer Daniel Guy, Jsabeau ins Lager zurück, um sich den Frauen und Mädchen anzuschließen, die den Kamisarden folgten, um ihnen die Suppe zu kochen, die Wäsche zu besorgen und auch sonst am Schicksal derer teilzuhaben, mit denen sie verbunden waren. So befanden sie sich selbst auch im Schutz der Truppe.

Dadurch bildete sich zwischen den Kamisarden und der hugenottischen Zivilbevölkerung ein auf gegenseitigem Beistand beruhendes Verhältnis, das ständig noch enger wurde, was beiden Teilen Vorteile brachte. Verschafften die mit Waffen ausgerüsteten Kinder Gottes den ihnen folgenden unbewaffneten Zivilisten eine gewisse Sicherheit, so suchten diese ihre Beschützer zu unterstützen, wo und wie sie nur konnten. Außer dem Kochen und Waschen beteiligten sie sich vor allem an der Beschaffung von Lebensmitteln. Die Kampftruppen führten keine Vorräte mit sich, ganz abgesehen davon, daß sie über gar keine Vorräte verfügten. Sie waren es gewohnt, von der Hand in den Mund zu leben.

Es galt unter der Zivilbevölkerung die Regel, daß von vier gebackenen Broten zwei den Kamisarden gehörten. Manche Frauen begannen auch Geldsammlungen durchzuführen, um es so der Truppe zu ermöglichen, das ihnen fehlende Notwendige anzuschaffen.

Da die Kamisarden ja nicht wie die königlichen Soldaten aufgeboten wurden, sondern sich jeder freiwillig meldete, wenn er in das Heer der Kinder Gottes aufgenommen werden wollte, bestand für sie auch die Möglichkeit, nach Absprache mit ihrem Anführer, die Truppe zeitweise zu verlassen, wenn es notwendig war, zu Hause nach dem Rechten zu sehen, und, wo die erforderlichen Kräfte fehlten, die dringendsten Arbeiten selbst zu verrichten.

So zog sich auch der Anführer Abraham Mazel, der mit dem Cevennenaufstand von Anfang an und bis zuletzt verbunden war, immer wieder für eine gewisse Zeitspanne von den kämpfenden Kamisarden zurück, um in Stille und Einsamkeit nur seinem Glauben und seiner Inspiration zu leben. Doch kehrte er jedesmal zur Truppe zurück, wenn er vom Geist dazu aufgefordert wurde.

Während Cavaliers Krankheit hatten die königlichen Grenadiere am 6. März 1703 bei Pompignan die Truppen Ravanels und Rolands angegriffen und ihnen eine äußerst blutige Niederlage bereitet, welche die Reihen der Kamisarden erneut stark gelichtet hatte.

Trotz dieses schweren Schlages verloren aber die Protestanten den Mut nicht. Sobald Cavalier wieder einsatzbereit war, begab er sich mit seiner Truppe einmal mehr in die von Hugenotten stark bevölkerte Gegend um Uzès, um zu versuchen, für das Heerlager Gottes neue Kräfte zu gewinnen und wenn möglich Waffen und Munition zu erbeuten.

Mit gleichen Absichten war Roland in Saint Hypolyte-du-Fort und in Saint Jean-du-Gard unterwegs. Doch Cavalier erlebte in Uzès eine große Enttäuschung, als ihm die hugenottischen Einwohner klagten, der Marschall de Montrevel sei ihm zuvorgekommen und habe alle Burschen und jungen Männer gefangengenommen, um sie in Sicherheit zu bringen und zu verhindern, daß Cavalier sie für seine Kamisarden rekrutieren konnte, was ja auch seine Absicht gewesen war.

Auf der anderen Seite durfte er mit Befriedigung feststellen, daß sein Beschluß, die Truppe in kleine Abteilungen aufzuteilen, richtig gewesen war. Denn diese konnten sich nun unauffälliger in der Gegend bewegen, so daß die bald hier, bald dort auftauchenden und oft auch erfolgreichen Gruppen Marschall de Montrevel in den Glauben versetzten, die Kamisarden seien zahlreicher, als sie in Wirklichkeit waren.

Nach seinem Sieg bei Pompignan war de Montrevel fest davon überzeugt gewesen, es sei ihm gelungen, das Heerlager Gottes nun endlich und endgültig zu vernichten. Deshalb geriet er in helle Wut, als er schon bald erleben mußte, daß die protestantischen Kämpfer nun doch wieder überall in Erscheinung traten. In seinem Zorn ließ er mehrere hugenottische Dörfer plündern und niederbrennen und verzichtete darauf, seine Soldaten zur Verteidigung der dörflichen Stützpunkte einzusetzen und damit seine Kräfte zu verzetteln. Dem König aber meldete er, seine Truppen seien unbedingt zu verstärken, da der Feind sonst nicht zu besiegen sei.

Zu Cavaliers Gruppe, die nach Uzès aufgebrochen war, gehörten auch Pascalin und Mazet. Sie freuten sich darüber, weil sie hofften, von Uzès aus einmal die Möglichkeit zu haben, das nicht sehr weit entfernte Dorf Saint Hyppolyte-du-Fort aufzusuchen, um endlich wieder einmal Bompart zu sehen, von dem sie ja nicht wußten, wie es um ihn stand. Cavalier, den seit der Bekanntschaft mit dem gemütvollen Bompart ein brüderliches Verhältnis verband, ermöglichte dessen Freunden eines Tages die Erfüllung ihres sehnlichen Wunsches. Er war ja selbst gespannt, zu erfahren, wie es dem Verunglückten ging und was dessen seltsames Zusammentreffen mit Constant für Folgen gehabt hatte.

So machten sich Pascalin und Mazet freudig und erwartungsvoll auf den Weg. »Wie schön wäre es, wenn er sich so erholt hätte, daß wir mit ihm ins Lager zurückkehren könnten«, meinte Mazet. »Das würde wohl auch Cavalier freuen.«

»Das wäre ja möglich, sofern nicht noch etwas Unerwartetes dazugekommen ist«, antwortete Pascalin, »obwohl er es im Pfarrhaus wohl besser hätte als bei uns.«

»Wie meinst du das?«

»Nun, daß er kein Kämpfer mit todbringenden Waffen ist, hat seine Begegnung mit Constant gezeigt. Zum bewaffneten Kamisarden ist er nun einmal nicht geschaffen, weshalb ich mir schon überlegt habe, ob es nicht zu dieser Begegnung habe kommen müssen, um ihn für eine ihm besser entsprechende Aufgabe freizubekommen.«

»Glaubst du das wirklich?«

»Weshalb sollte ich nicht? Der Herr denkt nicht so wie wir.«

Die Freude der beiden war groß, als sie das Pfarrhaus erreichten und den so lange Vermißten mit Catherine im Garten sitzen sahen.

Auch Bompart war überglücklich, als er, so völlig unerwartet, die beiden Freunde sah. Doch als er, um auf sie zuzueilen, sich wohl zu rasch erhob, zuckte er zusammen. Danach gelang es ihm nur noch mit Mühe und unter Schmerzen, sich zu erheben.

So war es Pascalin schon vor der herzlichen Begrüßung klar, daß es noch eine Weile dauern werde, bis Bomparts Zustand es erlaubte, zu ihnen zurückzukehren.

Wenn das überhaupt je noch möglich wurde! Vielleicht war es eben doch so, wie er gedacht hatte. Catherines erschreckende Mitteilung, daß, schon bald nach dem Zusammentreffen Bomparts mit Constant, ihr Bruder umgekommen, erschossen worden sei, bestärkte ihn in seiner Annahme.

War es nicht seltsam, daß Constant nun doch erschossen worden war, nachdem ihn Bompart ein paar Tage zuvor verschont hatte? Im Ablauf des Geschehens war eben doch immer zu erkennen: zwischen den einzelnen Ereignissen bestand ein Zusammenhang. Solche Zusammenhänge erkannte er auch in der ihn immer wieder überraschenden Tatsache, daß er mit seinen beiden Gefährten trotz aller Gefahren, die sie in ihrem unruhigen Leben umgaben, bis zum Ereignis mit Constant immer wieder, durch Jahre hindurch, verschont geblieben waren. Es wußte ja am Morgen keiner, ob er am Abend noch unter den Lebenden war.

Pascalin überlegte weiter. Aber was dann, wenn nun er als nächster an die Reihe kommen sollte? Was würde dann mit Bompart geschehen? Wie sollte der sich ohne ihn, von dem er völlig abhängig war, allein durchs Leben bringen?

Während sich die drei ehemaligen Hirten um Bomparts Zukunft Gedanken machten, ging Catherine ins Haus, um ihrem Onkel und dem bereits bei ihm weilenden Doktor Rocher mitzuteilen, es seien ganz überraschend die beiden Freunde ihres Patienten gekommen.

Pascalin war entschlossen, sein Hiersein zu nutzen, um, wenn immer möglich, dem Curé und dem Arzt die ihn beschäftigenden Sorgen um Bompart vorzulegen und mit ihnen zu besprechen.

Die erhoffte Gelegenheit hierzu ergab sich. Denn sowohl Doktor Rocher als auch Catherines Onkel freuten sich ehrlich über eine weitere Begegnung mit den beiden jungen Männern, von deren Verhalten und Einstellung sie damals, als sie in der Nacht den angeschossenen Bompart ins Pfarrhaus brachten, einen erfreulichen Eindruck gewonnen hatten.

Die seither gemachten Erfahrungen mit dem feinfühligen und liebenswerten Patienten, mit dem sie sich ja immer wieder und gerne unterhielten, hatten ihren ersten Eindruck auch in bezug auf seine beiden Freunde noch verstärkt.

So hatte Doktor Rocher sofort erklärt, diesmal zum Abendessen zu bleiben, um länger mit den eben Angekommenen beisammen sein zu können. Pascalin und Mazet hatten auch diesmal Cavaliers Erlaubnis, erst am folgenden Tag ins Lager zurückkehren zu müssen.

»Wie beurteilen Sie den heutigen Zustand Bomparts, Doktor Rocher?« fragte Pascalin den Arzt, als sie nach dem Abendessen allein beisammensaßen. Catherine und Mazet waren mit Bompart in die Küche gegangen, um alles in Ordnung zu bringen und in Bomparts Kammer noch das Lager für die beiden Besucher herzurichten.

»Offen gestanden sorge ich mich; die Wunden selbst sind zwar schön zugeheilt, so daß die Lähmungserscheinungen vermutlich von einer Nervenentzündung herrühren, die möglicherweise durch das Geschoß verursacht worden ist. Es ist nicht ausgeschlossen, daß die Lähmungen nach und nach zurückgehen, aber daß sie ganz verschwinden werden, bezweifle ich. Zum Glück für den Patienten sind sie nicht schmerzhaft. Es ist aber auch möglich, daß sie zu einer bleibenden Gehbehinderung führen. Leider.«

»Dann ist es für ihn mit dem Kriegshandwerk sowieso vorbei, was ich für Bompart nicht bedaure. Im Gegenteil. Er ist ein feiner und gütiger Mensch, was er ja auch Constant gegenüber bewiesen hat, auf den er nicht schoß, um dem Wort des Herrn zu gehorchen: ›Liebet eure Feinde, tut wohl denen, die euch hassen‹. Ja, so ist er. Für die heutige Welt ein viel zu gütiger und empfindsamer Mensch. Was soll er einmal tun?« fragte Pascalin. »Er ist nie zur Schule gegangen, das Lesen und Schreiben habe ich ihm beigebracht. Was soll mit ihm geschehen, wenn ich ihn nicht mehr wie bisher betreuen kann? Das kann schon morgen der Fall sein. Ich weiß wirklich nicht, wer ihm dann helfen kann.«

»Ich habe einmal mit ihm darüber gesprochen«, schaltete sich der Curé in das Gespräch ein. »Arzt möchte er am liebsten sein, um Leidenden helfen zu können, hat er mir erklärt. Aber er weiß sehr wohl, daß dies für ihn, da er über keine Schulbildung verfügt, nicht möglich ist. Das Herz und das erforderliche Einfühlungsvermögen hätte er wohl, um ein guter Arzt zu werden. Er hat mir erzählt, noch als Knabe einmal wegen eines zu heilenden Geschwürs längere Zeit in der Familie des ihn behandelnden Arztes gelebt zu haben. Der Wunsch, Arzt zu werden, erwachte damals in ihm. Nach seinen Schilderungen ist er dort sehr liebevoll betreut worden.«

»Ja, das wurde er«, bestätigte Pascalin. »Herr und Frau Arnauld haben ihn wirklich liebgehabt und ihn gepflegt, als wäre er ihr eigenes Kind. Sie wären sogar bereit gewesen, ihn bei sich zu behalten, da sie kinderlos waren.«

»Herr Pascalin«, antwortete ihm der Curé, nachdem er eine Weile schweigend vor sich hingeschaut hatte, »nun möchte ich Ihnen hier, wo wir ganz unter uns sind, etwas gestehen. Es ist mir ein Bedürfnis, es zu tun. An dem Tag, an dem sich Bompart und Constant auf so verhängnisvolle Weise im Wald begegneten, war am Nachmittag mein Neffe hier, um mir und seiner Schwester zu berichten, was sich zwischen ihm und Bompart zugetragen hatte. Er hat auch gesagt, weshalb sich Bompart nicht zur Wehr setzte und es unterließ, auf ihn zu schießen. Daß ein junger Mensch so denken und vor allem so handeln konnte, hat einen tiefen, einen sehr tiefen Eindruck auf mich gemacht. Da bekämpft man sich, stürzt die Bevölkerung in Jammer und Elend, nur weil es Leute gibt, deren Glaube so stark ist, daß sie auch danach leben. Natürlich weiß ich, daß auch auf Ihrer Seite nicht alle so wie Bompart sind. Wohl die meisten von ihnen hätten in der Lage, in der sich die beiden befanden, auf Constant geschossen. Das ist eben der Krieg, der die Menschen zu solchem Handeln verurteilt. Ihre Leute führen aber nur Krieg, weil man sie nicht in ihrem Glauben hat leben lassen, weil der König entschlossen ist, den Protestantismus in Frankreich auszurotten. Wären die Protestanten nicht verfolgt worden und hätte man sie friedlich in ihrem Glauben gelassen, dann hätten sie bestimmt nicht zu den Waffen gegriffen. Bomparts Verhalten hat mir sehr zu denken gegeben, ja, mehr als das, es hat mich erschüttert. Sie müssen mir glauben, die vom Staat und von unserer Kirche angeführten Gründe, die diesen Krieg rechtfertigen sollen, haben für mich keine Gültigkeit mehr. Bompart ist für mich ein Mensch geworden, den ich bewundern und – auch lieben muß.

Ihre Sorge um ihn wird auch meine Sorge sein, in der ich mich an meinen Bruder, den Vater Constants, wenden werde. Er ist in Lyon ein bekannter Seidenhändler. Er wird mir raten und wohl auch helfen können. Verlassen Sie sich darauf. Hier meine Hand!«

Damit erhob er sich, trat zu Pascalin hin und reichte ihm in Ergriffenheit seine Rechte.

Das so völlig unerwartete Bekenntnis des Geistlichen beeindruckte Pascalin stark. Was hatte da Bompart mit seinem Glauben vollbracht, einem Glauben, welcher der Verheißung des Herrn entsprach: »Wer das Gottesreich nicht annimmt wie ein Kind, wird nicht hineingelangen.«

So arglos, so freudig, so dankbar, wie ein Kind ein Geschenk entgegennimmt, so sollten alle das Geschenk des Glaubens von Gott annehmen.

Pascalin dankte dem Geistlichen herzlich für das große Vertrauen, das er ihm mit dem Bekenntnis seines Gesinnungswandels geschenkt hatte, er dankte ihm aber auch für sein Versprechen, ihm bei der Betreuung Bomparts zu helfen.

Als Pascalin dann später in Bomparts Kammer auf dem von Catherine und Mazet hergerichteten Lager neben dem bereits ruhig atmenden Gefährten lag und, innerlich aufgewühlt, den Schlaf noch nicht finden konnte, überdachte er noch einmal die ganze Kette der Geschehnisse, die das sonderbare Zusammentreffen von Bompart und Constant ausgelöst hatte: vom Schuß Constants über Bomparts Glaubensgehorsam bis hin zum Gesinnungswandel des Priesters, dessen Verurteilung der Hugenottenverfolgung, und nun die Auslösung der Hilfsbereitschaft der beiden Brüder Perrot. Das alles war für Pascalin erneut ein Beweis dafür, daß es keinen Zufall gab und alles Geschehen Fügung war. Es war also der Herr selbst, der Pascalins große Sorge um den ihm so lieben Bompart abnahm, den er während so vieler Jahre hatte umsorgen dürfen. Dem Herrn inbrünstig für seine Liebe dankend, fand er dann doch noch in den Schlaf.

Nur wenige Tage später brachte Mazet, laut aufschluchzend, die Nachricht ins Pfarrhaus, daß Pascalin während eines Gefechts umgekommen war.

Als Marschall de Montrevel erkannte, es würde ihm nicht gelingen, die Kamisarden mit Waffen zu besiegen, faßte er den Entschluß, die protestantische Bevölkerung aus Dörfern und Städten in möglichst entfernte, rein katholische Gebiete Frankreichs umzusiedeln oder sie nach den westindischen Kolonien in Amerika zu deportieren. Von diesem Schicksal betroffen waren vor allem die Eltern von Kamisarden und die Heranwachsenden, von denen befürchtet werden mußte, sie würden sich zu renitenten hugenottischen Aufrührern entwickeln.

Allein aus dem Kirchensprengel Mialet bei Anduze schaffte de Montrevel sechshundert Menschen fort, worauf Uzès und andere Orte an die Reihe kamen, um »gesäubert« zu werden. Diese brutale Maßnahme erwies sich jedoch als ein Fehlschlag, da durch sie die Empörung unter der protestantischen Bevölkerung noch geschürt wurde und so die Zahl der unbewaffneten Aufständischen statt verringert noch weiter vergrößert wurde. Enttäuscht von diesem Mißerfolg, jedoch entschlossen, seine Bemühungen nicht aufzugeben, den hartnäckigen Widerstandsgeist der Hugenotten zu brechen, gab der Marschall den Befehl, in einunddreißig Kirchensprengeln der Hochcevennen sämtliche Dörfer und Weiler niederzubrennen und so die ganze weite Gegend zur nicht mehr bewohnbaren Wüste zu machen. Durch die Ausführung dieses Befehls war die Bevölkerung gezwungen, den Boden zu verlassen, der ihr Eigentum war und auf dem sie und ihre Vorfahren gelebt hatten. Einige versteckten sich in den Wäldern, konnten dort jedoch nicht bleiben, weil die Nahrungsmittel fehlten, was sie schließlich zwang, ihre engere Heimat zu verlassen und sich anderswo, zunächst in kleineren Städten niederzulassen.

Während die königlichen Truppen noch mit der ihnen befohlenen Verwüstung in den Hochcevennen beschäftigt waren, rückten Cavalier und Roland mit ihren Kindern Gottes in den südlichen Teil der Cevennen vor, um hier ihrer Empörung und Erbitterung über das unmenschliche Vorgehen de Montrevels mit Morden und Brandschatzen Luft zu verschaffen. Es waren vierzig katholische Kirchen und neun Schlösser, die von den Kamisarden zerstört wurden, wobei auch zahlreiche Menschen ums Leben kamen. Doch sind das noch bescheidene Zahlen im Vergleich zu jenen des Feindes, der auf Befehl des königlichen Oberkommandos vierhundertsiebzig Weiler und Dörfer dem Erdboden gleichmachen mußte. Überhaupt nahmen die kriegerischen Auseinandersetzungen im Verlauf des protestantischen Aufstandes auf beiden Seiten an Grausamkeit und Brutalität immer mehr zu, und die Schlachten endeten oft als wahre Schlächtereien.

Terrorakte weckten Racheakte und Erfolge wechselten mit Niederlagen. Abgesehen von den zahlreichen

Scharmützeln zwischen den vielen kleinen Gruppen waren es vierzig bedeutende Auseinandersetzungen, die in den ersten zweieinhalb Jahren des Kamisardenkrieges zwischen den Soldaten des Königs und den Protestanten stattfanden. Sinnvoller als hier einzeln auf sie einzugehen ist wohl der Hinweis auf den begeisterten Einsatz der protestantischen Jugend in der für die Hugenotten so schweren Zeit, in welcher im Land die hugenottischen Pfarrer fehlten. Ohne den Einsatz dieser Jugendlichen wäre die Absicht Ludwigs, die protestantische Kirche in Frankreich auszulöschen, wahrscheinlich verwirklicht worden. Es ist so, wie von Chambon geschrieben hat, daß die Beteiligung der Jugend dem Cevennenkrieg die charakteristische Note gegeben hat und es eben oft einer begeisterten Jugend bedarf, um etwas Großes durchzusetzen.

Kriegsminister Chamillart schätzte die Situation nicht anders ein, als er dem Statthalter de Bâville schrieb: »Ich kann nicht glauben, Seine Majestät sei der Auffassung, die Aufständischen seien in die Kolonien zu deportieren, da diese mit ihrem Starrsinn jene Länder nur infizieren würden.«

Dieser Starrsinn der vielen inspirierten Jugendlichen bestand gerade darin, die Bevölkerung, vor allem die Zwangsbekehrten, mit nicht erlahmendem Eifer dazu zu bringen, in ihren früheren hugenottischen Glauben zurückzukehren.

Solche Erweckungsbestrebungen wurden jedoch nicht erst nach 1688 durch die einsetzende Inspirationsbewegung geweckt.

Eine erste Erweckungszeit unter den Jugendlichen gab es bereits hundertfünfzig Jahre früher, was der Bericht von Nicolas Pithou aus dem Jahr 1562 überzeugend belegt: »Durch die Verkündigung des Wortes Gottes in den Predigten war unter der Jugend plötzlich eine derart seltsame Veränderung festgestellt worden, daß sich selbst die Katholiken in hohem Maß darüber verwunderten. Diese jungen Menschen, die sich bisher nur ihren Leidenschaften hingegeben und ein Leben in Saus und Braus geführt hatten, begannen tatsächlich, ihre bisherigen Gewohnheiten zu verabscheuen und gaben sie auf, als sie Mitglieder einer protestantischen Kirche geworden waren, um sich mit großer Freudigkeit der kirchlichen Zucht zu unterziehen und so ein ganz neues Leben zu beginnen.«

Aus diesen damals erweckten Jugendlichen wurden Väter und Mütter, die ihre Kinder in demselben Geist erzogen, in dem sie selbst glücklich geworden waren. Doch in den folgenden drei Generationen schwächte sich bei vielen die ursprüngliche Begeisterung für den neuen Glauben ab, sie wurden gleichgültig, und die Glaubensstrenge mancher ließ nach.

Dann aber, als die Zeit erfüllt war, geschah es, daß Gott erneut als Gabe von oben den Geist in die Herzen der jetzt Jugendlichen senkte, der mit dem Auftrag verbunden war, was schwach geworden oder gar eingeschlafen war, zu frischem Blühen zu erwecken, um durch solches Wirken von »Lerchen Gottes« das Überleben der protestantischen Kirche auch in Frankreich zu ermöglichen.

Ein schöner Traum erfüllt sich nicht

Mazet war befohlen worden, sofort ins Lager zurückzukehren, sobald er die Unglücksbotschaft von Pascalins Tod ins Pfarrhaus gebracht habe, da Cavalier am anderen Tag beabsichtigte, den Standort seiner Truppe zu wechseln, wobei keiner fehlen durfte.

Nur eine kurze Weile verbrachten die beiden ehemaligen Hirten noch in Bomparts Kammer, doch war Bompart in seiner Erschütterung nicht fähig, mit Mazet ein Gespräch zu führen. Auf dessen Mitteilung hin, Pascalin sei erschossen worden und sofort tot gewesen, ging er weder mit einem Wort noch mit einer Gebärde ein. Wie betäubt saß er auf dem Rand seines Bettes und starrte mit leerem Blick vor sich hin.

Als Mazet dann gegangen war, legte sich Bompart in den Kleidern nieder. Einmal kamen der Curé und Catherine zu ihm, um zu versuchen, ihn zu trösten. Aber er bat sie, ihn allein zu lassen, da es ihm jetzt nicht möglich sei, zu sprechen. Seither war er unbeweglich auf seinem Bett liegengeblieben, während es langsam um ihn her dunkel zu werden begann.

Der einzige Gedanke, der ihn beherrschte, war, daß er Pascalin nun nie mehr sehen werde, daß der Mensch, in dessen Güte er seit seiner Kindheit geborgen gewesen war, nicht mehr lebte. Erst sehr viel später, in der nächtlichen Stille um ihn her, begann die geistige Lähmung, die ihn befallen hatte, sich endlich zu lösen. Ganz langsam nur. Es erwachte in ihm die Frage, warum wohl dieses Schreckliche über ihn hatte hereinbrechen müssen.

Ein Schuß hatte Pascalins Leben ausgelöscht; hätte doch damals die Kugel Constants auch seinem Leben ein

Ende bereitet! Doch jäh durchzuckte es ihn derartige Gedanken zurückzuweisen. Die ihm so gewordene Erkenntnis war für ihn wie ein Licht, wie ein tröstendes Licht in der Dunkelheit, die ihn überschattet hatte, als er plötzlich in seinem Herzen das erlösende Wort hören durfte: »Der Herr hat's gegeben, der Herr hat's genommen, der Name des Herrn sei gelobt!«

Gelobt? Ja, auch gelobt. Denn das für ihn noch nicht voll erfaßbare Geschehen um Pascalins Tod war sein Wille gewesen, der Wille des Herrn, der gesagt hat: »Denn meine Gedanken sind nicht eure Gedanken, und eure Wege sind nicht meine Wege, denn so viel der Himmel höher ist denn die Erde, so sind auch meine Wege höher denn eure Wege und meine Gedanken denn eure Gedanken.«

So fand Bompart nach kurzer Verwirrung zurück zum Glauben, zwar nicht mehr in der Liebe Pascalins, wohl aber immer noch in der Liebe Gottes geborgen zu sein. Diese Erkenntnis mußte ihm nun helfen, das Schwere anzunehmen, das ihm zu tragen aufgegeben war.

Am Morgen erwachte er, als die Tür geöffnet wurde und Catherine hereinkam, um nach ihm zu sehen. Nach seinem gestrigen Verhalten war sie darauf gefaßt gewesen, ihn noch immer in sein schweres Leid versunken anzutreffen. Doch dem war nicht so. Bompart stützte sich auf die Ellenbogen und sah ihr, als ihm ihr Gesicht ihren Kummer verriet, mit einem schwachen Lächeln entgegen. Das machte sie so froh, daß sie zu ihm ans Bett eilte, die Arme um seinen Hals schlang und seinen Kopf an sich preßte: »Was für ein Glück, Bompart, was für ein Glück, daß es dir besser geht. Ich habe in der

Nacht kaum geschlafen, immer wieder mußte ich an dich und an dein schweres Leid denken.«

»Das tut mir leid, Catherine, aber die Nachricht vom Tod Pascalins hat mich wirklich zutiefst getroffen.«

»Das kann ich dir nachfühlen, habe ich doch beim Tod meines Bruders auch erfahren, wie schwer es ist, so plötzlich einen geliebten Menschen verlieren zu müssen.«

»Ja, das ist schwer. Aber das sind die Prüfungen, die der Herr uns auferlegt. Denn wen er lieb hat, den züchtigt er auch.«

»Das ist wohl so, obwohl es nicht leicht ist, es zu verstehen. Aber wie ist es nun mit deinem Frühstück? Soll ich es dir heraufbringen oder kommst du, um mit dem Onkel und mir zu essen? Du wirst wohl hungrig sein, hast du doch gestern den ganzen Tag nichts mehr zu dir genommen, du Armer.«

»Ich möchte hinuntergehen und mit euch zusammensein, da ich mich bei deinem Onkel auch noch für mein gestriges Verhalten entschuldigen muß. Ich war ganz verstört und habe euch weggeschickt. Ihr habt es doch gut gemeint.«

»Der Onkel wird sich darüber freuen, daß es dir wieder besser geht.«

Nach dem Frühstück, als Catherine das Geschirr weggeräumt hatte, kam der Curé, der mit Bompart am Tisch sitzen geblieben war, auf den Abend zu sprechen, an dem Pascalin zum letzten Mal im Pfarrhaus gewesen war. »Ich erinnere mich genau. Ich spürte, es war ihm ein brennendes Anliegen, mit Doktor Rocher und mir darüber zu sprechen, was mit dir zu geschehen habe, wenn er einmal nicht mehr da sei und nicht mehr für dich sorgen könne. Als Inspirierter wird er wohl gewußt oder doch geahnt haben, was jetzt, so bald nach unserem damaligen Gespräch eingetroffen ist und wohl vorbestimmt war.«

»Daran glaube auch ich«, antwortete Bompart aus längerem Nachdenken heraus.

»Über sein letztes Gespräch mit Euch hat Pascalin nicht mehr mit mir reden können. Freilich, wann hätte er auch noch Zeit dazu gehabt!«

»In diesem letzten Gespräch mit ihm habe ich deinem Freund Pascalin zugesichert, daß ich, wenn dieser Fall eintreten sollte, für dich sorgen werde, weil mich dein wunderbares Verhalten Constant gegenüber tief, sehr tief beeindruckt hat. Ich habe mich auch mit meinem Bruder in Verbindung gesetzt, um auch ihn um Rat und Hilfe für dich zu bitten, wenn es einmal notwendig werden sollte. Nun hat er mir mitgeteilt, er fühle sich durch das seltsame Geschehen zwischen dir und Constant geradezu verpflichtet, sich deiner anzunehmen, wenn Pascalin einmal ausfallen werde. Mein Bruder ist Seidenhändler in Lyon, seine beiden Kinder Constant und Catherine hast du ja kennengelernt. Mir geht es durch Gottes Gnade gesundheitlich wieder so, daß ich hoffen kann, die Arbeit in meiner Gemeinde bald wieder aufnehmen zu können. Meine frühere Haushälterin ist bereit, wieder zu mir zu kommen, wodurch für Catherine, die mich nun lange treu und gut umsorgt hat, die Möglichkeit besteht, zu ihren Eltern nach Lyon zurückzukehren, die sich, nachdem sie ihren Sohn verloren haben, sehr nach ihrer Tochter sehnen Deshalb möchte ich dich fragen, ob du bereit bist, den Vorschlag meines Bruders anzunehmen und Catherine zu begleiten, wenn sie nach Lyon zu ihren Eltern zurückkehrt? Du hättest es dort bestimmt gut und es wäre weniger langweilig als hier, wenn Catherine nicht mehr da ist. Überlege es dir.«

»Ich bin völlig überrascht. An so etwas habe ich nie gedacht. Sie meinen es wirklich gut mit mir. Aber ich muß darüber nachdenken, muß auch Bruder Cavalier, meinen Anführer bei den Kamisarden, um seine Meinung fragen, da ich ja zu den Kindern Gottes gehöre.«

»Natürlich kannst du dich nicht sofort entscheiden. Das ist auch nicht notwendig. Aber ich denke, du wirst mit deinem gelähmten Bein wohl kaum mehr mitkämpfen können.«

»Das wird wohl so sein, Monsieur le Curé. Weiß Catherine von Ihrem Vorschlag?«

»Ich denke schon. Ihr Vater hat ihr selbst geschrieben.«

»Sie hat mir noch nichts davon gesagt.«

»Wie hätte sie gestern bei deinem Zustand mit dir darüber sprechen können? Der Brief ihres Vaters traf erst vorgestern ein. Denke in aller Ruhe darüber nach und sprich auch mit Catherine.«

»Ja, das werde ich tun. Ganz, ganz herzlichen Dank für Ihre so große Güte.«

Das Gespräch zwischen Bompart und Catherine konnte schon kurz danach stattfinden, als die beiden für Bomparts Gehübung an die Sonne hinausgingen.

»Mir ist ein Stein vom Herzen gefallen, seitdem du nicht mehr so traurig bist, wie du es gestern warst«, äußerte sich Catherine, die vorsorglich wie immer den Hinkenden an der Hand führte.

»Was könnte ich anderes tun als zu versuchen, über das Schwere hinwegzukommen? Ich weiß ja, es war Gottes Wille. Er hat ihn mir gegeben, er hat ihn mir genommen, sein Name sei gelobt. Jetzt hat Pascalin es ja gut. Besser als er es in seinem Leben je gehabt hat und besser als ich, der ich ihn nicht mehr habe. Was ich, seitdem er mich als Kind zu sich genommen hat, geworden bin, das habe ich ihm zu verdanken. Es waren mißliche Umstände, in denen wir oft zu leben hatten. Er war mir ein Vater, er war mir ein Bruder, er war für mich der liebste Mensch. Wohl ist Mazet noch da. Ich habe auch ihn gern, er ist ein netter Kerl, aber er war mir nie, was Pascalin mir war. Es hat nur einen Pascalin gegeben.«

»Der Herr wird dir weiterhelfen, Bompart, er wird dir andere Menschen begegnen lassen, die dich auch lieben werden. Wir dürfen Gottes Gedanken und Wege nicht kennen, aber wir dürfen wissen: er führt uns, damit wir in seiner Liebe geborgen sind. Das hast du mich selbst gelehrt.«

»Ja, Catherine, das ist jetzt ja auch mein Trost und mein Halt. Er hat mich zu deinem Onkel und zu dir geführt, wo ich mit großer Liebe aufgenommen worden bin. Er wird sich auch weiterhin meiner annehmen, wenn ich ihn darum bitte. Und das werde ich tun.«

Bei dem schon lange am Wegrand liegenden Stamm eines gefällten Baumes, der meist das Ziel ihrer kurzen Wanderungen war, hielten sie an und setzten sich. Eine Weile schauten sie schweigend über die sonnenbeschienene Wiese hin.

Nach einer Weile legte Catherine ihre Hand auf die Bomparts. »Der Onkel hat es dir schon gesagt, was mir mein Vater geschrieben hat. Er und die Mutter hätten es gern, wenn ich nun, da es dem Onkel wieder gutgeht, zu ihnen zurückkehrte. Die Frau, die ihm früher schon den Haushalt besorgte, ist bereit, die Arbeit erneut zu übernehmen. Mit Rücksicht auf ihr Alter wäre es ihr aber zuviel, wenn sie sich neben dem Haushalt auch deiner noch annehmen müßte. Mein Vater glaubt, es wäre das einfachste, wenn du mich nach Lyon begleiten würdest. Möchtest du das?«

»Dein Onkel hat mir heute morgen diese Frage auch schon gestellt. Ob es möglich ist, weiß ich noch nicht. Ich kann nicht von mir aus eine Entscheidung treffen, da ich immer noch dem Heer der Kinder Gottes angehöre. Darüber muß also der Anführer der Truppe befinden. Doch wie soll ich mit ihm verhandeln, wenn ich nicht weiß, wo sich seine Truppe gegenwärtig aufhält. Das zu erfahren wird nicht einfach sein.«

»Sorge dich nicht, Bompart, es hat ja keine Eile. Bis du Klarheit hast, bleibe ich im Pfarrhaus, so bleibt vorläufig alles, wie es bis heute war. Das ist auch die Meinung des Onkels, der übrigens ganz froh ist, wenn er dich noch länger bei sich haben kann.«

»Er ist ein guter Mensch, den ich sehr verehre. Wie hat er mir geholfen, als er sich bereiterklärte, mich ins Pfarrhaus aufzunehmen. Aber auch du, Catherine, warst immer so geduldig und lieb zu mir, obwohl du viel Arbeit mit mir gehabt hast. Ich weiß gar nicht, womit ich das verdient habe.« Bompart streichelte leicht ihre Hand.

»Das habe ich gerne getan, weil ich Bedauern mit dir hatte und weil du mir lieb bist, Bompart. Du hast Constant geliebt, der auf dich geschossen hat, wie sollte ich da nicht auch dich liebhaben? So lieb, daß ich immer bei dir bleiben möchte.« Sie griff nach seiner sie streichelnden Hand und preßte sie an ihre Lippen.

Bompart zuckte leicht zusammen und löste behutsam seine Hand aus der ihren.

»Ich habe dich auch lieb, Catherine, natürlich, wie sollte ich nicht! Aber«, fuhr er zögernd und etwas verlegen fort, »ich darf dich nur mit dem Herzen lieben.«

Verwundert schaute Catherine ihn an. »Ich weiß nicht, was du damit meinst.«

»Ach Catherine, es fällt mir schwer, mit dir darüber zu sprechen, weil du mich mißverstehen könntest. Paulus hat an die Korinther geschrieben: Wer ledig ist, der sorgt, was dem Herrn angehört, wie er dem Herrn gefalle; wer aber freit, der sorgt, was der Welt angehört, wie er dem Weibe gefalle. Pascalin, Mazet und ich haben das Predigen gelernt, um die Zwangsbekehrten, die Hugenotten also, dazu zu bringen, in ihren früheren, protestantischen Glauben zurückzukehren. Deshalb haben wir gelobt, mit all unseren Kräften mitzuhelfen im Kampf, die protestantische Kirche Frankreichs vor dem Untergang zu bewahren, den der König beschlossen hat. Aus diesem Grund haben wir auch versprochen, nach dem Pauluswort ledig zu bleiben, um so mit dem ganzen Herzen Gott dienen zu können. Das Ledigbleiben ist aber auch mit der Keuschheit verbunden. Halte dich selbst keusch, hat Paulus geschrieben. Im Galaterbrief heißt es: Welche aber Christus angehören, die kreuzigen ihr Fleisch samt den Lüsten und Begierden. Wir drei haben uns ehrlich bemüht, diesem Wort zu gehorchen und allen Versuchungen zu widerstehen, was nicht immer leicht war und auch heute noch nicht leichter geworden ist.«

Da Catherine schwieg, schaute er zu ihr auf und sah, daß Tränen in ihren Augen standen. »Ach Catherine, das tut mir nun wirklich leid, verzeih mir, wenn ich dich mit meinem Geständnis traurig gemacht habe. Aber ich mußte es tun, weil ich in dir keine Hoffnungen aufkommen lassen möchte, die sich nicht erfüllen dürfen.«

»Ich verstehe dich, Bompart. Ja, du hast es mir sagen müssen. Doch bist du mir deshalb nicht weniger lieb.« Sie legte den Arm um seinen Hals und küßte ihn auf die Wange, wie eine Mutter ihr Kind küßt. Scheu erwiderte er dieses Zeichen der Liebe.

Dann erhoben sie sich und traten den Rückweg an. Wiederum, wie bisher, Hand in Hand.

»Nun ist wohl auch die Frage schon beantwortet, ob ich dich, wenn du zu deinen Eltern zurückkehrst, nach Lyon begleiten soll?« fragte Bompart.

»Ja, Bompart, sie ist beantwortet«, erklärte ihm Catherine mit einer ihn überraschenden Entschiedenheit. »Aber nicht so, wie du vielleicht denkst. Ich bitte dich im Gegenteil inständig, wenn es dir wegen deiner Zugehörigkeit zu den Kindern Gottes doch möglich wird, mit mir zu meinen Eltern zu kommen. Ich habe dich lieb, auch ohne das andere, und ich werde dich von ganzem Herzen lieben, solange ich lebe.«

Doch dann erwies es sich einmal mehr, daß die Gedanken und Wege der Menschen nicht immer auch die Gedanken und Wege Gottes sind. Was Bompart und Catherine geplant hatten, ließ sich, wenigstens vorläufig, nicht ausführen.

Seit ihrem Gespräch waren nur etwas mehr als zwei Wochen verstrichen, als sich an einem Nachmittag ein Bote Cavaliers im Pfarrhaus meldete. Er fragte nach Bompart und teilte diesem mit, Mazet sei verwundet und man habe ihn in einem der verborgenen Lazarette untergebracht. Im Gespräch mit dem Verwundeten habe Cavalier erfahren, Bompart habe sich von seiner Verwundung erholt. Auch wenn er sein gelähmtes Bein nachziehen müsse, wäre es ihm wohl möglich, die Arbeit eines Pflegers zu übernehmen. Nichts wäre Mazet lieber, als wenn er sich von Bompart pflegen lassen dürfte. Cavalier sei damit einverstanden und habe verfügt, Bompart solle sich bereithalten. Die Truppe Cavaliers verlege in den nächsten Tagen ihr Lager in die Nähe von Uzès. Von dort aus werde dann Bompart im nicht weit entfernten Pfarrhaus abgeholt und auf einem Fuhrwerk nach Euzet gebracht. Auf geheimgehaltenen Weg gehe es dann weiter in eines der verborgenen Lazarette, in dem Mazet untergebracht sei.

»Wie schade«, gab Catherine ihrem Bedauern Ausdruck, »ich hatte mich so sehr darauf gefreut, dich zu meinen Eltern bringen zu dürfen. Das ist ja nun nicht mehr möglich.«

»Nein, das wird nun wohl nicht mehr möglich sein«, antwortete Bompart nachdenklich. »Aber wer weiß, ob es nicht später doch einmal dazu kommen wird. Ich denke, dieser schreckliche Krieg wird einmal zu Ende gehen. Was kommen wird, weiß ich nicht. Denn seitdem ich nicht mehr mit den Aufständischen zusammen bin, habe ich keine Inspirationen mehr gehabt.«

»Schade, daß du nun wieder von uns weg in den Krieg gehen wirst«, sagte Catherine traurig. »Nun ist mein schöner Traum schon ausgeträumt.«

»Ich gehe doch nicht in den Krieg, Catherine, du kannst ganz ohne Sorgen sein. Ich gehe zu Mazet, der verwundet ist, um ihn und andere Brüder zu pflegen. Es ist doch schön, anderen helfen zu dürfen. Das hast du ja mir gegenüber auch getan. Zudem werde ich an einem ganz abgelegenen Ort sein, der den Königlichen unbekannt ist. Du brauchst dich also wirklich nicht zu ängstigen. Laß uns nun noch miteinander beten. Denn wo zwei oder drei versammelt sind in meinem Namen, da bin ich mitten unter ihnen, hat der Herr uns verheißen. Gelobt sei Gott, der Vater unseres Herrn Jesus Christus, der Vater der Barmherzigkeit und der Gott allen Trostes in unserer Trübsal. Wie sich ein Vater über seine Kinder erbarmt, so erbarmt sich der Herr über die, so ihn fürchten. Er weiß, was für ein Gemächte wir sind und ist deshalb barmherzig, gnädig, geduldig und von großer Güte und Treue. Einst wird er abwischen alle Tränen von unseren Augen, und der Tod wird nicht mehr sein, noch Leid, noch Geschrei, noch Schmerz wird mehr sein, denn das Erste ist vergangen.«

Bompart faßte beide Hände Catherines und sah sie glücklich lächelnd aus strahlenden Augen an, ihr zutiefst in christlicher Liebe verbunden.

»Doch ehe das Erste vergangen sein wird, wird der grausame Vernichtungskampf zwischen den Königlichen und den Hugenotten zu Ende sein, und dann, wer weiß, kann es wohl möglich werden, daß wir uns wiederfinden. Ist es soweit, dann ist auch mein Gelöbnis eingelöst, das mich jetzt noch bindet. Du weißt es ja, Catherine, ich liebe dich und ich werde dich immer lieben. Auch wenn wir schon bald nicht mehr beieinander sein werden, werde ich deiner doch immer in Liebe gedenken. Wie schön war die Zeit, die ich hier verbringen durfte. Von ganzem Herzen danke ich dir. Der Herr wird dich dafür segnen.«

»Ja Bompart«, antwortete ihm Catherine, und auch in ihren Augen war der Glanz freudvoller Hoffnung, »wir wollen hoffen und beten, daß wir wieder zusammengeführt werden.«

Es dauerte nicht mehr lange, bis der Tag da war, an dem geschah, was der Bote Cavaliers angekündigt hatte. Bompart wurde abgeholt und in das in der Erde verborgene Lazarett gebracht, in welchem Mazet lag. Groß war die Freude der beiden ehemaligen Hirten darüber, endlich wieder beieinander zu sein. Einen liebevolleren Pfleger hätte Mazet bestimmt nicht bekommen können.

»Ist deine Verwundung sehr schlimm?« erkundigte sich Bompart.

»Es geht. Ich habe viel Blut verloren. Aber es wird schon wieder in Ordnung kommen. Wir sind hier gut aufgehoben und die beiden Ärzte zeigen sich zuversichtlich. Eine Weile wird es zwar noch dauern, bis es wieder losgehen kann. Aber jetzt bist du ja bei mir. Wäre doch auch Pascalin noch bei uns!«

1702, als nach der Ermordnung des Erzpriesters du Chayla die kriegerischen Auseinandersetzungen der Hugenotten mit den Truppen Ludwigs XIV. ihren Anfang nahmen, brach auch der spanische Erbfolgekrieg aus, der den bereits vierundsechzigjährigen König durch seinen Entschluß, die Schlachten seiner Armee selbst zu leiten, stark in Anspruch nahm. Die Sonne, die Ludwig in den ersten fünfundzwanzig Jahren seiner Regierungszeit so sehr umstrahlt hatte, daß er der Sonnenkönig genannt wurde und der berühmteste Herrscher seiner Zeit war, verbarg sich mehr und mehr hinter düsterem Gewölk. So endete auch sein großer Feldzug nach zwölf Jahren für ihn mit einer Katastrophe, denn die Niederlagen, die er bei Höchstädt, Turin, Malplaquet und Ramilliers erlitten hatte, schlugen seiner Macht unheilbare Wunden, von denen sich die französische Monarchie nie mehr zu erholen vermochte.

In diesen für den König schwer gewordenen Zeiten beunruhigte ihn der wieder erneuerte Widerstand der Hugenotten, in seinem Reich immer mehr. War er doch nach den Meldungen von Marschall de Broglio des Glaubens gewesen, eine hugenottische Gefahr bestehe für Frankreich nicht mehr, da die Aufständischen endgültig geschlagen seien und nur vereinzelte fanatische Querulanten noch im ketzerischen Irrglauben verharrten.

Als er nun feststellen mußte, daß er nicht der Wahrheit entsprechend unterrichtet worden war, beschloß er, einige seiner strengsten Verfügungen gegen die Hugenotten etwas zu mildern, um sie nicht noch mehr zum Widerstand aufzureizen. So ordnete er an, die Ketzer seien künftig nicht mehr in brutaler Weise zum Übertritt in die katholische Kirche zu zwingen, sondern sie nur noch zu ermahnen, ihren protestantischen Glauben aufzugeben.

Damit kehrte er zu einer seiner früheren, in seinen Memoiren festgehaltenen Überlegungen zurück: »Was die große Zahl meiner dem sogenannten reformierten Glauben anhangenden Untertanen betrifft, ein Übel, das ich mit Sorge betrachte, so scheint mir, daß jene, die mit den schärfsten Mitteln dagegen vorzugehen wünschen, das Wesen dieses Übels verkennen, das teilweise der Erregung des Geistes entspringt, die man absterben lassen muß, statt sie mit heftigem Widerstand aufs neue zu schüren. Ich glaube, der beste Weg, die Zahl der Hugenotten in meinem Königreich zu verringern, bestehe vor allen Dingen darin, sie durch keinerlei Maßnahmen einzuengen, sondern dafür zu sorgen, daß alles, was sie von meinen Vorgängern erreicht haben, eingehalten, ihnen jedoch darüber hinaus nichts Neues zugebilligt werde.«

Ludwig XIV. hatte das 1670 geschrieben, also bevor er 1685 das Edikt von Nantes aufhob und durch das Dekret von Fontainebleau ersetzte, das mit seinen brutalen Verfügungen gegen die Hugenotten seiner früheren Einstellung radikal zuwiderlief, was zum Teil auf die beständige Beeinflussung Ludwigs durch Madame de Maintenon und des Königs Beichtvater zurückzuführen war. Ein weiterer Grund dafür lag aber auch in Ludwigs persönlicher, sehr wechselhaften Einstellung seinem eigenen Glauben gegenüber. Sie konnte bald papstfeindlich, dann wieder von beinahe jesuitischer Strenge sein. Es ist wohl angezeigt, auch noch auf einige weitere, rein persönliche Eigenschaften und Eigenheiten des Königs hinzuweisen, um manches in seiner Handlungsweise verständlicher werden zu lassen.

Am 5. September 1638 wurde der spätere Ludwig XIV. als Sohn Ludwigs XIII. und Annas von Österreich in St. Germain-en-Laye geboren. Nach dem Tod des Vaters 1643 übernahm die Mutter die Regentschaft und erhob zu ihrem Berater den Kardinal und Minister Mazarin, den Nachfolger Richelieus, der Minister Ludwigs XIII. gewesen war. Unter Richelieu war das Königtum in Frankreich allmächtig geworden. Mazarin baute den Absolutismus noch weiter aus und schuf so die Voraussetzungen für die dann von Ludwig XIV. geübte Politik.

Zum jungen Mann herangereift, befaßte sich Ludwig vorerst mit Frauen, Liebe und Festlichkeiten. Im Alter von zweiundzwanzig Jahren verheiratete er sich mit der spanischen Infantin Maria Theresia. Als ein Jahr später Mazarin starb, der Ludwigs Pate gewesen war, veränderte sich das Verhalten des jungen Thronerben zum großen Erstaunen des Hofes beinahe schlagartig. Noch am Todestag Mazarins gab er bekannt, er werde nun die Regierung Frankreichs selbständig übernehmen.

Aus seinen Memoiren geht hervor, er habe den Tag, an dem er König wurde, seit langem schon herbeigesehnt. Was er fühlte, als es endlich soweit war, hat er selbst wie folgt festgehalten: »Ich fühlte mich gehobenen Geistes und Mutes; ich war ein anderer geworden. Nun kam ich mir als König, als geborener König vor. In mir war eine Stimmung, die schwer zu schildern ist.«

Die ihn umgebenden Zeitgenossen erklärten später, es sei Ludwig XIV. gelungen, die Kunst, König zu sein, zur Vollendung zu bringen. Sein Drang, ständig und überall den Herrscher zu spielen und dabei nie aus der Rolle zu fallen, war wohl die stärkste Leidenschaft, die ihn in seinem Leben erfüllte. Weigand hat ihn als einen schönen, hochgewachsenen Mann geschildert, »mit regelmäßigen, vornehmen Zügen, auffallend zarter bräunlicher Haut, feingebogener Nase und einem wahrhaft königlichen Anstand. Er trug noch keine Perücke; seine Haare, die in der Jugend blond gewesen waren und mit den Jahren ins Hellbraune spielten, umgaben in schönster Lockenfülle sein männliches, volles Gesicht, aus dem ein Paar kluger, glücklicher brauner Augen in die Welt blickte. Als der Glanz der Jugend von seinen Zügen wich, blieb ihnen der Adel einer majestätischen Haltung, die niemals nachließ, ob Ludwig XIV. im Staatsrat saß oder die einfachste Kammerfrau grüßte.«

Dabei war seine Intelligenz nur mittelmäßig. Wie sein Vater, hat auch er in seinem Leben nie ein Buch gelesen. Was ihm dadurch an Bildung mangelte, wußte er aber durch gesunden Menschenverstand zu ersetzen. Seine Hauptschwäche war und blieb eine maßlose Eitelkeit, die im Lauf der Jahre noch ständig zunahm. Immer mehr fühlte er sich als Herrscher von Gottes Gnaden. Seine autokratische Auffassung von der königlichen Allmacht steigerte er zum halbreligiösen Dogma, was er mit seinem bekanntgewordenen Ausspruch: »L'état c'est moi – der Staat bin ich!« unmißverständlich klar zum Ausdruck brachte. Es muß ihm aber bestätigt werden, daß er sich in der Folge ehrlich bemühte, diese Selbstvergötterung durch den vollen Einsatz seiner Kräfte bei der Erfüllung seiner königlichen Pflichten zu rechtfertigen. Er pflegte täglich neun bis zehn Stunden zu arbeiten. Wenn er sich auf der Jagd oder bei der Armee aufhielt, mußte er jeden Tag über alles, was vorgefallen war, genauestens unterrichtet werden. Manche der von ihm geführten Kriege – und diese bildeten eine nahezu ununterbrochene Kette – leitete er mit seinen Befehlen von Versailles aus, was seine Generäle durch die dadurch entstehenden Zeitverluste manchmal beinahe zur Verzweiflung brachte.

In der Zeit, die ihm neben seiner fast pausenlosen Inanspruchnahme als Feldherr blieb, beschäftigte er sich am liebsten mit Bauplänen, eine von ihm beinahe leidenschaftlich betriebene Liebhaberei, die übrigens allen Bourbonen eigen war.

In den ersten fünfundzwanzig glanzvollen Jahren seiner Regierungszeit war Frankreich der mächtigste und meistbevölkerte Staat Europas, was im jungen, ehrgeizigen König den Gedanken reifen ließ, für dieses Reich eine neue, seiner Bedeutung besser entsprechende Residenz zu errichten, als es der Louvre in Paris war, in dem sich Ludwig XIV. nie richtig wohlfühlen konnte. So kreisten seine Gedanken immer häufiger um das kleine Jagdschloß, das sein Vater einst in der Nähe des bescheidenen Dorfes Versailles hatte bauen lassen, um dort, wenn er jagen ging, bequem übernachten zu können. Ludwig hatte das Schloß zum erstenmal gesehen und in ihm geschlafen, als er als Zwölfjähriger dorthin gekommen war, um in den Wäldern zu jagen. Die ihn beglükkenden Freuden der Jagd, die Stille des Landlebens und die reine Luft, die er dort geatmet hatte, hafteten seither unauslöschlich in seiner Erinnerung.

Als er dann 1661, als dreiundzwanzigjähriger, Vater eines Sohnes wurde, wollte er sein junges Familienglück vorerst im väterlichen Jagdschloß genießen, weshalb er die veralteten Räumlichkeiten erneuern und geschmackvoller einrichten ließ. Hier fand er nun Zeit und Gelegenheit, über seine geplante Residenz an Ort und Stelle nachzudenken. Den bestehenden Bau wollte er aus Pietät gegenüber seinem Vater unter keinen Umständen abreißen lassen. Er sollte im Gegenteil Mittelpunkt des herzustellenden Gebäudekomplexes werden, indem die neuen Bauten, über die aber noch keine Pläne vorhanden waren, um das bestehende Jagdschloß herum errichtet werden sollten.

Ein Vierteljahr zuvor hatte er an der Einweihungsfeier des prunkvollen Schlosses Vaux-le-Vicomte teilgenommen, das sein Finanzminister Fouquet durch den Architekten Le Vau hatte bauen lassen. Sechstausend Gäste hatte er zu diesem pompösen Fest eingeladen, und für alle standen mit sechstausend goldenen und silbernen Tellern prunkvoll gedeckte Tafeln bereit. Zwar aß der König, wie es bis ans Ende seines Lebens seine Gewohnheit blieb, die lukullischen Herrlichkeiten mit den Fingern von seinem goldenen Teller, obwohl das Essen mit der Gabel bereits üblich geworden war. Leider ist anzunehmen, daß er etwas zu hastig aß. Denn er ärgerte sich furchtbar darüber, daß es einer seiner Minister gewagt hatte, für sich durch achtzehntausend Arbeiter einen derartigen Luxusbau inmitten eines riesigen Parkes mit Wasserbecken und Springbrunnen errichten und sich nun darin in einem Fest bejubeln zu lassen, das mehr oder weniger eine Orgie war und allein hundertzwanzigtausend Livres kostete.

Da Ludwig XIV. ahnte, wo sein Finanzminister die erforderlichen Geldbeträge hergenommen hatte, ließ er Fouquet noch in der gleichen Nacht verhaften. Am anderen Tag beauftragte er den künftigen Minister Colbert, die

Rechnungsführung des Finanzministers zu überprüfen. Als das Ergebnis der Untersuchung den Verdacht des Königs bestätigte, verurteilte das Gericht den prahlerischen Fouquet zu lebenslänglicher Haft in der Zitadelle Pinerolo im Piemont. Fouquets Schloß wurde beschlagnahmt, »sein« immer noch großes Vermögen eingezogen, verschiedene Luxusgegenstände der Einrichtung sowie die Orangenbäume aus der Orangerie zur späteren Verwendung im geplanten Schloß von Versailles bereitgestellt.

Trotz seines Ärgers hatte Fouquets Schloß den König stark beeindruckt und ihm eine Ahnung gegeben, wie seine Residenz in Versailles einmal aussehen könnte. So nahm er mit dem Architekten Le Vau sofort Verbindung auf und beauftragte ihn, vorerst verschiedene kleinere Umbauten am Jagdschloß vorzunehmen, um es bewohnbar zu machen. Danach sollte er mit der Planung des zu erstellenden neuen Schlosses beginnen. Dies allerdings unter unbedingter Berücksichtigung der königlichen Wünsche, die dann später während des Bauens wechseln konnten und vom Bauherrn laufend wieder abgeändert oder verworfen wurden. Auch die Oberaufsicht über die Ausführung der Arbeiten wurde dem Architekten Le Vau anvertraut, der dann den ehrenvollen, doch bestimmt nicht leichten Auftrag in hervorragender Weise zu verwirklichen verstand. Es war ihm aber nicht vergönnt, das große Werk selbst zu vollenden, da er schon nach etwa siebenjähriger Arbeit 1670 starb. Doch sein Nachfolger Mansard verstand es, in noch jahrzehntelangem Wirken das von La Vau begonnene Werk glücklich zu vollenden. Außer in Versailles bewies Mansard sein großes Können auch in Paris, wo er ebenfalls verschiedene Meisterwerke schuf wie La Place des Victoires, La Place Vendôme und den Dôme des Invalides. Sein bedeutendstes Werk aber war doch das, was er in Versailles schuf.

Als die ersten Baupläne ausgearbeitet und vom König begutachtet und schließlich auch genehmigt waren, entstand um das alte väterliche Schloß herum rasch ein riesiger Bauplatz, auf dem bald bis zu sechsunddreißigtausend Menschen zu arbeiten begannen, zu einem Tageslohn von sechs bis zwölf Sous. Beträchtlich höher waren die Löhne der Architekten und Aufseher, die das Arbeitsheer streng zu beaufsichtigen und in Zucht zu halten hatten. Während seiner fünfunddreißigjährigen Bauzeit verschlang das gewaltige Unternehmen Unsummen, was jedoch den Bauherrn nicht im geringsten kümmerte, bis dann bald einmal der Finanzminister immer größere Schwierigkeiten hatte, die erforderlichen Geldmittel für Material und Löhne aufzutreiben.

Wo und wie das Arbeitsheer untergebracht und verpflegt worden ist, geht aus den noch vorhandenen Berichten nicht hervor. Vermutlich übernachteten sie in Zelten, Ställen und Scheunen, oder, wenn das Wetter es erlaubte, auf einer Schütte Stroh oder Heu unter freiem Himmel. Unfälle und Krankheiten waren unter den bestehenden Bedingungen unvermeidlich und zahlreich. Sie rissen ständig Lücken in die Reihen der Belegschaft, die sofort wieder geschlossen werden mußten. Auch die Zahl der Toten war groß. Jede Nacht wurden die Verstorbenen wagenweise zum Friedhof von Clamart gefahren, wo die Leichen einfach hingelegt und mit ungelöschtem Kalk bedeckt wurden.

Nicht geringeren Aufwand als die verschiedenen Bauten erforderte später die Verwirklichung der geplanten, riesigen Parkanlagen mit ihren großartigen Wasserspielen, für die, da es in der sumpfigen Gegend an Quellen fehlte, die benötigten Wassermengen von weit her zugeleitet werden mußten. Neben anderen Bemühungen, das leidige Wasserproblem zu lösen, erhielt der belgische Wasserbauingenieur Renkin den Auftrag, eine riesengroße Maschine zu konstruieren, mit der zweihundertzwanzig Pumpen in Betrieb gesetzt werden konnten, die das Wasser der Seine hundertvierundfünfzig Meter hoch zum Aquädukt von Marly zu heben hatten, von wo es dann in Kanälen nach Versailles geleitet wurde. Bis es so weit war, dauerte es sieben Jahre, die Kosten beliefen sich auf vier Millionen Livres. Doch dann stellte es sich heraus, daß die zugeleiteten Wassermengen noch bei weitem nicht genügten. So mußte auch noch das Wasser der Eure durch einen vierzig Kilometer langen Kanal nach Versailles umgeleitet werden, was wiederum neun Millionen Livres verschlang.

Die prächtigsten Blumenanlagen, die in jeder Jahreszeit von einem Heer von Gärtnern erneuert wurden, entsprachen einer weiteren Liebhaberei Ludwigs XIV., was bei seinen kriegerischen Betätigungen im Hauptamt vielleicht überraschen mag. So ließ er auch einen prunkvollen Pavillon errichten, das Trianon de Porcelaine, dessen Wände im Innern mit Platten aus Delfter Porzellan bedeckt waren. Dieser reizende Pavillon sollte nach dem Willen des Königs in jedem Frühjahr von einem Meer leuchtender Tulpenblüten umbrandet werden – Tulpen waren Ludwigs XIV. Lieblingsblumen – wozu Jahr für Jahr vier Millionen Tulpenzwiebeln aus Holland eingeführt und gesetzt werden mußten. Man stelle sich vor, welch farbenprächtiges Bild der König damit seinen zahlreichen Gästen und Besuchern zu bieten hatte!

Leider besteht dieses Porzellantrianon nicht mehr. Es wurde siebzehn Jahre nach seiner Errichtung abgerissen, um an seiner Stelle das heute noch zu sehende Grand Trianon bauen zu können.

Nach einer ersten Bauzeit von zwanzig Jahren, am 6. Mai 1682, war es soweit, daß Ludwig den Hof für immer von Paris nach Versailles verlegte, was aber der Bautätigkeit keineswegs ein Ende setzte. Es dauerte noch Jahre, bis der Welt größtes Schloß ungefähr den Zustand erreicht hatte, den der heutige Besucher in Versailles zu sehen bekommt.

Eines der letzten Bauwerke des Versailler Schlosses war eine fünfte Kapelle, die dem Heiligen Ludwig geweiht wurde und mit welcher der Monarch noch einmal seine nun mehr und mehr entschwindende Herrlichkeit als allerchristlichster König zur Schau stellen wollte. Von allen Besuchern des Hochamtes war der König der einzige, der das Allerheiligste vor sich sehen durfte. Alle anderen Sitze waren so angeordnet, daß die Höflinge dem Altar den Rücken zukehrten. Dafür aber durften sie den vor ihnen thronenden König, ihren Statthalter Gottes, während der heiligen Handlung betrachten.

Man hat gesagt, die größte Liebe des Sonnenkönigs sei die Liebe zu seinem Schloß in Versailles gewesen, das er ja auch als ein Denkmal für sich hatte errichten lassen. Zumindest war es seine einzige Liebe, der er bis an sein Lebensende die Treue hielt.

Was diese Liebe Ludwigs XIV. Frankreich gekostet hat, ist mit 87 537 989 Livres errechnet worden, wozu aber noch die jährlichen Unterhaltskosten von fünfhunderttausend Livres zu zählen sind sowie die Aufwendungen für die Anfertigung und die Ankäufe von Gemälden,

Teppichen, Skulpturen und anderen Kunstwerken, für die der König zum Teil fürstliche Honorare zu zahlen bereit war.

Die Höhe der Gesamtkosten für den Versailler Wunderbau in heutigem Geldwert bleibt eine Dunkelziffer.

In gleichem Ausmaß wie die Schloßbauten hatte sich auch das kleine, einst in Wäldern verborgene Dorf Versailles vergrößert, das in der Zeit, in der Ludwig XIII. hier sein Jagdschloß gebaut hatte, noch aus vierzig strohgedeckten Hütten, einer kleinen Kirche und drei armseligen Herbergen für die hier durchziehenden Viehhändler bestand.

Wie sehr der riesige Bauplatz des Königs mit seinem Heer von Arbeitern auch die Bautätigkeit im Dorf beeinflußte, geht allein schon daraus hervor, daß bis zu der Zeit, da sich der Hof zum erstenmal in Versailles versammelte, das Dorf zu einer Stadt mit zwanzigtausend Einwohnern geworden war und für die Ströme der sich einstellenden Besucher an Stelle der drei ehemaligen Herbergen achtundsechzig Hotels zur Verfügung standen, deren Zahl sich schon nach vier weiteren Jahren auf hundertzwanzig erhöht hatte.

Der Zerfall des Glaubens und der Sitten nimmt zu

Der Philosoph Pierre Bayle schrieb im Jahr 1686: »Die Zeit, in der wir leben, ist voll von Freidenkern und Deisten. Die Leute staunen über deren große Zahl. Überall herrscht der Religion gegenüber eine erstaunliche Gleichgültigkeit.« Und Nicole ergänzte: »Die große Ketzerei in der Welt sind nicht der Calvinismus und nicht das Luthertum, sondern der Atheismus.«

Wie stand es in dieser Beziehung am französischen Hof, der sich bereits im immer noch größer und prunkvoller werdenden Schloß zu Versailles eingerichtet hatte und sich in diesem herrlichen Rahmen nun dauernd mit Bällen, Theateraufführungen und anderen Festlichkeiten Tag für Tag oder Nacht für Nacht amüsierte?

Liselotte von der Pfalz, die zweite Gattin des Bruders von Ludwig XIV., die unter dem Titel »Madame« am Hof lebte, war nicht nur eine aufmerksame Beobachterin all dessen, was um sie herum vorging, sondern auch eine eifrige Briefschreiberin. Ihre Briefe, vor allem an ihre Freundinnen in Deutschland gerichtet, sind eine gute Quelle für Tatsachen, auch von solchen, die sonst meist verschwiegen werden. So schrieb sie 1690 aus Versailles an die Raugräfin Amalie Elisabeth: »Es ist gewiß, daß heute in diesem Lande Religion und Gottesfurcht auf eine wunderliche Art gedreht werden. Mir steht das gar nicht an, und so werde ich es wohl bald so machen wie ein Engländer, der Filding heißt und den Wendt vor etlichen Jahren in Fontainebleau gefragt hat: »Seid Ihr Hugenotte, mein Herr?« – »Nein«, antwortete er. – »Ihr seid also Katholik?« – »Noch weniger«, antwortete der Engländer. – »Ah«, sagte Wendt, »Ihr seid Lutheraner.« –

»Keineswegs«, antwortete Filding. – »Aber was seid Ihr denn?« fragte Wendt. – »Ich will es Ihnen sagen«, gab der Engländer zur Antwort. »Ich habe so eine kleine Religion ganz für mich allein.«

Ein paar Jahre später gab Madame, die selbst gläubig war, ihrer großen Sorge wie folgt Ausdruck: »Ich glaube nicht, daß es unter den Geistlichen und Laien in Paris noch hundert Menschen gibt, die die wahre Religion haben und noch an unseren Herrn Jesus Christus glauben. Ich zittere, wenn ich daran denke.« 1698 vermerkte sie: »Man sieht hier fast keinen jungen Mann mehr, der nicht Atheist sein möchte.«

Derartige Zustände paßten nun allerdings nicht zum Ziel, das der sich zu dieser Zeit wieder strenggläubige, beinahe jesuitisch gewordene König schon zu Beginn seiner Regierungszeit gesetzt hatte: »Ein König, ein Gesetz, ein Glaube«. Denn von einer im katholischen Glauben geeinten Bevölkerung Frankreichs konnte da nicht mehr die Rede sein. Er war ehrlich enttäuscht und besorgt darüber, daß auch in seinem Schloß Parasitentum, Sitten- und Glaubensverfall unter den Höflingen ständig und längst nicht mehr nur im geheimen zunahmen und dafür Lustbarkeiten oft fragwürdigster Art das Leben am Hof zu einem dauernden Fest werden ließen.

Doch was hätte er dagegen unternehmen können, wenn er nicht die ihm entgegengebrachte Bewunderung und Verherrlichung der Höflinge und der in Scharen herbeiströmenden Gäste verlieren wollte? Von diesen gaben manche ihr halbes Vermögen für vorgeschriebene festliche Kleider, Schmuck, Geschenke und eigene Dienerschaft willig aus, um wenigstens einmal in ihrem Leben das Vorrecht zu haben, Einlaß in das berühmte

Schloß ihres für sie gottähnlichen Herrschers, wenn auch nur für einen Tag, zu erhalten!

Der Ruhm des Königs erreichte seinen Höhepunkt 1680, als es Ludwig XIV. durch eine Allianz gelang, sein Reich bis an den Rhein auszudehnen und ihm damit eine Größe zu geben, wie sie seit Karl dem Großen nicht mehr bestanden hatte. Um den Herrscher wegen dieses Erfolges gebührend zu würdigen, proklamierte ihn der Rat in Paris offiziell als Ludwig den Großen, und der Maler Lebrun ließ den Gefeierten, der selbst fest davon überzeugt war, Gott habe ihn zum Herrscher mit absoluter Gewalt über Frankreich bestimmt, auf einem seiner Deckengemälde in Versailles als Gott selbst auftreten.

Wahrscheinlich gegen die Stimme seines Herzens beteiligte sich auch der König am festlichen Betrieb, der in und um sein Schloß herum stattfand, um niemanden enttäuschen zu müssen. So geschah es zum Beispiel, daß nur wenige Tage nach der schweren Niederlage seiner Armee in der Schlacht bei Höchstädt die Geburt eines Sohnes des Herzogs von Burgund nicht nur in Versailles in fröhlicher Feststimmung, sondern auch in Paris mit einem prächtigen Feuerwerk gefeiert wurde.

So geriet auch die Moral am Hof bedenklich ins Wanken, was kaum überraschte. Auch darüber hat Madame ihre Freundin in Deutschland unmißverständlich deutlich aufgeklärt: »Wo steckt Ihr eigentlich, daß Ihr die Welt so wenig kennt? Man braucht nicht lange am Hof zu sein, um erkannt zu haben, daß, wollte man alle hassen, die hier die jungen Burschen lieben, man keine sechs Menschen fände, die nicht zu hassen wären. Es sind derer allerlei Gattungen, wie die Liebe hier betrieben wird. Es gibt solche, die Frauen wie den Tod hassen und so nur

Männer lieben, andere lieben nur Kinder von zehn, elf Jahren, wieder andere lieben ausschließlich junge Männer von siebzehn bis fünfundzwanzig Jahren, und deren gibt es am meisten ... Da seht Ihr, liebe Annelise, daß die Welt noch schlimmer ist, als Ihr gemeint habt.«

Da der König selbst die gleichgeschlechtliche Liebe verabscheute, wurde sie gesetzlich verboten, und das Gesetz sah dafür sogar die Todesstrafe vor. Doch wie sollte Louis, da auch sein Bruder Philipp I. dieser Art der Liebe huldigte, gegen deren Anhänger vorgehen?

Als Ludwig vernahm – und er vernahm nahezu alles –, junge Adelige, die als Söhne von Höflingen im Schloß wohnten, hätten unter sich einen geheimen Bund geschlossen, in welchem sie, meist in Paris, neben ihren Ausschweifungen auch dem maßlosen Weintrinken huldigten, schickte er eine Anzahl von ihnen in die Verbannung, um zu verhindern, daß sie seine eigenen Söhne, die Prinzen, auch verführten.

Außer diesen bedenklichen Zuständen gab es aber noch eine andere Erscheinung, die wohl geeignet war, Ludwig XIV. in starkem Maße zu beunruhigen. Ein großer Teil der Bevölkerung seines Reiches litt Hunger, obwohl der König in Colbert einen Finanzminister besaß, der wohl der bedeutendste Minister war, den Frankreich je besessen hatte.

Es hatte sich bewahrheitet, was Mazarin auf seinem Sterbebett dem Thronerben gesagt hatte: »Sire, alles habe ich Ihnen zu verdanken, doch begleiche ich meine Schuld damit, daß ich Ihnen Colbert hinterlasse.«

Jean-Baptiste Colbert, der unter Mazarin Vermögensverwalter gewesen war, brachte es unter Ludwig XIV. durch seine Tüchtigkeit und seinen unermüdlichen, geradezu verbissenen Einsatz zum Generalkontrolleur der Finanzen und zum Staatssekretär des königlichen Haushaltes. Es gab in Frankreich zwei Steuern, von denen der Staat zur Hauptsache zu leben hatte: die Taille und, da der Staat das Salzverkaufsmonopol besaß, die Salzsteuer. Von der Taille, die entweder vom Einkommen oder vom Grundbesitz berechnet wurde, waren der Adel und die Geistlichkeit befreit, obwohl gerade sie am besten in der Lage gewesen wären, Steuern zu bezahlen. So belasteten die Steuern hauptsächlich den Mittelstand, und das waren vor allem die Bauern und Handwerker. Eine Kopfsteuer wurde von allen erhoben, auch vom Bettler, sofern er eine ständige Schlafstätte hatte. Hier mußte der Eigentümer der Schlafstätte die Steuer für den Bettler bezahlen.

Da nun aber die beinahe ununterbrochen geführten Kriege allein schon Unsummen verschlangen und nun noch weitere Unsummen für den Bau der neuen Residenz in Versailles aufzubringen waren, was länger als ein Drittel des Jahrhunderts andauerte, war Colbert vor eine nicht leicht zu lösende Aufgabe gestellt. Wohl beschwor er den König immer wieder, in seinen Ausgaben für das Schloß maßzuhalten, was aber in der Regel tauben Ohren gepredigt war. Nur einmal kam es vor, daß der König genötigt war, sein Tafelsilber herzugeben, damit daraus Münzen geprägt werden konnten, um eine Unterbrechung der Bauarbeiten in Versailles zu vermeiden.

Colbert war überaus findig im Entdecken neuer Möglichkeiten, die Steuereingänge zu erhöhen und weitere Finanzquellen zu schaffen, wozu er sich allerdings mehr und mehr auch diktatorischer Methoden bediente.

Die Bevölkerung aber war derart verbittert, daß es in der Bretagne und in Bourdeaux zu Revolten kam. Seine Unbeliebtheit nahm derart zu, daß er, als er 1683 als alter, gebrochener Mann starb, in der Nacht bestattet wurde. Sein letzter Gang sollte ungestört, von möglichen Kundgebungen des Publikums verschont, stattfinden können.

An Einfällen hatte es Colbert nie gemangelt. Er wußte sowohl das Handwerk als auch die Industrialisierung zu beleben, förderte Handel und Verkehr, verstaatlichte verschiedene Manufakturen und bemühte sich mit Erfolg, im Ausland französische Fertigprodukte gegen wertvolle Rohmaterialien einzutauschen, was ihn wiederum veranlaßte, Entdeckungsreisen und damit die Errichtung neuer Kolonien zu fördern. Dafür ein Beispiel. Es war La Salle, der im Jahre 1672 den Mississippi für Frankreich entdeckte. In einem alten Boot unternahm er das Abenteuer einer zwei Monate dauernden strapaziösen Flußfahrt bis in den Golf von Mexiko. Dort nahm er das Delta in Besitz, gab ihm zu Ehren des Königs den Namen Louisiana und vermochte zu erwirken, daß die Täler des St. Lorenz-Stroms und des Mississippi Kolonien Frankreichs wurden.

Als Ludwig XIV. unmittelbar nach dem Tod Mazarins die Regierung selbst übernommen hatte, befand sich die französische Armee in einem desolaten Zustand, weil sich in ihr seit dem Mittelalter niemand mehr für Zucht und Ordnung eingesetzt hatte. Aber Le Tellier und dessen Sohn Louvois, der nun Kriegsminister war, verstanden es, kriegsbegeistert wie sie waren, die Armee zu erneuern und zu einem hervorragenden Kriegsinstrument umzugestalten. Louvois war gierig darauf bedacht, jedes Jahr von Colbert seine ihm vom König zugesicherten sechzig Millionen zum weiteren Aufbau der Armee zu erhalten, weil nur die Stärke der Armee es dem König erlaubte, seine Außenpolitik durchzusetzen.

Zwar war Ludwig XIV. keineswegs immer der gleichen Auffassung wie sein Kriegsminister. Was sie jedoch verband, war die Begeisterung für das Kriegshandwerk. Es war Louvois, der immer wieder versuchte, den König für neue kriegerische Unternehmungen zu interessieren. Wahrscheinlich war Louvois ohne Wissen des Königs auch für die Bekämpfung der aufständischen Hugenotten in Südfrankreich verantwortlich.

Deshalb sah Colbert, der selbst Kriege verabscheute, in Louvois den bösen Geist des Königs. Was Colbert am ständigen Wachstum der Armee etwas versöhnte, war die Uniformierung der Soldaten. Sie brachte der Textilindustrie ansehnliche Gewinne ein, welche versteuert werden mußten und so etwas dazu beitrugen, die ständig drohende Ebbe in der Staatskasse aufzuhalten.

Doch war der Mangel an Geld in der Staatskasse keineswegs der einzige Grund für die im Land während eines Vierteljahrhunderts ununterbrochen ansteigende Hungersnot. Wesentlich hatte auch die von Marschall de Montrevel angeordnete Zerstörung großer Landstriche in den Hochcevennen dazu beigetragen, als er seinen Soldaten befahl, den vorher landwirtschaftlich genutzten Boden zur Wüste zu machen. Da die Bewohner der niedergebrannten Dörfer und Weiler getötet oder vertrieben wurden, war nun niemand mehr da, der neue Äcker hätte anlegen und bestellen können. Diejenigen, die sich und ihre Familien mit bis zu zwanzig Kindern früher durch ihrer Hände Arbeit selbst zu ernähren vermocht hatten, waren nun plötzlich darauf angewiesen, sich durch andere ernähren zu lassen. Dazu kam, was allerdings auch in anderen Ländern der Fall war: Die Landwirtschaft konnte, vor allem durch das Fehlen technischer Hilfsmittel, unmöglich so produktionsfähig sein wie sie es später wurde.

Unter den von Colbert vorgenommenen Reformen betrafen nur wenige die Landwirtschaft. Für ihn hatte das Gewerbe den Vorrang. Besitzer großer Landgüter wohnten vielfach in Städten, wenn möglich in Paris, und kümmerten sich wenig um ihre Territorien. Wenn sie dann einmal ihr Schloß auf dem Land aufsuchten, taten sie es, um in den Wäldern das Wild zu jagen, das vorher den Bauern die Frucht ihrer Felder gefressen hatte. Pächter und Kleinbauern vermochten sich selbst kaum mehr durchzubringen, da sie von den immer bescheidener werdenden Erträgen ständig höhere Abgaben leisten mußten. So verkamen manche von ihnen zu bejammernswerten menschlichen Wesen, die schließlich in Erdhöhlen hausten und nur noch von Wurzeln, schwarzem Brot und Wasser zu leben hatten. Die alljährlich in einigen Gegenden des Landes ausbrechenden Hungersnöte waren nichts Ungewöhnliches. Es brauchte nur zu einer Wetterkatastrophe zu kommen, wie es der strenge Winter des Jahres 1709 war, und die Not brach gleichzeitig im ganzen Land aus.

Auch über dieses beispiellose Elend berichtete Liselotte von der Pfalz ihren Freundinnen in Deutschland: »In meinem Leben hat es noch nie eine so traurige Zeit gegeben, wie wir sie jetzt durchmachen müssen. Die Leute aus dem Volke sterben wie Mücken vor Kälte und Armut. Die Mühlen sind stillgelegt, weshalb viele Leute verhungert sind. Gestern erzählte man mir eine erbärmliche Geschichte. Eine arme Frau hatte in einem Bäckerladen ein Brot gestohlen. Der Bäcker lief ihr nach, sie begann zu weinen und sagte: Wenn man von meinem Elend wüßte, nähme man mir das Brot nicht wieder weg. Ich habe drei kleine Kinder, ganz nackt, ohne Wärme und Brot. Der Kommissar, vor den man sie führte, drohte ihr: Paßt auf, was ihr sagt, denn ich komme nun mit euch in euer Haus. Und er ging wirklich mit ihr. Als er in die Kammer trat, sah er tatsächlich drei kleine nackte Kinder, in Lumpen gewickelt, in einer Ecke sitzen. Sie zitterten vor Kälte, als hätten sie Fieber. Er fragte das älteste: Wo ist euer Vater? — Hinter der Türe, sagte das Kind. Der Kommissar wollte nachschauen, was der Vater hinter der Türe machte. Der aber hatte sich vor Verzweiflung hinter der Türe aufgehängt. Der Kommissar erschrak so sehr, daß er schier erstarrte. Dergleichen trägt sich hier täglich zu.«

Solche Zustände herrschten auch wieder 1715, im Todesjahr Ludwigs XIV., als ein Drittel der französischen Bevölkerung in Hunger und Armut elendiglich zugrunde ging, während im Lustschloß zu Versailles immer noch getanzt, geschäkert und um hohe Geldeinsätze gespielt wurde.

Vernichtende Niederlage der Kamisarden

Die kriegerischen Auseinandersetzungen zwischen den Kamisarden und ihren königlichen Verfolgern dauerten 1704 immer noch an. Doch waren auf beiden Seiten Ermüdungserscheinungen festzustellen. Während die Kamisarden immer wieder unter dem ständig noch zunehmenden Mangel an Menschen und Kriegsmaterial litten, wurden es die Truppen des Königs langsam leid, gegen einen Feind kämpfen zu müssen, der, wie es schien, einfach nicht zu besiegen war. So rief Kriegsminister Chamillart einen Kommandanten nach dem anderen zurück, um ihn durch einen anderen zu ersetzen, weil noch keinem von ihnen ein entscheidender Erfolg beschieden gewesen war. Auch Marschall de Montrevel, der zuletzt vierhundertsiebzig cevenolische Dörfer hatte zerstören lassen, ohne aber damit zu erreichen, was er erhofft hatte, wurde abberufen. Als sein Nachfolger sollte nun Marschall de Villars, einer der besten Armeeführer des Königs, das Oberkommando über die Truppen übernehmen. Ihm wurde General La Lande zugeteilt.

Manche der Cevenolen, die durch das grausame Vorgehen Montrevels ihrer Häuser und Güter beraubt worden waren und nun nichts mehr zu verlieren hatten, schlossen sich den Truppen der Kamisarden an, allerdings die meisten von ihnen nur mit Stöcken oder Heugabeln bewaffnet. Doch der auf solche Weise verstärkten Kampftruppe gelang es unter der Führung Cavaliers im März 1704 bei Martinargues, einen glänzenden Sieg über die königlichen Truppen zu erringen. Der Angriff der wütenden Kamisarden war derart stürmisch, daß Oberst de la Jonquière vom Pferd steigen mußte, um im

Getümmel zu verschwinden und nicht in Gefangenschaft zu geraten. Der neue Besitzer des wertvollen Tieres wurde Jean Cavalier. Während die siegreichen Kinder Gottes begeistert ihre Psalmen sangen, konnten sie zusehen, wie die Feinde »wie Fliegen hinsanken« und die am Leben Verbliebenen entsetzt die Flucht ergriffen. Dreihundert Soldaten und zweiundzwanzig Offiziere, die unter Montrevel gekämpft hatten, blieben als Tote oder Verwundete auf dem Schlachtfeld zurück, während die Kamisarden nur zwanzig Tote zu beklagen hatten.

Die Kinder Gottes bemächtigten sich der vom Feinde zurückgelassenen Waffen und Munitionsvorräte, wozu noch eine ansehnliche Summe Geld kam.

Doch genau einen Monat später, am 16. April 1704 – Marschall de Villars hatte sein neues Amt noch nicht angetreten – gelang es de Montrevel noch, die von Jean Cavalier angeführten Kamisarden in einer dritten Schlacht bei Nages vernichtend zu schlagen. Der Curé Terrin, in seiner Gemeinde als eifriger Spion bekannt, hatte de Montrevel am 16. April gemeldet, daß sich Cavalier in der Vaunage, auf der Seite von Caveirac, mit achthundert Infanteristen und zweihundert Berittenen, zu denen nun ja auch Cavalier gehörte, aufhalte und offenbar einen neuen Schlag gegen die königlichen Truppen plane, nachdem er in Martinargues so erfolgreich gewesen sei.

Auf diese Meldung hin ließ Montrevel durch seine Soldaten die unter Cavalier in Bereitschaft stehenden Aufständischen einkreisen und sie immer mehr zusammendrängen, wodurch ihm dann schließlich der Sieg gelang. Der Kampf war erbittert, bis er in ein scheußliches

Handgemenge ausartete, in welchem sich die Kämpfenden bei den Haaren packten und Feind um Feind mit den Bajonetten niederstachen. Nur wenigen der Kinder Gottes gelang es, dem Gemetzel in der inzwischen hereingebrochenen Dunkelheit zu entfliehen. Unter ihnen befand sich auch Cavalier. Doch sie alle waren fest überzeugt, diesmal dem Tod ausgeliefert zu sein. Die Angst in ihnen war so groß, daß sie während ihres Vorwärtshastens durch die Dunkelheit oft Wacholderbüsche für feindliche Soldaten hielten.

Nur durch ein Wunder gelang es ihnen, der Umklammerung des Feindes zu entgehen.

Vermutlich war es die übergroße Freude über den glänzenden Sieg, den Cavalier in Martinargues über die Truppen Montrevels errungen hatte, die ihn sorglos, ja, geradezu übermütig werden ließ und nun zur katastrophalen Niederlage geführt hatte.

Es waren furchtbare Verluste, die das Heerlager Gottes bei Nages erlitten hatte. Mindestens achthundert von Cavaliers besten Kämpfern waren umgekommen. Es gelang Cavalier, mit dem übriggebliebenen kleinen Rest der Kinder Gottes seine heimatlichen Wälder von Vézénobres zu erreichen, um sich dort für ein paar Tage verborgen zu halten. Eine Gruppe von Enttäuschten und Bedrückten war es, die um ihn versammelt war. Die einen mit Armbrüchen, andere mit zerschundenen Gesichtern, alle aber bleich, ermattet und vom Hunger erschöpft.

Madame de Maintenon ordnete die Durchführung einer Prozession an, als sie die Kunde vom glänzenden Sieg über Jean Cavalier vernahm, um Gott für diese Niederlage der Hugenotten zu danken, wie sie schon früher den Statthalter de Bâville immer wieder in seinem Kampf gegen die Ketzer unterstützt hatte.

Noch ehe der Oberkommandierende de Villars eintraf, um die Nachfolge de Montrevels anzutreten, war sein General La Lande in die Gegend von Alès eingerückt. Im Wald von Euzet lagernd, fiel den Soldaten bald eine alte Frau auf, die einmal mit einem Korb in der Hand, ein andermal den Korb auf dem Kopf tragend, in ihrer Nähe vorüberging, was sie vermuten ließ, die Alte komme, um jemanden, der sich in der Nähe versteckt hielt, mit Nahrungsmitteln zu versorgen.

Sie erstatteten ihrem General Bericht, worauf dieser befahl, beim nächsten Mal die Frau anzuhalten und ihr mit dem Tod zu drohen, sofern sie über ihr Tun nicht befriedigende Auskunft zu geben bereit sein sollte.

Als die Angesprochene am nächsten Tag jede Auskunft verweigerte, drohten sie ihr, sie zu hängen. Die Alte schwieg weiterhin, doch als sie dann unter dem Galgen standen, bekam sie es doch mit der Angst zu tun. Sie flehte um Gnade und versprach, ihnen alles, was sie wisse, mitzuteilen.

Dann führte sie die Soldaten zu den verborgenen Höhlen von Euzet, die das von Cavalier streng gehütete Geheimnis gewesen waren und in denen sich auch die beiden, für die verwundeten Kamisarden hergerichteten Lazarette befanden. Als La Lande den Bericht der Soldaten gehört hatten, ließ er sich von ihnen sofort zu den Verstekken von Euzet hinführen und erteilte dort den Befehl, sowohl die in ihren Betten liegenden Verwundeten als auch deren Pfleger, im ganzen siebzehn Kamisarden, sofort umzubringen und danach die in den anderen Höhlen lagernden Vorräte zu beschlagnahmen und fortzuschaffen.

Zum Schluß wurde auch noch das in der Nähe liegende kleine Dorf Euzet ausgeplündert und etwa hundert der als hugenottenfreundlich geltenden Einwohner erwürgt. Nach vollbrachter Tat kehrten die Soldaten mit den ihren Opfern abgeschnittenen Ohren, die sie auf ihre Bajonette gespießt hatten, fröhlich nach Alès zurück.

Als nach dem Eintreffen de Villars das Lager der königlichen Truppen in die Gegend von Nîmes verlegt wurde, wagten es auch Cavalier und seine mit ihm geflohenen Brüder, ihr Versteck in den Wäldern von Vézénobres zu verlassen und sich nach Euzet zu begeben, um dort nach den verborgenen Vorratslagern der Kamisarden zu sehen. Cavalier befürchtete, die Königlichen könnten seine geheimgehaltenen Höhlen entdeckt haben.

Als sie dann sehen mußten, daß dem wirklich so war, weil eine vom Feind angerichtete Verwüstung sie empfing, brach Cavalier zusammen. »Das ist der Untergang unserer Sache, nun ist alles verloren«, sprach er vor sich hin und ließ sich auf die Trümmer einer zerschlagenen Pulvermühle niederfallen. Alles war weg, was da angesammelt worden war im Bemühen, in ihrem Kampf durchhalten zu können. Hier waren Mehl und Getreide in großen Mengen gelagert gewesen, mit Wein gefüllte Fässer hatten dort gestanden, und von der Decke hingen einst Speckseiten herunter. Auch die mit Medikamenten und Verbandsmaterial gefüllten Schachteln waren weg. Natürlich war auch das in einer anderen Höhle untergebrachte kleine Arsenal von Gewehren, Säbeln, Getreidemühlen, Mörsern und Pulverfäßchen ausgeräumt worden. Es war ein Verlust, der nicht mehr zu ersetzen war. Und, was nur Cavalier wußte, auch sein persönlicher Besitz, den er hier sicher gewähnt hatte, war gestohlen worden. Die Feinde hatten ihn zum Bettler gemacht. Doch das Fürchterlichste für sie war der Anblick, der sich ihnen im Lazarett bot, wo die Ermordeten teils noch in ihren Betten, teils am Boden lagen. Unter ihnen auch Mazet und Bompart.

In einer der Taschen Bomparts befand sich ein Brief, den Bompart an Catherine zu schreiben begonnen hatte. Unfähig, ihn jetzt zu lesen, steckte ihn Cavalier ein.

Dann raffte er sich zusammen. »So wollen wir unsern Brüdern wenigstens für ihre letzte Ruhe ein Lager bereiten«, sagte er. Sie trugen die Toten hinaus. Liegengebliebenes Werkzeug ermöglichte es ihnen, die Opfer im Wald in einem gemeinsamen Grab in christlicher Weise zu bestatten. »Der Herr segne und behüte euch, die ihr für die Befreiung unseres hugenottischen Glaubens gestorben seid«, betete Cavalier. »Für euch hat nun das wahre Leben begonnen.« Wenigstens fanden sie in den ausgeplünderten Höhlen noch allerlei Eßbares, das die Feinde liegengelassen hatten und womit sie nach Beendigung ihres traurigen Werkes den Hunger stillen konnten.

Cavalier hatte vor, mit seinen Leuten Roland aufzusuchen, um mit ihm zu beraten, was nun zu unternehmen sei. Da sie aber die Nacht nicht an dieser für sie so unheilvollen Stätte verbringen wollten, wo ihnen derart schweres Leid beschieden gewesen war, brachen sie auf, um sich unterwegs nach einer Unterkunft umzusehen.

Während ihrer ersten Rast fiel Cavalier der Brief ein, den er bei Bompart gefunden hatte aus der Tasche. Er nahm das zerknüllte Papier, strich es glatt und begann zu lesen, was Bompart mit ungelenker Hand geschrieben hatte und was nun zu seinem Vermächtnis geworden war: »Liebe Catherine. Schon lange wollte ich dir mitteilen, daß es mir gut geht. Ich darf anderen Menschen helfen, und das ist doch das Schönste, was wir auf dieser Welt tun können. Weil hier niemand ist, den ich zu dir schicken könnte, um es dir zu sagen, schreibe ich dir. Es ist in meinem Leben der erste Brief, den ich schreibe. Wem sonst hätte ich auch schreiben sollen? Immer vor dem Einschlafen denke ich im Gebet an dich und an das, was wir zuletzt miteinander gesprochen haben, und dann ist es mir, als hörte ich deine liebe Stimme. Vergiß nicht, was auch geschehen mag, wir dürfen wissen, daß denen, die Gott lieben, alle Dinge zum Besten dienen —«

Noch eine ganze Weile schaute Cavalier, in Gedanken versunken, auf das Papier, das er in Händen hielt.

War dieser letzte Trost, den Bompart Catherine zugedacht hatte, nicht auch an ihn gerichtet? Sollte das Furchtbare, das er in den letzten Tagen mit seiner Niederlage bei Nages und nun auch mit dem Verlust der Vorräte und alles dessen, was sein Eigentum gewesen war, hatte hinnehmen müssen, auch ihm zum Besten dienen? War es für ihn ein Hinweis, seinen bisher mit Waffen geführten Kampf aufzugeben und zu versuchen, durch Verhandlungen mit dem Feind, also durch Liebe, die Freiheit für den hugenottischen Glauben zu erlangen?

Es fiel Cavalier ein, daß Pascalin ihm mehrmals gesagt hatte, es gebe keinen Zufall und alles, was geschehe, sei Fügung.

Cavalier wollte und durfte den Brief, den Bompart noch zu schreiben angefangen hatte und der Eigentum Catherines hätte werden sollen, nicht als ein Andenken an Bompart für sich behalten.

Da sie ja unterwegs waren, wollte er selbst ins Pfarrhaus nach Saint-Hippolyte gehen, um der Schwester

Constants den Brief zu bringen. Der Umweg über Uzès würde ihnen nichts ausmachen, und zudem war es ein gutes Gefühl, dem Mädchen, dem der junge Kamisarde nicht gleichgültig gewesen war, diesen Dienst noch erweisen zu dürfen.

Es war bereits gegen Abend, als Cavalier mit seinen Begleitern das kleine Dorf erreichte. Noch etwas außerhalb der ersten Häuser wollten die Männer warten und ausruhen, während ihr Anführer allein zum Pfarrhaus ging.

Catherine selbst öffnete ihm. Sie war überrascht, als sie erfuhr, daß der wie ein Bauernbursche aussehende Fremde der berühmte Anführer der Kamisarden war.

»Ich werde Sie nicht lange aufhalten, Catherine, ich habe lediglich etwas abzugeben, das Ihnen gehört.«

»Ach«, seufzte sie und sah ihn aus traurigen Augen fragend an. »So – so lebt er nicht mehr?«

»Nein«, antwortete Cavalier, »er lebt nicht mehr; wenigstens nicht mehr unter uns.«

»Ich habe es geahnt, schon seit ein paar Tagen. Kommen Sie herein, ich werde den Curé rufen. Mein Onkel wird sich freuen, Sie zu sehen.«

Sie führte Cavalier in den Raum, in welchem der Priester seine Besucher zu empfangen pflegte. Auch er war überrascht, als er erfuhr, wer da vor ihm stand.

»Ihr Besuch ehrt mich, Herr Cavalier. Es ist wohl eine traurige Nachricht, die Sie hergeführt hat?«

»Das ist es. Der junge Kamisarde, der während Wochen in Ihrem Haus Unterkunft und liebevolle Pflege empfangen hat, ist nun, wie seine beiden Freunde, auch umgekommen. Die drei ehemaligen Hirten aus Bourdeaux leben nicht mehr. So ist der Krieg. Jeder hat damit zu rechnen, früher oder später an die Reihe zu kommen. Bomparts letzte Gedanken haben Ihrer Nichte gehört. Wir haben in seiner Tasche einen Brief gefunden, den zu schreiben er eben erst begonnen hatte. Er war für Sie bestimmt. Den wollte ich Ihnen selbst bringen.« Damit überreichte er Catherine das zusammengefaltete Papier, nach welchem sie aus Scheu nur zögernd griff. »Was er geschrieben hat, wird Ihnen ein großer Trost sein. Bompart war ein selten guter Mensch, durch dessen Tod alle, die ihn gekannt haben, ärmer geworden sind. Er hat um die große Wahrheit gewußt, die er für Sie als ein Sie tröstensollendes Vermächtnis niedergeschrieben hat: Wir wissen aber, daß denen, die Gott lieben, alle Dinge zum Besten dienen.«

Schweigend und ohne sich zu rühren stand Catherine da, den Brief in der Hand und den Blick auf den Boden gerichtet. Cavalier sah die Tränen auf ihren Wangen und trat zu ihr hin. Als er ihr die Hand auf die Schulter legte, schlang sie ihm die Arme um den Hals, barg den Kopf an seiner Brust und brach in Schluchzen aus.

»Ich verstehe wohl, daß Sie weinen. Es ist schwer, jemanden verlieren zu müssen, der einem lieb war. Bompart war ein Mensch, den man liebhaben mußte. Denn er hat nicht für sich, sondern immer für die andern gelebt. Er hat alle zehn Seligpreisungen des Herrn erfüllt. Er war geistlich arm und kein Gelehrter, immer hat er das Leid der andern ertragen, er war sanftmütig und ihn hungerte nach Gerechtigkeit, er war barmherzig, reinen Herzens und friedfertig und ist wegen seines Glaubens verfolgt worden. Wer so wie er an Christo Jesu glaubt, der wird das ewige Leben erlangen. Darüber dürfen wir uns freuen.«

De Villars Friedensbemühungen

Der Kommandant, den Ludwig XIV. als Nachfolger Montrevels nach Südfrankreich entsandte, war Claude-Louis-Hector de Villars, fünfzig Jahre alt, einer der besten Heerführer, über die der König zur Zeit verfügte. De Villars war nicht nur ein hervorragender Feldherr, sondern auch ein geschickter Diplomat. Das war wohl auch der Grund, weshalb Ludwig gerade ihn dazu bestimmt hatte, die ärgerliche und sich noch immer hinziehende Angelegenheit mit den Aufständischen endlich zu erledigen.

Zwar zeigte sich de Villars, Sieger in so mancher bedeutenden Schlacht, zu Beginn nicht eben begeistert darüber, sich nun mit einer Handvoll fanatischer Bauern herumschlagen zu sollen. Der König gab ihm zur Antwort, das bisher Geschehene beweise, es sei schwieriger, einen Aufstand von verhetzten Menschen niederzuschlagen, als vier Schlachten zu gewinnen.

»So will ich es versuchen, sofern Ihre Majestät mir gestattet, den Kamisardenkrieg mit Milde auf dem Weg von Verhandlungen zu beendigen, wenn ich erkenne, daß Härte ein ungeeignetes Mittel wäre. In der einen Hand das Schwert, in der andern den Ölbaumzweig, das ist meine Meinung.«

Ludwig XIV. erteilte de Villars jede Vollmacht, da er im nachhinein selbst erkannt hatte, daß das brutale Vorgehen Montrevels, ganze Landstriche Frankreichs zu verwüsten, womit er nicht nur die hugenottische, sondern auch die katholische Bevölkerung in Leid und bittere Armut gestürzt hatte, nicht fortgeführt werden sollte.

De Montrevel aber verstand doch das Kriegshandwerk, was er noch mit seinem glänzenden Sieg über die Kamisarden bei Nages bewiesen hatte, womit seine Tätigkeit in Südfrankreich ruhmvoll abgeschlossen worden war. Die Wunde, die damit den Aufständischen beigebracht worden war, berechtigte wohl zur Hoffnung, daß die Hugenotten nun an ihr verbluten würden.

Ein glücklicher Zeitpunkt also zur Verwirklichung von de Villars Absichten, mit dem noch blutjungen Kamisardenführer Cavalier Fühlung aufzunehmen.

Statthalter de Bâville, der nach allen Seiten hin Beziehungen unterhielt, schlug dem neuen Marschall als Mittelsmann Cavaliers Onkel Lacombe in Vézénobres vor, bei dem der jetzige Kamisardenführer vor wenigen Jahren noch die Tiere gehütet hatte. Die beiden waren immer noch freundschaftlich miteinander verbunden.

Cavalier hatte die Absicht, mit de Villars über eine eventuelle Einstellung der Feindseligkeiten zu verhandeln. Das wußte de Bâville allerdings noch nicht, wie ihm auch noch nicht bekannt geworden war, daß Cavalier schon mit Roland, dem zweiten wichtigen Kamisardenführer, über Verhandlungen mit dem Feind gesprochen hatte.

Zu Cavaliers Leidwesen fiel die Unterredung mit Roland nicht so aus, wie er gehofft hatte. Zuerst hatte ihn Roland darauf aufmerksam gemacht, er, Roland Laporte, sei zum obersten Feldherrn der Kamisarden gewählt worden, der allein darüber zu entscheiden habe, ob mit dem Feind verhandelt werde oder nicht. In der Tat hatten die Inspirierten im März 1703 Roland zum Führer des Heerlagers Gottes ernannt. Seither hatte er jedoch seine Einstellung geändert und es abgelehnt, Oberstkommandant der Kinder Gottes zu sein. Er begnüge sich damit, Gott zu dienen. In Cavaliers Bereitschaft, mit dem Feind zu verhandeln, den Kampf mit ihm also aufgeben zu wollen, sehe er den Verrat der eigenen Sache. Seiner Meinung nach dürfe der Krieg mit den Königlichen nur beendet werden, wenn dafür das Edikt von Nantes wiederum in Kraft gesetzt werde, das den Protestanten Frankreichs die Glaubens- und Gewissensfreiheit zusichere.

Dennoch gab Cavalier seine Absicht zu verhandeln nicht auf, weil ihm in einer Inspiration verheißen worden war, er werde mit dem König sprechen. Das konnte seiner Auffassung nach nur bedeuten, daß Ludwig bereit war, seine Einstellung den Hugenotten gegenüber zu ändern.

Vor den Verhandlungen mit der königlichen Provinzialregierung in Nîmes fand zwischen Cavalier und La Lande in Pont d'Avène eine erste Kontaktaufnahme statt, deren Verlauf sie hoffen ließ, bald zu einem beide Teile befriedigenden Abkommen zu gelangen.

Am 16. Mai 1704 kam es in dem von hohen Mauern umgebenen Garten des Franziskanerklosters von Nîmes zur ersten Begegnung Jean Cavaliers mit Marschall de Villars, der ihn überaus höflich begrüßte und den ehemaligen Bäckerjungen mit »gnädiger Herr« ansprach.

Auch während der Sitzung bekam Cavalier viel Schmeichelhaftes über seine Person, vor allem aber auch über seine strategischen Fähigkeiten zu hören. Über die Bedingungen, zu denen die Kamisarden bereit wären, ihren Widerstand aufzugeben, wurde dagegen nur andeutungsweise gesprochen. Dem Marschall zur Seite standen Statthalter de Bâville und General La Lande. Schließlich erklärte de Villars dem Kamisardenführer, es sei wohl am besten, wenn er seine Bedingungen niederschreibe und das Schriftstück dem königlichen Hof in Versailles zustelle.

Die Anwesenheit des bekanntesten Kamisardenführers in Nîmes, der mit dem Marschall verhandeln wollte, hatte sich in der Bevölkerung rasch herumgesprochen. Manche der Protestanten glaubten, nun werde schon bald das Edikt von Nantes wieder in Kraft gesetzt. Alle wollten den Helden sehen, der ihnen den Anbruch einer glücklicheren Zeit vermittelte. Der ihm überall entgegenschallende Jubel erfüllte Cavalier mit neuer Zuversicht, nachdem er durch die für ihn so schrecklichen Vorfälle der letzten Zeit enttäuscht und mutlos geworden war.

So genoß er es, auf seinem herrlichen Pferd, das er dem Oberst de la Jonquière abgenommen hatte, durch die belebten Gassen Nîmes zu reiten und seinem ihn bewundernden Publikum freundlich zuzuwinken.

In Anbetracht der ihm zufallenden großen Ehre, mit Marschall de Villars über eine Beendigung des Krieges verhandeln zu dürfen, bemühte sich Cavalier, möglichst feierlich aufzutreten. Dies gelang ihm, weil er einige der besten Stücke aus einer früher gewonnenen Beute noch im Lager zu Calvisson zurückbehalten hatte, deren er sich nun bediente. Sein übriges persönliches Eigentum, das er in den Höhlen von Euzet aufbewahrt hatte, war ihm ja von General La Landes Soldaten geraubt worden.

Sein auffallend schönes, hellblondes Haar hatte er sorgfältig zurechtmachen lassen, und als Bekleidung trug er eine Weste aus holländischer Wolle, die mit flachen Silberknöpfen geschmückt war. Die Beinkleider aus Wildleder waren mit Bändern verziert, seine Kopfbedeckung hatte er mit einem großen Federbusch versehen, und am Gürtel trug er einen Degen mit kostbar ziseliertem Griff und Korb.

Bis zum Eintreffen der Antwort aus Versailles war ein Waffenstillstand vereinbart worden. In dieser Wartezeit war de Villars den Protestanten gegenüber von einer sie überraschenden Milde.

So ließ er in Nîmes die Galgen und Marterräder verschwinden, die so vielen Hugenotten den Tod gebracht hatten. Den Soldaten untersagte er, auf die Protestanten zu schießen, wenn sie sich zu ihren im Freien abgehaltenen Gottesdiensten begaben. Das hatte zur Folge, daß Predigtbesucher aus einem weiten Umkreis zu einer Versammlung nach Calvisson strömten. Zwölftausend Gläubige waren es, alle von der Hoffnung erfüllt, daß der Krieg nun bald zu Ende sein werde.

Der Marschall versicherte Cavalier, der als Gast bei de Villars wohnte, er werde nun auch noch dafür sorgen, daß den Verfolgungen aus Glaubensgründen ein Ende gesetzt werde und die Gefangenen und die Galeerensträflinge ihre Freiheit zurückerhielten.

Als der Marschall und der Kamisardenführer nach einer Mahlzeit noch plaudernd beieinandersaßen, fragte de Villars seinen Gast, was er zu tun gedenke, wenn es zu einem Frieden komme. Da ja die Kamisarden kein ständiges Heer seien, hätte er dann keine Gelegenheit mehr, seine Fähigkeiten als Kommandant nutzbringend einzusetzen. Ob er darüber schon nachgedacht habe und ob seine militärische Tätigkeit, die ihn nun schon zwei Jahre beschäftigt habe, für ihn befriedigend gewesen sei.

»Ja«, antwortete Cavalier nach einigem Nachdenken, »sie hat mich sehr befriedigt. Ich werde mich, wenn der Krieg einmal zu Ende sein wird, gerne an diese Zeit erinnern.«

»Aber Sie hätten doch die Möglichkeit, wenn es zu einem Friedensschluß kommt, als Offizier der Armee des Königs beizutreten.«

»Könnte ich das?«

»Weshalb nicht? Sagen wir als Oberst. Sie hätten ein jährliches Gehalt von tausendfünfhundert Livres und könnten, wenn Ihnen das genehm wäre, mit ihrem Regiment mir unterstellt werden. Wäre es nicht ehrenhaft für sie, als Offizier unserem König dienen zu können?«

»Ich habe dem König gegenüber stets Ehrerbietung empfunden und bin überzeugt, er weiß gar nicht, wie grausam die protestantische Bevölkerung in seinem Land verfolgt wird.«

»Lassen wir das. Über den Glauben wird später einmal zu sprechen sein.«

Erfreut hatte Cavalier dem Marschall zugehört. Ja, das wäre wohl der Beruf, den er sich wünschte: Offizier der königlichen Armee. Er hatte wirklich als Anführer der Kamisarden am abenteuerlichen Erleben beim Umherziehen von Schlacht zu Schlacht Befriedigung empfunden und es neben der Gefahr in den Kämpfen auch geschätzt, wichtige Entscheidungen treffen zu dürfen und Befehle erteilen zu können. Das hatte, neben dem starken Glauben, der ihn erfüllte, seinem Wesen entsprochen.

De Villars, in Gedanken versunken und dabei den jungen Kamisardenführer betrachtend, erkannte, daß er ihn gewonnen hatte.

Tatsächlich erklärte ihm Cavalier noch am gleichen Abend, er sei bereit, sofern er Protestant bleiben könne, das ihn ehrende Angebot anzunehmen.

Auf Grund der dann doch endlich aus Versailles eingetroffenen Weisungen der Regierung wurde von der Provinzialregierung in Nîmes ein Vertrag ausgefertigt, worin die Gewissensfreiheit zugesagt, die Glaubensfreiheit dagegen strikt abgelehnt wurde. Dagegen sollten die Galeerensklaven aus Glaubensgründen innerhalb von sechs Wochen freikommen, und den ebenfalls wegen ihres Glaubens Verbannten werde die Erlaubnis erteilt, nach Frankreich zurückzukehren, wo sie ihre beschlagnahmten Güter zurückerhalten sollten.

Diesen Vertrag unterzeichneten im Namen des Königs Marschall de Villars und der Statthalter de Bâville, während für die Kamisarden Cavalier und dessen Adjutant Billard ihre Unterschrift unter das Dokument setzten. Die noch fehlende Unterschrift des zweiten Kamisardenführers Roland Laporte sollte von Cavalier noch eingeholt werden.

Mit seiner Unterschrift hatte Cavalier nun sein Einverständnis gegeben, zusammen mit den Aufständischen der von ihm geführten Truppe den Widerstand gegen die Königlichen aufzugeben und sich mit seinen Leuten der Armee Ludwigs XIV. zur Verfügung zu stellen.

Roland war aufs höchste empört, als Cavalier zu ihm kam und ihm den Vertrag unterbreitete. »Ich weigere mich, diesen Fetzen zu unterschreiben«, brauste Roland auf. »Du bist also bereit, deine Brüder zu verraten. Aus Scham darüber solltest du eigentlich sterben müssen. Ich will nichts mehr mit dir zu tun haben. Kehre zu deinem Marschall zurück und richte ihm aus, ich sei entschlossen, mit dem Degen in der Hand zu kämpfen, solange das Edikt von Nantes nicht wieder in Kraft gesetzt ist.«

Als er sich dann etwas beruhigt hatte, beschwor er Cavalier, mit den Mitgliedern der Provinzialregierung noch einmal zu verhandeln. Die Gewährung der Glaubensfreiheit müsse ihnen unter allen Umständen zugesichert werden. Der Prophet Salomon Couderc werde ihn begleiten, ein ernster, glaubensstarker Mann, um ihn in seinem Kampf um die Glaubensfreiheit unterstützen zu können.

Also machte sich Cavalier mit Couderc auf den Weg nach Nîmes zurück, wo er dem Marschall erklärte, Roland werde ohne die Gewährung der Glaubensfreiheit den Vertrag niemals unterschreiben, was den sonst immer ruhigen und überlegenen de Villars in hellen Zorn versetzte. »So waren also alle unseren bisherigen Bemühungen um einen Frieden umsonst?«

Da ergriff Salomon Couderc das Wort. Die Anwesenheit de Villars, La Landes und de Bâvilles schüchterte ihn nicht im geringsten ein. Er sprach als Christ, der keine andere Furcht kennt als die, Gott zu mißfallen. »Die Kamisarden, die unter dem Befehl unseres Anführers Roland stehen, verlangen dies geschlossen, als Gegenleistung für das Niederlegen der Waffen. Das Edikt von Nantes muß wieder in Kraft gesetzt werden, etwas anderes kommt für uns nicht in Betracht.«

Noch einmal fuhr de Villars zornig auf, Couderc aber blieb ernst und fest. Er verließ de Villars, ohne ihm den Brief Rolands, den er ihm hätte aushändigen sollen, überreicht zu haben.

Erst am anderen Tag gab er La Lande den Brief mit der Bitte, ihn dem Marschall zu überbringen. Seiner Bitte fügte er bei: »General, daß Sie es nur wissen, ohne die Gewährung der Glaubensfreiheit wird es nicht zum Frieden kommen.«

La Lande antwortete ihm gereizt: »Nach den Niederlagen und den großen Verlusten, die die Kamisarden in letzter Zeit haben hinnehmen müssen, wäre es für sie doch wohl das Klügste, sich endlich zu ergeben.«

»Was bestimmt nicht geschehen wird«, erwiderte der Prophet und sah dem mißgelaunten General fest in die Augen. »Es wird unserem Gott nicht an Verteidigern unseres Rechts fehlen. Ich werde auf unsere Berge hinaufsteigen, und zwölftausend Mann werden sich auf meinen Aufruf hin erheben.«

Der Brief, den La Lande dem Marschall überbrachte, enthielt die von Roland im Namen der Aufständischen abgegebene Erklärung, ihre Unterwerfung sei nur möglich, wenn das Edikt von Nantes erneut seine Gültigkeit erlange. Andernfalls würden die kriegerischen Handlungen von den Kamisarden wiederaufgenommen und bis zur Erreichung ihres Zieles fortgesetzt.

Dadurch geriet Marschall de Villars in eine sehr peinliche Lage, hatte er doch dem König bereits die Beendigung des Krieges bekanntgegeben.

Durch den zwischen den beiden Hauptführern der Kamisarden entstandenen Zwist mußte es nun zwangsläufig unter den Aufständischen zwischen den Anhängern Cavaliers und jenen Rolands zu einer Trennung kommen. Denn nachdem sich Roland geweigert hatte, den Vertrag zu unterzeichnen, hatte dieser keine Gültigkeit. Es blieb abzuwarten, wie sich das Verhältnis der beiden Kamisardengruppen zueinander entwickelte.

Unklar blieb auch, wie es um die Ernennung Cavaliers zu einem Oberst der königlichen Armee stand, die ihm von de Villars versprochen worden war.

Nach Abschluß der Verhandlungen in Nîmes verabschiedete sich Cavalier vorläufig von de Villars und kehrte in das Land seiner Truppe nach Calvisson zurück, wo die Kinder Gottes mit Ungeduld darauf warteten, zu erfahren, was in den Verhandlungen mit dem Marschall erreicht worden war.

Mit seinem nicht unbelasteten Gewissen fiel es Cavalier nicht leicht, seinen Brüdern Rede und Antwort zu stehen. »Nun, da die Königlichen nicht länger unsere Feinde sind, werden wir im Ausland für unseren König kämpfen. Macht euch bereit, wir werden wohl schon bald nach Portugal reisen müssen.«

Auf diese Eröffnung hin brach unter den Kamisarden ein Sturm der Entrüstung aus.

»Nach Portugal? Bist du verrückt geworden? Was geht uns Portugal an? Wir haben für unseren Glauben gekämpft und kämpfen nicht für den König.« Vor allem war es der Roland treu ergebene Ravanel, der seine Verachtung Cavaliers nicht verbarg und diesen einen Feigling und elenden Verräter nannte. Er habe sie alle schmählich verkauft, um in der königlichen Armee Oberst werden zu können.

Cavaliers Erklärungsbemühungen, es sei dem nicht so, gingen im Hohngeschrei der Aufgebrachten unter.

Schon vorher hatte Ravanel die in Calvisson lebenden protestantischen Bewohner aufgefordert, die Stadt zu verlassen, in die Cevennen zu ziehen und sich damit in den Schutz Rolands zu begeben. Viele waren dieser Aufforderung bereits gefolgt.

»Der hat uns überhaupt nichts mehr zu befehlen. Einst haben wir ihn zu unserem General gemacht; aus ihm ist nun ein Oberst ohne Soldaten geworden.«

»Er verdient es, nicht anders als ein Räuber und Wegelagerer behandelt zu werden«, schrie einer.

Als darauf mehrere ihr Gewehr auf ihn richteten, brach der fassungslos gewordene Cavalier in Tränen aus und rief den Empörten zu, wer ihn noch als seinen Führer anerkenne und ihm immer noch vertraue, der möge sich nun auch in dieser für ihn schweren Stunde zu ihm bekennen.

Unter den aufgebrachten Kamisarden waren immer noch solche, die sich von der Stimme ihres einst so sehr verehrten und geliebten Führers, von seinen Tränen und von seiner Verzweiflung rühren ließen und sich auf seine Seite stellten. Doch waren es nur noch vierzig bis fünfzig Mann.

Ravanel aber und die große Zahl der ihm ergebenen Kamisarden, die ihre Entrüstung nicht loswerden konnten, für die Cavalier zu einem Verräter der hugenottischen Sache geworden war, setzten sich in Marsch, um sich in das in den Cevennen gelegene Lager Rolands zu begeben, wo sie den ihnen noch gebliebenen Hauptanführer beschwören wollten, den von Cavalier mitunterzeichneten Vertrag de Villars strikt abzulehnen. Unterwegs gaben sie immer wieder ihrer Gesinnung mit dem Ruf Ausdruck: »Wir sind und bleiben das Schwert des Herrn! Wir wollen das Edikt von Nantes oder den Tod!«

Cavalier und Roland entzweien sich

Zur großen Enttäuschung der vielen Protestanten, die schon gehofft hatten, die schwere Zeit der Verfolgung gehe nun ihrem Ende entgegen, begann im Sommer 1704, unter Roland Laportes Führung, der Krieg gegen die Königlichen erneut aufzuflackern. Allerdings beschränkten sich die Feindseligkeiten vorerst auf kleinere Aktionen, an denen Cavalier nun nicht mehr beteiligt war, seitdem er auf Betreiben Ravanels aus dem Heerlager Gottes ausgeschlossen worden war, was ihn schmerzlich getroffen hatte. Denn es war für ihn doch trotz aller Nöte und Schrecken des Kämpfens eine gute Zeit gewesen, die er unter den Kamisarden verbracht hatte. Als einer der jüngsten war er doch immer für alle seine Brüder ein treu besorgter Helfer gewesen, weshalb er von ihnen auch geliebt und verehrt worden war. So schwer ihm sein Ausschluß aus ihrem Kreis auch fiel, war es für ihn doch der Wille Gottes, daß es so gekommen war.

Mit seiner kleinen Gruppe von Getreuen zog er sich auf eine kleine, in der Rhone gelegene Insel zurück, um dort, als ein Oberst der königlichen Armee, die Befehle und Anordnungen de Villars abzuwarten. Er hielt sich auf Weisung des Marschalls mit seinen Leuten eine Weile in der Gegend von Mâcon auf, bereit, auf Befehl im Ausland für Frankreich zu kämpfen. Doch von Kriegen in Spanien wurde nicht mehr gesprochen. Dafür erhielt Cavalier eines Tages vom französischen Kriegsminister Chamillart die Aufforderung, zu einer Besprechung nach Versailles zu kommen.

Cavalier atmete auf. So würde sich nun sein größter Wunsch erfüllen, mit dem König selbst verhandeln zu dürfen, wie es ihm in einer Inspiration vorausgesagt worden war. Wenn er erreichte, was er erhoffte, dann konnte sich doch noch alles zum Guten wenden.

So trat er denn unverzüglich und erwartungsfroh die Reise nach Versailles an. Er war sich sicher, Ludwigs Einstellung gegenüber den Hugenotten hatte sich geändert und er erhoffte sich, der König werde den Protestanten die verlangte Glaubensfreiheit gewähren.

Chamillart sorgte dafür, dem jungen Kamisardenführer bald nach seinem Eintreffen zu einer Audienz beim Monarchen zu verhelfen. Gleich zu Beginn des Gesprächs richtete der König die Frage an Cavalier, ob er gewillt sei, seinen Glauben aufzugeben und katholisch zu werden.

Nach dem ersten Erschrecken antwortete ihm Cavalier: »Ich bin mir bewußt, mein Leben befindet sich in der Hand Ihrer Majestät. Ich bin auch bereit, es jederzeit im Dienst Ihrer Majestät hinzugeben. Was jedoch meinen Glauben anbetrifft, bin ich fest entschlossen, ihn niemals zu wechseln, selbst nicht für alle Königreiche der Welt.«

Nach dieser Antwort war für Ludwig XIV. die Unterredung bereits beendet. Er wandte sich von Cavalier ab mit der Bemerkung, daß in seinem Reich die geforderte Glaubensfreiheit für die Protestanten unmöglich sei.

Zutiefst enttäuscht kehrte Cavalier nach Mâcon zurück.

Schon nach kurzer Zeit erhielt er von de Villars den Befehl, sich mit seinen Leuten ins Elsaß nach Neubreisach zu begeben, um dort in der Festung eine weitere Order entgegenzunehmen.

Jean Cavalier war einigermaßen überrascht, da er sich nicht vorstellen konnte, was für eine Aufgabe es für ihn in Neubreisach geben sollte. Er war nie dort gewesen und wußte nur, daß Louis XIV. in den Friedensverhandlungen von Ryswijk Breisach an die Österreicher hatte abtreten müssen und nur ein Fort auf dem linken Rheinufer zurückbehalten hatte.

Doch ohne zu wissen weshalb, mußte er plötzlich an Catherine denken, an Catherine Perrot, welcher er vor ein paar Wochen den Brief gebracht hatte. Das eigenartige Geschehen zwischen Bompart und Catherines Bruder Constant beschäftigte Cavalier immer noch. Es war ihm schwergefallen, Überbringer dieser traurigen Botschaft zu sein, denn daß Catherines ganze Liebe dem ja auch ihm liebgewesenen Bompart gehört hatte, war ihm nicht entgangen. Wohl hatte er sie zu trösten versucht, doch es drängte ihn, sie vor dem ihm befohlenen Abmarsch ins Elsaß noch einmal zu sehen. Er mußte wissen, wie sie das über sie hereingebrochene Leid ertrug. Da ihm nur noch wenig Zeit zur Verfügung stand, machte er sich schon bald auf den Weg nach St. Hyppolite.

Catherine war nicht wenig überrascht, als sie die Tür öffnete und Jean Cavalier vor ihr stand. Aber er spürte, daß sie froh war, ihn zu sehen. »Leider treffen Sie es nicht gut. Der Curé ist zu Doktor Rocher nach Uzès gegangen und wird erst nach dem Abendessen zurückkommen.«

»Das tut mir leid, weil es mich gefreut hätte, ihn begrüßen zu dürfen. Doch offen gestanden, bin ich nicht zu ihm, sondern Ihretwegen gekommen. Da ich die Gegend wohl für längere Zeit verlassen muß, wollte ich doch vorher noch hören, wie es Ihnen geht.«

»Das ist lieb von Ihnen. Wie oft habe ich an Sie gedacht! Bitte, treten Sie ein. Ich bin froh, noch einmal mit Ihnen sprechen zu dürfen. Der Herr hat meine Gebete erhört.«

Den beiden war ein gutes Gespräch beschieden.

Cavalier atmete auf, als er von Catherines Bemühen vernahm, sich, wenn auch schweren Herzens, dem höheren Willen zu fügen, wonach ihr Plan, auf dessen Verwirklichung sie sich so sehr gefreut hatte, sich nun nicht erfüllen konnte. Bomparts Glaubensstärke hatte sie sehr beeindruckt. Sie war entschlossen, zu seinem Glauben überzutreten, um mit ihm im gleichen Glauben verbunden zu sein.

Vorerst würde sie nun nach Lyon zurückkehren, um dort ihren Eltern eine Hilfe zu sein, hatte doch der Tod ihres Sohnes auch sie auf das Schmerzlichste getroffen. Nun wenigstens noch ihre Tochter bei sich zu haben, würde ihnen ein großer Trost sein. Wenn der Onkel sein Priesteramt in St. Hyppolite aufgab, was schon bald möglich war, würde auch er sich bei seinem Bruder in Lyon einfinden.

»So sehen meine Pläne aus«, sagte Catherine. »Ob sie sich auch erfüllen werden, liegt in Gottes Hand. Ich nehme mir vor, mich mit meinen schwachen Kräften zu bemühen, nicht für mich, sondern für andere zu leben, für Menschen, die der Hilfe bedürfen. Bompart hat mich während seines Hierseins mehrmals auf ein Wort hingewiesen, das ihm besonders wichtig war. Es hat auch mich jedes Mal tief ergriffen: ›Was ihr getan habt einem unter meinen geringsten Brüdern, das habt ihr mir getan.‹ In der Verwirklichung dieses Wortes hat Bompart den Sinn und die Aufgabe unseres Lebens gesehen. Er hat sich auch bemüht, es in die Tat umzusetzen, was er bis zu seinem letzten Atemzug bewiesen hat. So wird er immer mein Vorbild sein.«

Catherines ganz auf dem Glauben Bomparts begründete Einstellung war für Cavalier eine große Erleichterung. Nun brauchte ihm um sie nicht mehr bange zu sein, und er konnte beruhigt seinen Marsch ins Elsaß antreten. Gewissenhaft bereitete er alles vor.

Er verstärkte die Gruppe seiner Begleiter auf hundert Mann und stellte von ihnen ein genaues Namensverzeichnis auch mit polizeilichen Angaben her, das noch vorhanden ist. Unter den neu Angeworbenen befand sich auch Cavaliers jüngerer Bruder Pierre.

Nachdem sie schon ein paar Tage unterwegs waren, erwachte in Cavalier plötzlich das ungute Gefühl, sie würden in Neubreisach in große Gefahr geraten. Diesem Gefühl Glauben schenkend, änderte er kurzentschlossen die Marschrichtung und zog mit seinen Leuten über den Jura in die Schweiz. Das war möglich, weil der Marschall während des mehrmals verlängerten Waffenstillstandes den Protestanten, die auswandern wollten, erlaubt hatte, mit ihrer Habe das Land zu verlassen und seither die Grenzen nicht wieder gesperrt worden waren. Am 1. September kamen sie glücklich in Lausanne an, wo sie sich zuerst in die Kathedrale Notre-Dame begaben, um dort Gott für ihre Errettung in die Freiheit zu danken.

Cavalier hatte nach und nach erkannt, von de Villars und La Lande mit falschen Versprechungen schändlich hintergangen worden zu sein, wohl nur in der Absicht, ihn damit zum Unterschreiben des Vertrages zu gewinnen. Tatsächlich erklärte de Villars später, Ludwig XIV.

hätte in seiner Armee niemals ein kamisardisches Regiment unter kamisardischem Befehl geduldet. Eine derartige Beförderung sei lediglich ein Wunschtraum Cavaliers gewesen, in welchem sie ihn gelassen hätten, um ihren Plan nicht zu gefährden.

Nur kurz vor dieser Flucht Cavaliers ins Ausland, am 14. August 1704, verloren die Kamisarden auch noch ihren zweiten Hauptführer.

Am Abend des 13. August 1704 hatte sich Roland mit seiner Braut Mademoiselle Cornély in das zwischen Alès und Saint-Cape gelegene Schloß Castelnau-Valence begeben, um dort die Nacht zu verbringen.

Malarte, ein junger Kamisarde und Vertrauensmann Rolands, wußte davon und erlag nun der Versuchung, die hundert Livres zu bekommen, die demjenigen zugesichert waren, welcher der Regierung mit seinen Angaben die Ergreifung des eifrig verfolgten Kamisardenführers ermöglichte. Auf seine Meldung hin brachen sofort zwei unter dem Kommando von Coste de L'Abadie stehende Kompagnien von Dragonern nach Schloß Castelnau auf. Es war um vier Uhr in der Frühe, als Roland durch den Alarm aufgeweckt wurde. Er erhob sich sofort und vermochte noch durch eine kleine, offenstehende Tür ins Freie zu entkommen.

Unter einem alten Ölbaum, an dessen Stamm er sich anlehnte, sah er ruhig den vier auf ihn zustürmenden Feinden entgegen, die ihn auf der Suche nach ihm eben entdeckt hatten. Es war ihnen befohlen worden, Roland, wenn immer möglich, lebend gefangenzunehmen. Die drei vordersten, die auf ihn zukamen, schoß Roland mit der Pistole nieder, der vierte jedoch kam ihm zuvor, hielt ihm die Mündung des Gewehrlaufs auf die Brust und drückte ab, worauf der Getroffene zusammenbrach, ohne auch nur einen Seufzer von sich gegeben zu haben.

Rolands Waffengefährten, die ihrem Führer hatten Hilfe bringen wollen, ließen beim Sturz Rolands ihre Waffen fallen und stürzten sich weinend auf den vor ihnen am Boden liegenden Toten nieder. Ohne sich zu wehren, ließen sie sich gefangennehmen.

Der Offizier Paratte, mit Malartes unter einer Decke steckend, schwang den Toten auf den Sattel seines Pferdes und forderte einen Neugierigen, der ihm zugeschaut hatte auf, mit ihm nach Uzès zu kommen. Dort führten sie das Pferd mit dem Toten durch alle Straßen der Stadt, wobei der Begleiter immer wieder auszurufen hatte: »Das ist der Leichnam Rolands, des Führers der Kamisarden.«

In Nîmes wurde dann die Leiche, nachdem man sie einbalsamiert hatte, auf ein Weidengeflecht geworfen und in den nächsten Tagen immer wieder durch die Straßen der Stadt gezogen, um die Bewohner zu überzeugen, daß Roland wirklich tot war. Die vielen Protestanten, die Zeugen dieses widerlichen Tuns wurden, brachen in Schluchzen und Tränen aus, als sie das bereits zerschundene Antlitz des Mannes sahen, der all seine Kräfte zur Rettung ihres hugenottischen Glaubens eingesetzt hatte und nun durch Verrat hatte sterben müssen.

Schließlich wurde der Tote auf dem Weidengeflecht zum Richtplatz geschleift, dort verbrannt und die Asche in den Wind gestreut. Anschließend erfolgte auch noch die Hinrichtung von Rolands fünf Waffengefährten, die ihn zum Schutz nach Castelnau begleitet und dann hinter dem Schloß um den Niedergestreckten getrauert hatten.

»Glückliche Zeit, ach, hätte sie ewig gedauert!«

Was nun sollte Cavalier nach seiner Flucht in die Schweiz mit der Gruppe seiner Begleiter unternehmen? Nach Frankreich zurückkehren wollte und konnte er nicht, da ja von den Kindern Gottes, die unter seiner Führung gestanden hatten, der größte Teil zur Gruppe Rolands übergetreten war und in ihm einen Verräter ihrer Sache sah.

Zwar hatte ihm sein harter Widerstand gegen Bâville und die beiden Marschälle Broglio und de Montrevel, vor allem aber seine Teilnahme an den Friedensverhandlungen mit de Villars selbst im Ausland Bewunderung und Ruhm eingebracht, doch sah er selbst ein: seine erfolgreiche militärische Tätigkeit in Frankreich war beendet.

Da lernte er in Turin den englischen Gesandten Hill kennen, dem er in einem ausführlichen Gespräch seine Lage schilderte, worauf ihm Hill vorschlug, sich nach Holland zu begeben, wohin viele Hugenotten geflüchtet waren, um dort durch die Anwerbung noch weiterer Protestanten aus der Gruppe seiner Getreuen eine neue, kampffähige Truppe zu bilden. England habe nämlich vor, die schon lange in Aussicht genommene Hilfe für die Kamisarden im Sommer 1706 von der südfranzösischen Küste aus zu verwirklichen, wobei dann seine neugebildete Truppe die von England eingesetzten Kräfte wertvoll unterstützen könnte. Dieser Vorschlag leuchtete Cavalier sofort ein und es gelang ihm auch, eine siebenhundertköpfige Mannschaft aufzustellen.

Wohl erschienen dann zur vereinbarten Zeit die englischen Schiffe im Mittelmeer, doch fanden sie die Küste Frankreichs von den königlichen Truppen, denen

Hills Plan verraten worden war, derart streng bewacht, daß ein Anlegen der Schiffe unmöglich war. Die den Hugenotten zugesagte Hilfe konnte nicht geleistet werden.

Dafür unterstützte dann Cavalier mit seiner Mannschaft in Lissabon die in schwere Kämpfe mit den Spaniern verwickelten Engländer, wobei er allerdings den größten Teil seiner Leute verlor.

Wie schon so viele andere Flüchtlinge protestantischen Glaubens begab sich nun auch Cavalier nach England in die Emigration und trat in die englische Armee ein. Er verheiratete sich auch, doch war es keine glückliche Ehe, die er einging. Überhaupt war es hier in der Fremde mit seinem Glück vorbei, obwohl er 1738 noch zum Gouverneur von Jersey gewählt wurde. Trotz Ruhm und Reichtum sehnte er sich nach seiner Heimat zurück, die er jedoch nie mehr zu sehen bekam. Sich der Jahre erinnernd, die er dort unter den Kamisarden verbracht hatte, seufzte er: »Glückliche Zeit, ach, hätte sie doch ewig gedauert!« 1740 starb er in Chelsea im Alter von achtundfünfzig Jahren.

Trotz der Fehler, die er begangen hatte, war Jean Cavalier nicht nur der berühmteste Heerführer der Kamisarden, sondern auch ein standhafter, von Glaubenstreue erfüllter Christ gewesen, was er in einem seiner letzten Briefe mit den Worten bezeugt hatte: »Der liebe Gott war mein Arzt, immer war er mir ein Helfer, und im Glauben an ihn hat er meine Bitten stets erhört. Gepriesen sei sein heiliger Name in Ewigkeit.«

Nach dem plötzlichen Tod Rolands und nachdem Cavalier Frankreich verlassen hatte, war unter den Aufständischen Ravanel am besten geeignet, die Führung der Kinder Gottes zu übernehmen. Als vierzigjähriger war Laurent Ravanel im Dezember 1702 in der Gegend von Uzès zu den Kamisarden gestoßen.

Wegen seiner soldatischen Fähigkeiten war Cavalier rasch auf ihn aufmerksam geworden. So schenkte er ihm schon bald sein volles Vertrauen. Er übertrug ihm 1703 das Kommando in der Schlacht von Val-de-Bane, in welcher, wie schon früher berichtet wurde, die Aufständischen siegten und der feindliche Hauptmann Poul auf sonderbare Weise sein Leben verlor. Neben seiner Tüchtigkeit hatte Ravanel aber auch schlechte Seiten. Sein Wesen war so unausgeglichen, daß er, wenn ihm etwas nicht paßte, jähzornig und damit recht ungemütlich werden konnte. Er war ehrgeizig und darauf bedacht, sich wo immer es ging, zur Geltung zu bringen. So wandelte sich das gute Verhältnis, das ihn mit Cavalier verbunden hatte, sofort in blinden Haß, als er erfuhr, Cavalier habe in den Friedensverhandlungen mit de Villars seine Bereitschaft bekundet, den Widerstand der Kamisarden aufzugeben, womit Cavalier allerdings im schroffen Widerspruch zur Auffassung Roland Laportes stand. Ravanel schreckte nicht einmal davor zurück, Mordabsichten gegen seinen bisherigen Vorgesetzten zu äußern und tat alles, um die Kinder Gottes gegen Cavalier aufzuhetzen und zu veranlassen, sich der Truppe Rolands anzuschließen.

Es war bestimmt keine leichte Aufgabe, die Ravanel zufiel, als er das Amt des obersten Anführers der Kamisarden übernahm. Vor allem wegen des desolaten Zustandes, in dem sich die ihm zur Verfügung stehende Mannschaft befand. Denn das diplomatische Geschick Marschall de Villars hatte sich einmal mehr bewährt, als er den Aufruf erließ, Kamisarden, die bereit seien, ihre

Waffen niederzulegen, würden begnadigt werden. De Villars entsprach auch dem Wunsch derer, welche die Truppen der Aufständischen verlassen wollten, wenn ihnen dafür erlaubt werde, mit ihrer Habe auszuwandern.

Da Marschall de Villars seine gegebenen Versprechen strikt einhielt, erreichte er, daß sich die müde Gewordenen und Enttäuschten unter den Aufständischen ergaben und damit haufenweise die Bestände von Ravanels Truppen schwächten. Dazu wurde, wegen des Fehlens der Mittel, die Ausrüstung und die Bewaffnung der Mannschaft immer schwieriger. Auch hatten die Kamisarden stets größere Mühe, von der Bevölkerung Unterkunft und Verpflegung zu erhalten, wodurch sie mehr und mehr auch bei schlechtem Wetter hungernd in den Wäldern übernachten mußten. Daß auch noch die von Roland angelegten großen Vorräte vom Feind erbeutet wurden, war ein Verlust, der ein weiteres Durchhalten mehr und mehr erschwerte. Größere Angriffe konnten kaum mehr durchgeführt werden. Es blieb bei vereinzelten, von kleinen Gruppen übernommenen Überfällen, mit denen aber kaum etwas zu erreichen war. Den Kamisardenaufstand von neuem zu entfachen, ja, ihm neuen Schwung zu geben, wie es sich Ravanel und dessen Waffengefährte Catinat vorgenommen hatten, war unmöglich geworden.

Als der Feind die Aufständischen im September 1704 bei St. Gilles überfiel, brachte er ihnen eine vernichtende Niederlage bei. Ravanel verfügte danach nur noch über einen Bestand von dreihundert Mann. So mußten sich die beiden Anführer darauf beschränken, für die Bevölkerung von ihnen geschützte Gottesdienste durchzuführen. In einer solchen, noch im gleichen Monat stattfindenden Versammlung, wurden sie bei St. Bénézet von den Königlichen noch einmal überfallen, wobei weitere zweihundert Kamisarden auf grausame Weise hingeschlachtet wurden, während der Feind einen einzigen Mann verlor. Entsetzt vermochten sich Ravanel und Catinat mit etwa zwanzig Aufständischen noch in Sicherheit zu bringen, während die anderen, die übriggebliebenen waren, sich ergaben.

Sich ergeben? Nein, das kam für Ravanel nicht in Frage. Er sah sich von Gott in die Aufgabe gestellt, sich weiterhin für die Glaubens- und Gewissensfreiheit einzusetzen, und so mußte dieser Krieg noch zu Ende geführt werden. Um das ihm aufgetragene Ziel zu erreichen, war er auch bereit, die größten Opfer auf sich zu nehmen. Wie er dabei vorgehen sollte, wußte er allerdings nicht. Er mußte sich einfach von Gott führen lassen.

So irrte er denn mit dem ihm willig folgenden Häuflein der ihm noch gebliebenen Begleiter umher, um bald irgendwo in der milden Frühlingssonne eine Weile zu lagern und dann wieder von den Soldaten aufgeschreckt und verfolgt zu werden. Sich verteidigen oder gar angreifen konnten sie nicht mehr, da sie kaum mehr über Waffen verfügten. Was tat es? Solange sie auf Gott vertrauten, würde er ihnen beistehen, auch wenn dabei ein Wunder geschehen mußte. Denn Ravanel war davon überzeugt, daß die Kamisarden immer nur dann in Bedrängnis geraten waren, wenn sie sich nicht an ihre Inspirationen gehalten, sondern nach eigenen Entschlüssen gehandelt hatten. Niederlagen waren die Strafe gewesen, die ihnen Gott für ihren Ungehorsam auferlegte. Das erfüllte sie nicht mit Groll, sondern mit Dankbarkeit dem Herrn gegenüber, der sie das zu ihrem Heil hatte erkennen lassen. So stark waren Ravanels Vertrauen und Glaube.

In den Wochen ihres vorerst noch ziellosen Umherirrens waren sie nach außen hin in einen furchtbaren Zustand geraten. Ihre Kleider waren zerrissen, voller Läuse und steif vor Schmutz. Stiefel oder Schuhe hatten sie keine mehr, und sie mußten barfuß gehen. Ihren Hunger konnten sie nur mit dem stillen, was sie unterwegs fanden. Das war nicht viel.

Eines Tages eröffnete Ravanel seinen Begleitern, ihm sei der Gedanke gekommen, nach Nîmes zu gehen, weil er es für möglich halte, dort zum Führer des noch verbliebenen Restes der Aufständischen ernannt zu werden. Denn in der Gegend hielten sich außer ihnen auch andere der noch vorhandenen Kamisarden auf. Zu ihrer freudigen Überraschung trafen sie in der Nähe von Nîmes wieder mit dem verlorengeglaubten Catinat zusammen, der froh war, sich ihnen anschließen zu können, um mit ihnen gemeinsam den Zusammenbruch ihrer letzten Bemühungen zu erleben.

In einem Gasthof in Nîmes, in dem den beiden Anführern vom Besitzer Unterkunft gewährt worden war, wurden sie verhaftet, vor Gericht gestellt und zum Tode verurteilt. Ihre Hinrichtung fand am 22. April 1705 statt. Ravanel und Catinat wurden, Rücken an Rücken, an einen Pfahl gebunden und im Lärm von Trommelwirbeln bei lebendigem Leibe verbrannt.

Es scheitert auch noch der letzte Versuch

Der Zusammenbruch von Ravanels Kamisardengruppe bedeutete aber immer noch nicht das Ende des Hugenottenaufstandes. Die Unruhen im Süden Frankreichs dauerten noch fünf Jahre länger. Denn Kamisarden gab es immer noch, nur waren sie seit dem Ausscheiden der beiden Anführer Cavalier und Roland und dem zwischen ihren beiden Truppen ausgebrochenen Zwist ohne richtige Führung. Sie waren nicht mehr zu einem zielbewußt geleiteten Verband zusammengeschlossen, da sich auch die ehemaligen Unterführer zurückgezogen hatten. Diese hatten die Hoffnung aufgegeben, es könne doch noch erreicht werden, was das Ziel ihres Kämpfens und ihrer Opfer gewesen war. Der hugenottische Glaube war nun wirklich in Gefahr, in Resignation, Enttäuschung und Gleichgültigkeit unterzugehen.

Das erkannte auch der Kamisarde Abraham Mazel, ein besonders begabter Inspirierter.

Mazel gehörte wie Ravanel zu den wenigen Kamisarden, die sich in jedem Fall und ausschließlich von ihrer Inspiration leiten ließen. Vom Anfang bis zum Ende des Kamisardenkrieges war er dabei, nur zog er sich mehrmals und zuweilen für längere Zeit zurück, um in der Stille zu meditieren und einzig und ungestört seinem Glauben leben zu können.

Nach dem Tode Ravanels glaubte Mazel, daß nun für ihn die Zeit seines großen Einsatzes im Kampf für den protestantischen Glauben angebrochen war. Zusammen mit Clary faßte er den Entschluß, die noch vorhandenen Kamisarden zu sammeln und im Kampf gegen die königlichen Soldaten erneut aktiv zu werden. An

Einsatzfreudigkeit fehlte es dem zu dieser Zeit etwa dreißigjährigen nicht. Früher war er einmal für kurze Zeit in der Truppe Ravanels als Prediger tätig gewesen. Dann aber war er in Gefangenschaft geraten und erwartete sein Todesurteil, als ein katholischer Priester, der Abbé Corconas aus Saint-Martin, dem er einmal das Leben hatte retten können, sich beim Gericht für ihn einsetzte und erwirken konnte, daß das über Mazel gefällte Urteil nicht ein Todesurteil war, sondern auf lebenslängliche Haft im Turm der Constance in Aigues-Mortes lautete.

Aigues-Mortes, die Stadt in den toten Wassern, ist in der ersten Hälfte des 13. Jahrhunderts unter König Ludwig IX. erbaut worden, um es ihm hier am Mittelmeer zu ermöglichen, ungestört seine geplanten Kreuzzüge vorzubereiten. Die Stadt ist noch heute wie damals von einer gewaltigen Schutzmauer umgeben, die tausendsiebenhundert Meter lang und elf bis zwölf Meter hoch ist. Die Türme, die in Abständen von hundert Metern in die Mauer eingebaut sind und eine Höhe von achtzehn Metern haben, werden vom dreißig Meter hohen, weithin sichtbaren Eckturm überragt, der nach der Tochter des Königs die Tour de Constance genannt wurde und heute, im Gedenken an die Hugenottin Marie Durand, die darin wegen ihres Glaubens achtunddreißig Jahre lang gefangen war, zu einem Wallfahrtsort vor allem für die französischen Protestanten geworden ist. Der Turm enthält in seinem Innern zwei übereinander gelegte, kreisrunde Gewölbe von elf Meter Durchmesser und elf Meter Höhe. Durch eine Wendeltreppe, die in die Dicke der Mauer eingebaut ist, sind beide Gelasse miteinander verbunden. Durch Jahrhunderte hindurch diente der Turm als ein sicheres Gefängnis. Wegen ihres verbotenen Glaubens wurden Hugenotten erstmals 1686 – ein Jahr nach der Aufhebung des Ediktes von Nantes – eingekerkert, also neun Jahre vor der Einlieferung des Kamisarden Abraham Mazel. Mit ihm befanden sich im gleichen Raum noch dreiunddreißig weitere Gefangene. Schon in den ersten Tagen seiner Gefangenschaft erfuhr Mazel in einer Inspiration, er werde mit anderen Gefangenen schon bald die Freiheit erlangen. Ankündigungen gleichen Inhalts wiederholten sich mehrmals und enthielten bald auch die Weisung, zum Zwecke ihrer Befreiung die Gefängnismauer zu durchbrechen.

Wer je in diesem Turm weilte und sich aufmerksam darin umsah, wird verstehen, daß Mazel es für unmöglich halten mußte, eine derart dicke Mauer ohne geeignetes Werkzeug für einen Durchbruch öffnen zu können. Als dann aber die Weisung noch mehrmals wiederholt worden war, fühlte sich Mazel verpflichtet, ihr doch zu gehorchen. Das setzte jedoch voraus, daß er die Mitgefangenen mit seinem Vorhaben vertraut machen mußte – auch auf die Gefahr hin, von einem von ihnen verraten zu werden, was fraglos zu seiner Hinrichtung geführt hätte. Als dann aber alle Gefangenen Verständnis zeigten und selbst zu hoffen begannen, der Gefangenschaft entfliehen zu können, besprachen sie miteinander, wie am besten vorzugehen sei, um das unmöglich Scheinende dennoch möglich zu machen. Außer ein paar alten Kanonenkugeln war lediglich ein Messer zu finden, mit dessen Hilfe es ihnen in mühsamer Arbeit gelang, einen etwas vorstehenden Verbindungshaken aus der Mauer herauszulösen, mit dem sie nun den Mörtel herauskratzen und dann Stein um Stein herausheben konnten. Natürlich mußte dabei jeder Lärm vermieden werden, um nicht die Aufmerksamkeit der sich unten und oben im Turm aufhaltenden Wache zu wecken.

Wenn die Soldaten am Morgen und am Abend zur regelmäßigen Kontrolle erschienen, mußte das bescheidene Werkzeug schon wieder unter den Schlafsäcken verborgen und die Spuren ihrer Tätigkeit sorgfältig verwischt sein. Wie ihnen in monatelanger, heimlicher Arbeit die Verwirklichung ihres Planes gelingen konnte, ist nicht zu erklären. Doch gelang es wenigstens einem Teil der Gefangenen am 24. Juli 1705, sich zu befreien. Nur durch ein Wunder, nur mit göttlicher Hilfe war es möglich geworden, daß sich die Männer in der Nacht durch die von ihnen geschaffene Maueröffnung zwängen und an einem selbstgefertigten Tuchseil hinunterlassen konnten. Außer Mazel ergriffen noch sechzehn andere die Flucht. Wahrscheinlich, weil ihnen der Mut dazu fehlte, sich an diesem Wagnis zu beteiligen, machten die siebzehn übrigen keinen Gebrauch von der Möglichkeit, sich zu befreien. Als die Zurückbleibenden dann aber die Flüchtlinge einer nach dem andern durch die Maueröffnung verschwinden sahen, fingen sie auf einmal ein hysterisches Geschrei an: »Die Gefangenen brechen aus, die Gefangenen brechen aus!«, wohl ohne zu bedenken, mit ihrem Rufen die Fliehenden in die Gefahr zu bringen, von der Wache verfolgt und wieder gefangen zu werden. Doch durch ein zweites Wunder unterließen es die Soldaten, die Ausgebrochenen zu verfolgen, was wohl möglich gewesen wäre, weil diese auf ihrem Fluchtweg noch mancherlei Schwierigkeiten zu überwinden hatten. Denn wenn sie unten ankamen, mußten sie die hohe Umfassungsmauer überklettern, hinter der sie in große

Sümpfe gerieten, die nur mühsam zu durchwaten waren. Ein Ziel hatten sie nicht, und sie wußten auch nicht, wo sie Zuflucht suchen und Nahrung finden sollten. Doch die abenteuerliche Flucht glückte ihnen über alle Hindernisse hinweg.

Ein weiteres Wunder war es, als später der Behördenvertreter Herzog von Berwik durch Mazel selbst erfuhr, unter welch schwierigen Umständen die Befreiung vor sich gegangen war und er hierauf dem Kamisarden zusicherte, seine begangenen Zuwiderhandlungen gegen das Gesetz nicht zu ahnden, wenn er, Mazel, bereit sei, das Königreich zu verlassen, womit Mazel sofort einverstanden war. Diese ihn überraschende Begnadigung war für ihn ein weiterer Beweis dafür, daß Gott ihnen geholfen hatte.

Mazel brach dann auch sofort auf, um sich in der Schweiz in die »Verbannung« zu begeben. Wohlbehalten kam er in Genf an, wo er bald regen Kontakt mit den dort und in Lausanne exilierten Pfarrern aus Frankreich aufnahm. Nachdem er sich bis 1708 in der Schweiz aufgehalten hatte, reiste er weiter nach London, in der Hoffnung dort einige Emigranten wiederzusehen, mit denen er sich noch in Frankreich angefreundet hatte. Während seines Aufenthaltes in England wurde ihm in einer Inspiration nahegelegt, in die Cevennen zurückzukehren, um sich dort an der Führung der noch vorhandenen Aufständischen zu beteiligen. Vorerst begab er sich nach Genf zurück, blieb dort eine Weile und trat dann mit einer kleinen Gruppe von Gleichgesinnten die Rückreise nach Frankreich an.

Im Vivarais wurde ihnen eine freudige Überraschung zuteil, als sie feststellten, wie sich hier die protestantische Jugend noch immer oder wiederum für die Erhaltung des hugenottischen Glaubens einsetzte. Der Geist der Lerchen Gottes, dieser ersten jugendlichen Wanderprediger, war auch in der neuen Generation vorhanden. Das war für Mazel und seine Begleiter der wohl schönste Willkommensgruß, den ihnen ihre Heimat hatte entbieten können. Voll freudiger Zuversicht machte sich Mazel nun daran, eine neue kampffähige Mannschaft aufzustellen, was allerdings nicht so einfach war, wie er es sich vorgestellt hatte. Die Bevölkerung litt immer mehr unter Armut und Hunger, und vermochte sich so immer weniger für eine Weiterführung der ihr aussichtslos scheinenden Kampfhandlungen zu begeistern.

Doch schließlich gelang es Mazel, aus bisherigen und neu geworbenen Kamisarden eine Truppe von hundertsechzig Mann zusammenzubringen, mit der er dann bei der ersten sich bietenden Gelegenheit den Feind auch angriff. Aber trotz des tapferen Einsatzes seiner Leute wurden sie von den königlichen Soldaten erbärmlich geschlagen, und wohl die Hälfte der kleinen Gruppe blieb erschlagen auf dem Schlachtfeld zurück. Dem bitter enttäuschten Mazel gelang es, sich mit etwa zwanzig Mann in Sicherheit zu bringen, doch wurden auch sie nur wenig später von den sie verfolgenden Dragonern überrascht, wobei fast alle, die sich vorerst hatten retten können, doch noch umkamen.

Was sollte nun werden? Weshalb mußte er, fragte sich Mazel, diese Niederlage erleiden, da er doch immer seinen Inspirationen gehorcht hatte? War es die Strafe dafür, daß er mit seiner Rückkehr nach Frankreich zu lange gezögert hatte? Dann hatte er die Strafe verdient und Gott war zu preisen dafür.

Verwundet zog er sich in die Einsamkeit und Stille seiner geliebten Berge zurück. Auf dieser Flucht in die Cevennen traf er zu nächtlicher Stunde auf eine in einem Versteck abgehaltene Versammlung von Gläubigen, unter denen ihn ein etwa vierzehnjähriger Knabe stark beeindruckte, der mit heiligem Ernst seinen Zuhörern aus der Bibel die Zehn Gebote vorlas.

Mazel konnte nicht wissen, daß dieser Knabe Antoine Court war, der heranwachsende Erneuerer der hugenottischen Kirche Frankreichs, der das gewaltige Werk schon in wenigen Jahren aufzubauen begann.

Im Herbst suchte Mazel wieder einmal die Gegend von Uzès auf, wo er einigen der Prediger zu begegnen hoffte, die hier früher segensreich gewirkt hatten. Aber er traf keinen von ihnen mehr an. Auch sie hatten aufgeben müssen. Sollte das nun auch sein Schicksal sein?

Gegen diesen Gedanken lehnte sich alles in ihm auf. Nein, er konnte und durfte nicht aufgeben, da er über sein Tun einmal Rechenschaft ablegen mußte.

Hatte Mazel in Uzès keinen der früheren Prediger mehr angetroffen, so begegnete ihm dafür im gleichgesinnten Pierre Clary ein neuer treuer Begleiter. Bis zu seinem Tod hoffte Mazel auf einen neuen großen Aufstand, der den Kamisarden den endgültigen Sieg bringen sollte. Clary teilte diese Hoffnung mit ihm und so kamen sie überein, gemeinsam noch einmal zu versuchen, eine neue Gruppe von immer noch begeisterten Aufständischen um sich zu versammeln. Das gelang ihnen wirklich. So kamen sie am 17. Oktober 1710 im einsam gelegenen Mas-de-Couteau zusammen, um zu beraten, was nun unternommen werden sollte.

Die geplante Zusammenkunft war aber dem Feind verraten worden, der die Versammelten überfiel, wobei auch Abraham Mazel und der Besitzer des Hauses, in dem die Kamisarden getagt hatten, den Tod fanden. Mazel wurde geköpft und sein Haupt im Triumph nach Vernoux gebracht, wo es auf dem Marktplatz vom Henker verbrannt wurde.

Pierre Clary aber, der durch einen Armschuß nur verwundet worden war, fand in Montbonnoux einen neuen geistesverwandten Gefährten. Beide konnten sich nicht mit der inzwischen erfolgten Kapitulation der Kamisarden einverstanden erklären und weigerten sich auch, das Land zu verlassen, das ihre Heimat war. Da die Schließung eines Friedens zwischen den Aufständischen und den Königlichen nicht zustande gekommen war, dauerte die Verfolgung der Hugenotten mit unverminderter Härte an.

Clary und Montbonnoux hielten sich noch jahrelang in Höhlen und anderen Schlupfwinkeln verborgen, die sie jeweils kurz verließen, wenn der Hunger sie dazu zwang.

Als Statthalter de Bâville erfuhr, daß Clary, der einstige Begleiter Mazels, noch am Leben war und sich im Land aufhielt, setzte er einen Preis auf dessen Kopf aus. Es gelang den Häschern, den Gesuchten in Uzès zu verhaften. Er wurde in Montpellier vor Gericht gestellt und zum Tode verurteilt. Man flocht ihn auf das Rad und gab ihm am Abend noch den Todesstoß.

So endete das Leben Pierre Clarys ebenso grausam, wie das Leben seines Gefährten Mazel geendet hatte. Gerade diese beiden Märtyrer waren dazu erwählt worden, an ihnen ein Wunder geschehen zu lassen.

Das Wunder an Mazel war dessen Errettung aus dem Turm der Constance und sein Weg in die Freiheit gewesen.

Mit welchem Wunder Clary ausgezeichnet wurde, sei hier nachträglich noch berichtet. Zahlreiche Unterlagen beweisen, was sich im August 1703 zugetragen hat. So wurde es von Jean Cavalier, der ihm beigewohnt und es mit eigenen Augen gesehen hatte, als wahr bestätigt. Ebenfalls als Augenzeuge schrieb Durand Fage einen ausführlichen Bericht darüber. Schließlich hat später Antoine Court, obwohl er sich der Inspirationsbewegung gegenüber ablehnend verhielt, unter dem Druck der vielen vorhandenen Zeugnisse seine anfänglichen Zweifel am Wundergeschehen um Pierre Clary aufgeben müssen.

Clary war von Beruf Maurer und wird in den Quellen als ein eher kleiner Mann mit einem sanften Blick geschildert. Aus seinen Niederschriften leuchtet immer wieder tröstlich die große Liebe des Schöpfers aller Welten zur kleinen menschlichen Kreatur. Das Wunder, über das hier berichtet wird, ereignete sich bei einer religiösen Veranstaltung, die neben der Ziegelei von Sérignan stattfand, zu der Cavalier selbst eingeladen hatte.

Es war zwischen zwei und drei Uhr nachmittags – wir folgen dem Bericht von Durand Fage –, als Bruder Clary zuerst von heftigen Zuckungen seines Körpers befallen wurde und hierauf mit lauter Stimme verkündete, es befänden sich unter den Versammelten zwei Verräter, deren Absicht es sei, die Veranstaltung vorzeitig zu verlassen und sie dem Feind zu melden. Falls die beiden nicht sofort erklärten, ihren Plan aufzugeben, werde er selbst sie ausfindig machen. Darauf erteilte Cavalier den etwa sechshundert Männern seiner Truppe den Befehl, die Menge der aus der ganzen Umgebung zusammengeströmten Gläubigen zu umschließen, damit niemand sich entfernen konnte.

Sobald dies geschehen war, schritt Clary mit geschlossenen Augen durch die Menge der Versammelten, blieb dann plötzlich stehen und legte dem Mann, vor dem er haltgemacht hatte, die Hand auf die Schulter, worauf sich dessen Begleiter vor Clary zu Boden warf und laut um Gnade flehte. Die beiden Verräter wurden festgenommen. Was mit ihnen zu geschehen habe, werde später beschlossen, entschied Cavalier.

Clary aber, weiterhin in Ekstase, gab bekannt, er werde von mehreren Anwesenden verdächtigt, im Einverständnis mit den Verrätern zu handeln, um sein Verbundensein mit Gott vortäuschen zu können. Daß dem jedoch nicht so sei, werde nun durch höhere Gewalt durch eine Feuerprobe an ihm bewiesen. Es sei nun ein großes Feuer anzuzünden, in das er dann hineinschreiten werde. Der Herr werde schützend seine Hand über ihn halten, damit ihm das Feuer keinen Schaden zufügen könne.

Auf diese Mitteilung hin erhob sich ein großes Geschrei und es wurde verlangt, auf eine solche Feuerprobe zu verzichten, was Cavalier jedoch nicht billigte. Er erteilte die Weisung, Holz für ein Feuer zusammenzutragen, er selbst werde dabei mithelfen. Man brauchte nicht lange nach Holz zu suchen, da ganz in der Nähe ein großer Haufen bereits zerkleinerten Holzes lag, das zum Gebrauch in der Ziegelei bestimmt war. Die herbeigetragenen Scheite wurden aufgeschichtet und in Brand gesteckt. Stille lag über der gespannt das Geschehen verfolgenden Menge. Als dann die Flammen hoch aufloderten, stieg Clary mit gefalteten Händen feierlich durch sie hindurch auf den brennenden Holzstoß. Aufrecht stand er da, in ruhiger Ergebenheit. Außer der Truppe Cavaliers umstanden wohl noch ebenso viele Besucher die Feuerstätte. Im Anblick Clarys, der weiterhin bewegungslos und wie verklärt nicht als ein Handelnder, sondern als ein Geführter inmitten des Brandes stand, begannen die Gläubigen Psalmen zu singen.

Unter ihnen befand sich auch Clarys Frau, die weinend betete. Ihr Vater, ihre Brüder und einige weitere Verwandte bemühten sich, sie zu beruhigen. Doch immer noch mehr Holz wurde nachgeschoben.

Als der ganze Vorrat verbrannt war, verließ Clary ruhig den Aschenhaufen und schritt, aus seiner Ergriffenheit erwachend, lächelnd auf seine Frau und die anderen Angehörigen zu. Er umarmte sie, und alle, die dem Wunder hatten beiwohnen dürfen, priesen Gott und jubelten vor Erleichterung. Cavalier sprach im Namen aller ein Gebet, in welchem er dem Herrn dankte, daß er ihnen, vorab aber den Zweifelnden, diesen herrlichen Beweis seiner Allmacht gegeben habe.

Die beiden Verräter wurden freigelassen. Sie warfen sich vor Cavalier auf die Knie nieder, selbst tief ergriffen von dem, was sie eben miterlebt hatten und gestanden, allein ihre große Armut habe sie in die Versuchung geführt, für ihren geplanten Verrat eine Belohnung zu erhalten.

Alle aber drängten sich um Clary, um sich selbst von seiner Unversehrtheit zu überzeugen. Er trug ein neues weißes Hemd, das ihm seine Frau am Morgen gebracht hatte und das noch ebenso neu aussah wie vor der

Feuerprobe. Selbst sein Haar war von den ihn umlodernden Flammen nicht angesengt worden.

Diese beiden Geschehnisse um Abraham Mazel und Pierre Clary sind keineswegs die einzigen Vorkommnisse, die der Herr während des Aufstandes der Kamisarden geschehen ließ, um den Hugenotten mit außergewöhnlichen Zeichen seine Verbundenheit mit ihnen zu bekunden. Für die Gläubigen waren es nicht etwa zu bejubelnde Spektakel; sie empfanden diese Wunder richtig als Beweise der Allmacht Gottes, die sie zu Dankbarkeit und aufrichtiger Buße veranlaßten. Zahlreiche Inspirationen waren zugleich auch Wunderberichte. So erfuhr Jean Cavalier in einer seiner Eingebungen, Marschall de Montrevel habe eben in Alès einem Eilboten mehrere Briefe übergeben, um sie nach Nîmes zu bringen. Der Bote, dessen Kleidung genau beschrieben wurde, werde zu Pferd kommen. Diese Briefe müßten ihm unbedingt abgenommen werden, da ihr Inhalt für die Kamisarden äußerst wichtig sei. Wenn man sich beeile, werde man am Ufer des Gardonbaches mit dem Boten zusammentreffen. Aufgrund dieser Inspiration wurden augenblicklich drei Kamisarden zu Pferd weggeschickt.

Genau an der bezeichneten Stelle konnten sie den Boten stellen und ihm die Schriftstücke abnehmen, worauf sie ihn zu Fuß nach Alès zurückschickten.

Die Briefe enthielten in der Tat Befehle an verschiedene Anführer der feindlichen Truppen mit Angaben, wie, wo und wann die Aufständischen zu überfallen seien. So bewahrte die Inspiration die Kinder Gottes vor dem auf sie geplanten Überfall und ermöglichte es Cavalier, sich auf den Empfang der Königlichen vorzubereiten, die er dann auch besiegte.

Neben derartigen Anweisungen Inspirierter, die kriegerische Handlungen betrafen und sehr häufig vorkamen, müssen auch die zahlreichen Säuglinge und Kleinkinder als Wunder bezeichnet werden, die in ihrem Normalzustand der Sprache noch gar nicht mächtig waren, während der Dauer ihrer Inspiration aber plötzlich klar verständliche Gedanken, und zwar gut formuliert, zu äußern imstande waren. Diese hundertfach verbürgten Erscheinungen können auch heute nicht anders als durch ein Eingreifen von höheren Kräften gedeutet werden. Es gibt eben immer noch Dinge zwischen Himmel und Erde, die nicht erklärbar sind.

So kam es auch mehrmals vor, daß Männer oder Frauen, meist Inspirierte, wenn sie in erregtem Zustand waren, blutige Tränen weinten, worüber Elias Marion in einem Bericht geschrieben hat: »Während meine Seele ständig mit denselben Gedanken beschäftigt war, vergoß ich reichlich blutige Tränen. Sie waren rot wie Blut aus meinen Adern und flossen auf meinen Rock, mein Gewehr und fielen auf die Erde. Dieses Außergewöhnliche geschah in Gegenwart vieler Personen am hellichten Tag in Les Vernèdes.«

In der Zeit nach 1704, als die Bevölkerung immer mehr unter Armut und Hunger zu leiden hatte, kam es oft zu nicht erklärbaren Geschehnissen, die an das biblische Wunder von der Speisung der Fünftausend denken lassen, wenn sich Hungernde zusammenfanden, um ihre geringen Vorräte unter sich zu teilen und im Vertrauen auf göttliche Hilfe sich an dem wenigen, das sie hatten, sattessen konnten.

Armut und Hunger trugen auch dazu bei, daß der Aufstand in den Cevennen nach 1710 zum Erlahmen kam. Die Aufständischen waren vor allem einfache Leute, Handwerker und Kleinbauern, deren Familien auf ein Einkommen des Vaters angewiesen waren. So wurde die Zahl der sich neu zu den Kamisarden meldenden Männer immer kleiner.

Die immer wieder gestellte Frage, ob der ganze Krieg mit seinen großen Opfern an Menschenleben und materiellen Gütern nicht sinnlos und damit ein Fehler gewesen sei, ist wohlberechtigt. Rein äußerlich betrachtet, war der Aufstand der Kamisarden ein Mißerfolg.

Die Kinder Gottes hatten jedoch nie materielle Ziele verfolgen wollen, sondern einzig und allein zu den Waffen gegriffen, um endlich die Freiheit zu erlangen, unangefochten und ohne ständig vom Tod bedroht zu sein, nach ihrem hugenottischen Glauben leben zu können. Mit ihrem starken Bibelglauben, der besonders im Alten Testament verwurzelt war, glaubten sie denn auch, dazu berechtigt zu sein, ihre erhoffte Glaubensfreiheit mit Waffengewalt erkämpfen zu dürfen, obwohl sie ja damit gegen die Feindesliebe Christi handelten.

Es muß ihnen auch zugestanden werden, daß sie stets mit unbedingtem Vertrauen auf die Hilfe Gottes kämpften und erlittene Niederlagen immer als gottgewollte und verdiente Strafe annahmen. Man darf auch nicht vergessen, daß, seitdem im Land keine protestantischen Pfarrer mehr wirken durften, die noch im Land verbliebenen Hugenotten nicht nur auf die sonntäglichen Predigten, sondern auch auf die gottesdienstlichen Handlungen verzichten mußten und es so für sie kein Leben in einer kirchlichen Gemeinde mehr gab, das sie einst zu einer Gemeinschaft verbunden hatte.

Wohl durften sie durch die aufkommenden und rasch sich ausbreitenden Propheten- und Inspirationsbewegungen laufend wertvolle Impulse zur Stärkung des Glaubens empfangen; sie wurden auch immer wieder dazu ermahnt, dem protestantischen Glauben die Treue zu halten, aber ihr früheres Zusammengehörigkeitsgefühl schwächte sich immer mehr, was nicht dem entsprach, was die sie einigende Hugenottenkirche ihnen einst geboten hatte.

Diesen früheren Zustand wiederherzustellen wurde dann, wenige Jahre später, das große Anliegen Antoine Courts.

In der ständigen Bedrängnis, in der sie lebten, waren die Kamisarden zu der Erkenntnis gelangt, die Gnade Gottes sei wichtiger als das Leben. Diese Erkenntnis, ein überzeugender Beweis für die Verbundenheit der Hugenotten mit Gott, darf wohl als ein geistiger Sieg bewertet werden, wonach ihr Aufstand für die Erhaltung ihres Glaubens doch nicht vergeblich gewesen war.

Auch der Macht und dem Leben des Sonnenkönigs ist ein Ende gesetzt

Es war das Schicksal des einst von seinem Volk vergötterten Sonnenkönigs Louis XIV., rasch zu altern. Der einst mächtige Monarch und berühmte Feldherr beschloß sein Leben als ein müder und enttäuschter Greis, der mit seinem melancholischen Ausspruch »Damals, als ich noch König war« bewiesen hat, daß er sich des Niedergangs seiner Sonne deutlich bewußt war. In den letzten zehn Jahren seines Lebens war seine Herrlichkeit immer mehr verblaßt, vor allem, seitdem durch den Befehl de Montrevels die Zerstörung weiter Landstriche der Cevennen große Teile der Bevölkerung ins Elend gestürzt hatte.

Doch seine feindliche Einstellung dem protestantischen Glauben gegenüber gab er bis an sein Ende nicht auf. Er glaubte, oder gab wenigstens vor, es zu glauben, mit den von ihm getroffenen Maßnahmen erreicht zu haben, es gebe in seinem Reich keinen unbekehrten Protestanten mehr. Trotzdem forderte er in seinem Testament weiterhin die strikte Befolgung seiner gegen die Reformierten gerichteten Edikte, womit er vermutlich einem Wunsch seines jesuitischen Beichtvaters Le Tellier entsprach, der nach dem Tod von Père La Chaise 1709 dessen Nachfolge angetreten hatte. Der König wußte wohl, daß sein einst mächtigstes Reich Europas, nicht zuletzt wegen seiner brutalen Verfolgung der Hugenotten, dem finanziellen Ruin entgegenging und so nicht nur ihm, sondern auch der Dynastie der baldige Tod bevorstand.

Ludwig XIV. hatte in seinem glanzvollen Leben aber auch schwere Schicksalsschläge hinnehmen müssen. Nicht nur in bezug auf seine ununterbrochen geführten Kriege, sondern auch in seinem persönlichen Leben. 1711 starb sein einziger legitimer Sohn, der Grand Dauphin, der sein Nachfolger hätte werden sollen. Dessen durch eine Ansteckung mit Fleckfieber erfolgter Tod bedeutete für den Monarchen einen sehr schweren Verlust, dem unter seinen Nachkommen rasch noch weitere Todesfälle folgten, was ihn seinem Marschall de Villars gegenüber zur Klage veranlaßte: »Es gibt nicht viele Vergleiche für das, was ich in meinem Leben habe hinnehmen müssen. Zuerst verlor ich meinen Sohn, und nach ihm, alle im gleichen Monat, meinen Enkel, meine Enkelin und deren Sohn, die ich alle zärtlich geliebt hatte. Gott hat mich bestraft, doch hoffe ich, dafür im Jenseits weniger leiden zu müssen.«

Seit dem Frühjahr 1715 gab die Gesundheit des Königs zu ersten Beunruhigungen Anlaß. Er klagte häufig über Unwohlsein, bemühte sich jedoch, sein Leben wie gewohnt fortzuführen. Er nahm es sogar noch auf sich, den persischen Botschafter persönlich zu empfangen. Zu diesem Zwecke kleidete er sich in ein mit Diamanten besticktes schwarz-goldenes Gewand im Wert von mehr als zwölf Millionen Livres, das aber ein solches Gewicht hatte, daß er sich nach dem Dinner umziehen mußte.

Einige Tage später war es ihm nicht mehr möglich, aufzustehen. Madame de Maintenon schrieb darüber dem Erzbischof von Rouen: »Der König hat über einen Schmerz im linken Bein geklagt, den er zwar nur beim Gehen und Bewegen verspürt. Er hat ermüdet und teilnahmslos ausgesehen, nun will er heute das Bett hüten, um zu sehen, ob die Wärme den Schmerz zu lindern vermöge.«

Am 21. August untersuchten vier Ärzte den Monarchen. Seit einigen Tagen hatte man bemerkt, daß der Kranke Mühe hatte, Fleisch und Brot zu essen. Am Tag darauf verschlimmerte sich sein Zustand, so daß er stehend im Schlafrock soupierte, die Mahlzeit jedoch nicht beenden konnte und bat, ihn zu Bett zu bringen. Man untersuchte sein Bein, an dem man schwarze Flecken feststellte. Die Ärzte wußten nicht, was sie tun sollten und begnügten sich damit, den Brand am Bein zu verbinden. Am 28. August sagte Ludwig zu Madame de Maintenon, was ihn darüber tröste, sie verlassen zu müssen, sei die Hoffnung, daß sie, bei ihrem Alter, bald wieder vereinigt sein würden. Dann ließ er Tellier kommen, und als dieser dann mit dem König über Gott sprach, erblickte der Kranke im Spiegel des Kamins zwei Lakaien, die weinten. Er fragte sie: »Warum weint Ihr? Habt Ihr geglaubt, ich sei unsterblich? Ich glaube nicht, es zu sein, und in meinem Alter müßt Ihr Euch damit abfinden, mich zu verlieren.«

Nachdem Tellier den König verlassen hatte, erschienen die Geistlichen, um mit dem Kranken zu beten. Als sie alle sein Bett umstanden, legte er ein sie schwer belastendes Geständnis ab: »Ich bedaure, die Angelegenheiten der Kirche in ihrem jetzigen Zustand zurücklassen zu müssen. Wie Sie wissen, bin ich in diesen Dingen ganz und gar unwissend, weshalb ich Sie auffordern muß, zu bestätigen, daß ich hierin nur Ihren Wünschen gefolgt bin und daß ich stets alles erfüllte, was Sie gefordert haben. Die Verantwortung vor Gott für alles, was getan wurde, haben also Sie zu tragen. Vor seinem Angesicht lege ich es Ihnen zur Last. Mein Gewissen ist rein. Ich bin nur ein Unwissender, der sich immer wieder Ihrer Führung anvertraut hat.«

Nachdem die Geistlichen den Monarchen verlassen hatten, dankte dieser noch seinen Höflingen für ihre stets treuen Dienste. Dann bat er die Herzogin von Ventadoux, ihm nun seinen fünfjährigen Urenkel zu bringen, damit er auch von ihm, der ja bald sein Nachfolger sein werde, noch Abschied nehmen könne.

Der auffallend schöne Knabe sah seinen zahnlosen Urgroßvater mit etwas ängstlichem Blick an und verstand vermutlich nicht alles, was ihm dieser jetzt sagte. »Mein Kind, du wirst nun bald der König eines großen Reiches sein. Ich habe eine große Vorliebe für das Bauen und für das Kriegeführen gehabt. Mach mir das nicht nach. Beides sind sehr teure Liebhabereien. Sorge dafür, daß dein Volk dich ehrt. Schaffe ihm, wo dir das möglich ist, Erleichterungen, was ich zu tun leider unterlassen habe. Versuche, mit deinen Nachbarvölkern in Frieden zu leben. Gib Gott, was Gottes ist und vergiß nicht, daß du alles, was du je besitzen wirst, ihm zu verdanken hast. Mein liebes Kind, ich segne dich von ganzem Herzen.«

Am 28. August meldete sich in Versailles ein Arzt aus Marseille, der auf der Reise nach Paris von der Krankheit des Königs gehört hatte. Nun sei er gekommen, da er ein Mittel besitze, mit dem er Brand heilen könne. Die Ärzte, ratlos wie sie waren, willigten ein. Dem Kranken wurden zwölf Tropfen des Elixiers in etwas Wein gegeben, wonach sich Ludwig tatsächlich etwas besser fühlte, dies jedoch nur für kurze Zeit.

Am 29. August verschlechterte sich der Zustand Ludwigs derart, daß er mehrmals das Bewußtsein verlor. Der Brand hatte nun das Knie und den ganzen Schenkel befallen. Die Ärzte hatten keine Hoffnung mehr, so daß sie am 31. August, eine Stunde vor Mitternacht, Ludwig XIV.

die Sterbesakramente geben ließen. »O mein Gott, komm mir zu Hilfe, eile, mir zu helfen!« Das waren die letzten Worte, die der Sterbende sprach.

Während der Nacht lag er ohne Bewußtsein in schwerem Todeskampf. Sowohl Madame de Maintenon als auch der Beichtvater Le Tellier hatten sich zurückgezogen. Dann, am Sonntagmorgen, um 8.15 Uhr, hörte der König zu atmen auf. Sein reicherfülltes und wechselvolles Leben mit all seinen Höhen und Tiefen hatte drei Tage weniger als siebenundsiebzig Jahre gedauert, von denen er während zweiundsiebzig Jahren Herrscher über Frankreich gewesen war, die längste Regierungszeit in der europäischen Geschichte.

In der Bevölkerung löste die Nachricht vom Ableben des Königs eher Erleichterung als Trauer aus, bedeutete doch sein Tod die Befreiung von einem Regime, das zu lange gedauert und das Land an den Rand des Zusammenbruchs gebracht hatte.

Sobald der König gestorben war, wurde ihm frische Wäsche angezogen, worauf man ihn im Bett sitzend aufrichtete, damit er so, während des ganzen Tages, besichtigt werden konnte. Sein Gesicht war etwas gelblich geworden und abgemagert, doch die Augen, die offen geblieben waren, glänzten noch ebenso schön wie während seines Lebens. Die beiden Kammerdiener Tarlellière und der Sohn La Gamie schlossen sie ihm und erwiesen damit dem Monarchen ihren letzten Dienst.

Als alles vorbereitet war, wurden die Türen sämtlicher Gemächer geöffnet, so daß alle im Schloß anwesenden Herren des Hofes, die Prinzen, die Beamten und das Gesinde ungehindert das Sterbezimmer betreten und dem Verstorbenen die letzte Ehre erweisen konnten.

Nachher verkündete Herzog Philipp II. von Orléans, der Sohn der Herzogin Elisabeth Charlotte (Liselotte von der Pfalz) in einem Nebengemach mit lauter Stimme den Tod König Ludwigs XIV. und proklamierte zum neuen König Ludwig XV., der an diesem Tage fünf Jahre, sechs Monate und sechzehn Tage alt war.

Am 2. September wurde die Leiche seziert, dann einbalsamiert und in einen Bleisarg gelegt. Hohe Beamte trugen den geschlossenen Sarg in das große Appartement, wo jeweils die Audienzen des Königs stattgefunden hatten. Nach der feierlichen Messe zelebrierten dann Priester und Klostergeistliche ohne Unterbrechung am Tag und in der Nacht bis zum 9. September psalmodierend die Totenwache, worauf die Überführung in die Kathedrale Saint-Denis stattfand. Dort wurde Ludwig XIV., wie alle früheren Herrscher Frankreichs seit König Dagobert, in der Königsgruft beigesetzt.

Ludwig XIV. hatte noch verfügt, sein Nachfolger sei bis zu dessen Volljährigkeit nach Vincennes zu bringen. Die acht Jahre dauernde Regentschaft für den noch unmündigen König wurde dem Herzog von Orléans zugesprochen. Das Schloß in Versailles sollte für zwei Jahre geschlossen bleiben und in dieser Zeit gründlich gelüftet, gereinigt, renoviert und wieder auf Hochglanz gebracht werden.

Die Beisetzung Ludwigs XIV. fand in recht bescheidenem Rahmen statt. Um Ausgaben, Ungelegenheiten und lange Zeremonien zu vermeiden, hielt man sich an die Beisetzung von Ludwigs Vater, der in seiner Bescheidenheit und Demut selbst verlangt hatte, seine Bestattung mit den geringstmöglichen Kosten durchzuführen.

Da Louis XIV. noch selbst testamentarisch verfügt hatte, seine gegen die Reformierten gerichteten Edikte seien auch nach seinem Tod streng weiter zu befolgen, flammten die Hugenottenverfolgungen erneut auf und wurde durch den vermehrten Einsatz von Dragonaden, der Einquartierung königlicher Soldaten bei Hugenotten, nur noch schlimmer.

Seltsam aber war es, daß das Jahr 1715, das Todesjahr des Königs, der 30 Jahre zuvor das hugenottenfreundliche Edikt von Nantes außer Kraft gesetzt hatte, noch zwei weitere Ereignisse brachte, die beide für die Hugenotten und das von ihnen verfolgte Ziel der Erlangung der Glaubensfreiheit große Bedeutung hatten.

Das eine dieser Ereignisse war die Geburt Marie Durands, des zweiten Kindes des Gemeindeschreibers von Pranles, deren Wichtigkeit allerdings vorläufig noch nicht erkennbar war und erst in Erscheinung trat, als Marie Durand durch ihr tragisches Schicksal zu einer der lichtesten Gestalten in der Geschichte der Hugenottenverfolgung herangereift war und seither zum Inbegriff von Glaubensstärke und Glaubenstreue geworden ist.

Das zweite der für die Hugenotten bedeutungsvollen Ereignisse erfolgte bereits elf Tage nach dem Tod des Königs, als der 20jährige Antoine Court nach einer von ihm bereits geleisteten gewaltigen Vorarbeit im Steinbruch von Monoblet eine Provinzialsynode für das Languedoc durchführte, um damit sein großes Anliegen voranzutreiben, die verwilderte und in völlige Unordnung und Auflösung geratene hugenottische Kirche wieder zu einer Gemeinschaft von Glaubensgenossen aufzubauen, was sie früher einmal war.

Antoine Court, 1695 in Villeneuve de Berg geboren, war von seiner strenggläubigen Mutter schon als Knabe zu den verbotenen nächtlichen Versammlungen der Gläubigen mitgenommen worden und lernte so schon früh die Gefährlichkeit kennen, nach dem hugenottischen Glauben zu leben. Aber gerade das weckte in ihm den großen Wunsch, sein Leben ganz für die Rettung des gefährdeten, vom König verbotenen Glaubens einsetzen zu dürfen.

Nachdem Court eine Zeitlang in Marseille unter den wegen ihres Glaubens zum Galeerendienst verurteilten Hugenotten seelsorgerlich gewirkt hatte, begann er, vorerst das Languedoc und später auch andere Gegenden Südfrankreichs zu durchwandern, um mit den noch vorhandenen Hugenottenfamilien Fühlung aufzunehmen. Er hielt mit ihnen Andachten, um sie von neuem in der ihnen fremd gewordenen evangelischen Lehre zu unterweisen. In seinen Memoiren hat er geschildert, mit welchem Einsatz und mit welcher Hingabe er sich dieser Aufgabe widmete. Im Zeitraum von drei Wochen hatte er einmal elf Versammlungen durchgeführt, und dies in weit voneinander entfernten Orten, an denen er dann nicht nur gepredigt, sondern auch Bibelunterricht erteilt, Kinder getauft, Ehen eingesegnet und das Abendmahl ausgeteilt hatte. Die von ihm ausgestellten Tauf- und Trauscheine trugen nicht den Namen des Ortes, in dem die Handlung stattgefunden hatte, sondern die Bezeichnung »Au désert« – in der Wüste, da nach der Aufhebung des Ediktes von Nantes die verfolgte und sich demzufolge verbergende Kirche eine »Kirche der Wüste« genannt wurde. Die Versammlungen Courts wurden wie zur Zeit Broussons und anderer Propheten heimlich in Verstecken durchgeführt, in der Tiefe von Wäldern, in Höhlen oder in abgelegenen und verlassenen Scheunen. Die Leute, die sich da zusammenfanden, waren zum größten Teil Angehörige des Handwerkerstandes oder Kleinbauern, wobei die Frauen meist zahlreicher vertreten waren als die Männer, wohl schon deshalb, weil viele der Männer Opfer des Krieges geworden waren.

Antoine Court sah das Ziel seiner Bemühungen etwas anders als die früheren Propheten und Wanderprediger. Er wollte nicht nur den Gläubigen das Wort Gottes verkündigen. Ihm war vor allem daran gelegen, mit seinen Zuhörern Gemeinden zu bilden und diese dann noch zu einem größeren Verband zusammenzuschließen. Auf diese Weise wollte er in den Gläubigen wiederum das Gefühl kirchlicher Zusammengehörigkeit wecken und durch die Bildung von Synoden noch verstärken, zu denen sich die Vertreter der Gemeinden von Zeit zu Zeit zu Beratungen und gegenseitiger Kontaktpflege zusammenfinden sollten.

Zur ersten dieser Synoden, die auf den 21. August 1715 im Steinbruch von Monoblet angesetzt worden war, erschienen allerdings nur sieben Prediger als Vertreter der Gemeinden.

Was für Hindernisse den Bemühungen Courts entgegenstanden, beweist die Tatsache, daß von den sieben Gemeindevertretern, die an der Synode teilgenommen hatten, später fünf gehängt wurden.

Die wichtigsten der in Monoblet gefaßten Beschlüsse waren das Predigtverbot für Frauen sowie die Bestimmung, die Glaubenslehre habe sich neu, unbedingt und ausschließlich auf die Heilige Schrift zu beziehen, um damit jeder ungesunden Schwärmerei und jedem Fanatismus ein Ende zu setzen. Als spiritus rector dieser Erneuerungsbewegung wurde Court von den Versammelten zum Leiter des synodalen Aufbaus ernannt.

Trotz seiner Erkrankung an Sumpffieber setzte er sich derart eifrig für die ihm übertragene Aufgabe ein, daß nach elf Jahren eine Nationalsynode gegründet werden konnte, an der am 16. Mai 1726 aus ganz Frankreich neunundvierzig Gemeindeabgeordnete teilnahmen. Damit war Antoine Courts großes Anliegen erfüllt. Die zerfallene frühere Hugenottenkirche Frankreichs bestand wieder in einer erneuerten Kirche mit über hundert Gemeinden, deren Verfassung in neunundzwanzig Artikeln aus dem bisherigen Durcheinander eine festgefügte Ordnung und Einheit schuf.

Es war nicht nur seine durch den übermäßigen Kräfteverbrauch geschwächte Gesundheit, die Antoine Court drei Jahre nach der ersten Nationalsynode veranlaßte, Frankreich für immer zu verlassen. Zum einen wurde für ihn der Aufenthalt in diesem Land von Tag zu Tag ungemütlicher, da auf seine Ergreifung bereits eine Belohnung von zehntausend Livres ausgesetzt war. Doch noch wichtiger, als sich in Sicherheit zu bringen, war ihm die Verwirklichung einer neuen, ihm vordringlich scheinenden Aufgabe, für die er sich auch noch einzusetzen verpflichtet fühlte.

Um den Neuaufbau der protestantischen Kirche fördern zu können, fehlte es nach wie vor an ausgebildeten protestantischen Pfarrern. Wohl hatte sich Court bereits während seiner ausgedehnten Fußreisen zur Gründung von neuen Hugenottengemeinden bemüht, Jünglinge, die bereit waren, als Prediger verbotenerweise im geheimen zu wirken, mit sich zu nehmen, um sie unterwegs unterrichten und mit ihrer künftigen Tätigkeit vertraut zu machen. Doch war das nicht mehr als ein Notbehelf gewesen. Was notwendig war, war eine besondere Ausbildungsstätte zur Heranbildung von jungen Pfarrern, die dann in Frankreich eingesetzt werden konnten. Um ein solches Seminar zu gründen, begab sich Court im Jahre 1729 nach Lausanne. Das Haus, in dem er seine Schule einrichtete und dann dreißig Jahre leitete, steht immer noch und befindet sich gegenüber der Kathedrale, kenntlich gemacht durch eine Tafel, die an Courts segensreiche Tätigkeit erinnert.

Von allen Prädikanten, die unter Courts Leitung in Lausanne ausgebildet worden sind, war fraglos der Südfranzose Paul Rabaut der begabteste. Er ließ sich in Nîmes nieder und wirkte von dort aus als Antoine Courts Nachfolger Jahrzehnte hindurch als Leiter der Gemeinden. In hohem Alter war es ihm vergönnt, noch die endgültige Befreiung des Protestantismus in Frankreich mitzuerleben.

Zeittafel

1589 Der protestantische König von Navarra wird als Henri IV. König von Frankreich. Vier Jahre später veranlaßt ihn der Widerstand der Katholischen Liga, katholisch zu werden.

1598 Im Herzen nach wie vor mit den Hugenotten verbunden, erläßt er zum Wohl seiner bisherigen Glaubensgenossen das Edikt von Nantes, das den Protestanten »unwiderrufliche Glaubensfreiheit auf ewige Zeiten« zusichert, doch werden die Bestimmungen des Ediktes kaum befolgt.

1661 Mit dem Regierungsantritt Ludwigs XIV. nimmt die Verfolgung der Hugenotten, vor allem durch die grausamen Dragonaden, ein immer größeres Ausmaß an. Das Ziel ist, sie zur Annahme des katholischen Glaubens zu zwingen.

1682 In den ersten fünfundzwanzig Jahren der Regierungszeit Ludwigs XIV. ist Frankreich der mächtigste und meistbevölkerte Staat Europas, was den König veranlaßt, für dieses Reich eine ihm würdige Residenz zu schaffen. So läßt er in Versailles das größte Schloß der Welt errichten. Die Höhe der Gesamtkosten, eine Dunkelziffer, trägt nicht wenig zur Verarmung Frankreichs bei.

1685 Um der reformierten Kirche Frankreichs den Todesstoß zu versetzen, erklärt Ludwig das Edikt von Nantes außer Kraft und ersetzt es durch das Edikt von Fontainebleau, dessen brutale Verfügungen erreichen, daß für die Protestanten eine Zeit bitterster Leiden beginnt. Es ist die Zeit der »Eglise du désert«, der »Kirche in der Wüste«.

1686 Amos du Ferre, Edelmann und eifriger Protestant, ist Besitzer einer Glashütte in der Gegend von Dieulefit. Um den durch die große Zahl der Zwangsbekehrten geschwächten Bestand der Hugenotten wieder zu erhöhen, sollen die Zwangsbekehrten dazu ermutigt werden, in ihren alten Glauben zurückzukehren. Da die Pfarrer fehlen, übernehmen Laien diese wichtige Aufgabe. Du Ferre will dazu jugendliche Waisen einsetzen, die in den Kämpfen ihre Eltern verloren haben und sich verwahrlost herumtreiben. Eine Anzahl von ihnen nimmt er in sein Haus auf, um sie zu Wanderpredigern auszubilden. Von diesen sind besonders drei junge Hirten aus Bourdeaux bekannt geworden: Pascalin geb. 1668, Mazet geb. 1673 und Bompart geb. 1680, auch das Mädchen Jsabeau Vincent geb. 1673 erlangt Berühmtheit.

1686 Zum erstenmal in Orthez (Bearn), später auch in anderen Orten, werden nach Anbruch der Dunkelheit scheinbar vom Himmel kommende protestantische Gesänge vernommen, die von den Hugenotten »Himmelsstimmen« genannt und als Ankündigung einer Glaubenserneuerung gedeutet werden.

1688 Unter der protestantischen Bevölkerung tritt eine sich rasch ausbreitende Inspirationsbewegung auf, die dadurch überrascht, daß von ihr in großem Maß Jugendliche und Kinder betroffen werden, deren Wirken Wesentliches zur Rettung des hugenottischen Glaubens beiträgt.

1688 Im Februar beginnen in Saou die nächtlichen Trauminspirationen der fünfzehnjährigen Jsabeau

Vincent, die großes Aufsehen erregen und zu denen sich Gläubige scharenweise einfinden. Nach einem halben Jahr ihres Wirkens wird die junge Prophetin verhaftet und ins Gefängnis von Crest eingeliefert, womit ihrer Tätigkeit ein Ende gesetzt wird.

1688 Im Frühjahr kehrt Amos du Ferre als Inspirierter von einem Kundenbesuch in der Schweiz nach Hause zurück und verabschiedet eine erste Gruppe der von ihm unterrichteten Jugendlichen, die nun einzeln oder in kleinen Verbänden selbständig ihre Tätigkeit aufnehmen. Erstes Auftreten der drei Hirten in Bourdeaux, wo sie mit ihren Eltern gelebt hatten. Hier werden sie von einer inspirierten Frau als »die Lerchen Gottes« gepriesen.

1689 Von den Traumpredigten Jsabeaus wohl am tiefsten beeindruckt ist neben der Frau de Baix aus Grenoble der junge Bauernsohn Gabriel Astier von Cliousclat, der nach der Verhaftung Jsabeaus selbst Versammlungen durchführt, mit denen er großen Erfolg hat. Bald sind es Hunderte, dann Tausende von Gläubigen, die sich um ihn scharen, ihre bisherigen Lebensgewohnheiten aufgeben und in gemeinsamen Prozessionen singend und betend nur noch ihrem neuentdeckten Glauben leben wollen. Zwischen einer dieser großen Wandergruppen und königlichen Soldaten kommt es in Serre-de-la-Palle zu einem furchtbaren Zusammenstoß, der mit mehr als fünfhundert Toten endet.

1702 Da noch viele Hugenotten nicht als solche erkannt sind, bemüht sich Statthalter de Bâville, mit neuen Maßnahmen auch ihrer noch habhaft zu werden. In François du Chayla findet er einen fanatischen Helfer.

Eine Gruppe von Hugenotten versucht in die Schweiz zu entfliehen, wird jedoch unterwegs von Dragonern überfallen und zu Chayla nach Pont-de-Montvert gebracht.

Etwa vierzig Hugenotten machen sich auf, sie zu befreien. Du Chayla läßt auf sie schießen, wodurch es Tote und Verwundete gibt.

In ihrer Wut setzen die Befreier das Haus in Brand. Beim Fluchtversuch durch ein Fenster stürzt du Chayla. Er wird von den Kamisarden ermordet, womit sie den Kamisardenkrieg auslösen.

1702 Pierre Séguier, der Anführer der Befreiungsgruppe, will diese durch Anwerben von Gleichgesinnten zu einer bleibenden hugenottischen Kampftruppe verstärken.

Zornentbrannt über die Ermordung seines Helfers du Chayla nimmt de Bâville selbst die Verfolgung der Mörder auf, womit das Ende Séguiers besiegelt ist. Nach ihm wird Gédéon Laporte Führer der sich bildenden Kampftruppe. Er nennt die Mitkämpfer »Kinder Gottes« und die Truppe als Ganzes das »Heerlager Gottes«. Sein dringlichstes Vorhaben ist die Verstärkung des Heerlagers und die Anschaffung von Waffen. Er wird aber bald bei einem Angriff auf den Feind erschossen. Sein Nachfolger, Abraham Mazel, wird durch Pierre Laporte abgelöst, einem Neffen Gédéons, der sich aber nicht Laporte, sondern Roland nennt. Er und Jean Cavalier werden die bedeutendsten Führer der Kamisarden.

1702 Auch den drei Hirten aus Bourdeaux stellt sich die Frage des Beitritts zum Heerlager Gottes, das ja wie sie für die Rettung ihres Glaubens kämpft. Sie entschließen sich für den Beitritt, der jüngste aber, Bompart, erklärt, daß er nie einen Feind töten werde, da er dem Gebot Christi zu gehorchen habe: »Liebet eure Feinde, tut wohl denen, die euch hassen.«

1703 Marschall de Montrevel läßt im Verlauf eines Vierteljahres sämtliche Dörfer, Weiler und Einzelsiedlungen in den Hochcevennen niederreißen. Die Bewohner werden aus dem zur Wüste zerstörten Land in Städte vertrieben. Armut und Hungersnot sind die Folgen.

1704 Trotz bester Generäle gelingt es den dreißigtausend Berufssoldaten des Königs innerhalb von zwei Jahren nicht, den kleinen, im Höchstfall dreitausend Mann aufweisenden Haufen der Kamisarden zu besiegen. Erst nachdem Marschall de Montrevel durch Marschall de Villars ersetzt wird, ändert sich die Lage. De Villars will dem Krieg nicht mit Waffengewalt, sondern durch Verhandlungen ein Ende setzen. Er lädt Jean Cavalier, den erfolgreichsten Anführer der Kamisarden, zu Verhandlungen nach Nîmes ein, wo er ihm, sofern der Frieden zustande komme, seine Ernennung zum königlichen Obersten in Aussicht stellt. Cavalier verspricht, sich bei Roland für einen Friedensschluß einzusetzen. Davon will aber Roland nichts wissen. Für ihn kann es nur dann Frieden geben, wenn das Edikt von Nantes wieder in Kraft gesetzt wird, was de Villars aber als unmöglich ablehnt. Es kommt zwischen Roland und Cavalier zum Zerwürfnis. Cavalier verläßt Frankreich, emigriert nach England, wo er schließlich Gouverneur der Insel Jersey wird. Als ein Unglücklicher hat er sich bis zu seinem Tod 1740 nach seiner Heimat zurückgesehnt.

1704 Im nun wieder aufflackernden Krieg wird Roland schon kurz nach der Emigration Cavaliers vom Feind erschossen. Nun ohne starke Führung, kämpft zwar das Heerlager Gottes noch weiter, zerfällt aber in einzelne Gruppen. Die Bevölkerung, durch die vom Feind angerichteten Zerstörungen völlig verarmt, wird des aussichtslosen Krieges müde. Die ständig schwächer werdenden Gruppen vermögen nicht mehr Wesentliches auszurichten.

1710 Auch die letzten Kamisarden geben den Kampf bedingungslos auf.

1711 Ludwig XIV. beklagt den Tod seines einzigen legitimen Sohnes, des Grand Dauphins, der sein Nachfolger hätte werden sollen.

1715 Am 1. September stirbt Ludwig XIV. und wird am 9. September in der Königsgruft der Kathedrale von Saint-Denis beigesetzt.

Im gleichen Jahr wird dem Gemeindeschreiber von Pranles als zweites Kind die Tochter Marie Durand geboren, die zu einer der lichtesten Gestalten in der Geschichte der Hugenottenverfolgung heranreift und zum Inbegriff von Glaubensstärke und Glaubenstreue wird.

Ebenfalls im Todesjahr des hugenottenfeindlichen Monarchen ruft der zwanzigjährige Antoine Court, der sich zum Ziel seines Lebens gesetzt hat, die zerstörte hugenottische Kirche wieder zu einer Gemeinde von Glaubensgenossen aufzubauen, die noch heimlich im Languedoc ihres Amtes waltenden Pfarrer in den Steinbruch von Monoblet zu einer ersten Synode zusammen, um Beschlüsse zur Wiederherstellung der evangelischen Kirche Frankreichs zu fassen.

Literatur

André Ducasse: La guerre des Camisards, Hachette, Paris 1946

Samuel Mours: Portraits Huguenots Vivarois, Musée du Désert, Cevennes, 1948

Samuel Mours: La vie Protestantes d'Autrefois, Imprimeries réunies, Valence sur Rhône, 1946

Robert P. Gagg: Kirche im Feuer, Das Leben der südfranzösischen Hugenottenkirche nach dem Todesurteil durch Ludwig XIV. Zwingli-Verlag, Zürich 1964

Robert P. Gagg: Hugenotten. Profil ihres Glaubens. Kommissionsverlag Friedrich Reinhardt, Basel 1984

Joseph Chambon: Der französische Protestantismus. Sein Weg bis zur französischen Revolution. Evangelischer Verlag, Zollikon 1948

Heinrich Fliedner: Die Kirche der Wüste. Leiden, Kämpfe und Sieg der Hugenotten. St. Johannis-Druckerei, Dinglingen

Saint-Simon: Der Hof Ludwigs XIV. Insel-Verlag, Leipzig 1925

Nancy Mitford: Der Sonnenkönig. Ludwig XIV. und sein Hof. R. Piper & Cie., München

Fritz Blanke: Die Kirche der Wüste. In »Provence«, ein Reisebuch. Max Niehans-Verlag, Zürich-Leipzig 1934

Will und Ariel Durant: Kulturgeschichte der Menschheit. Bände 23, 24, 25: Das Jahrhundert von Ludwig XIV. Sonderausgabe Kunstkreis Luzern

Die Briefe der Liselotte von der Pfalz: Wilhelm Langewiesche-Brandt, Ebenhausen 1912

D. S. de Lattre, Privas: Die Propheten der Cevennen und der Kamisardenkrieg. Christl. Buchhandlung Baden, 1967

hänssler

Weitere Titel von Emil-Ernst Ronner

Emil-Ernst Ronner

Die Krone des Lebens

Blanche Gamond – Ein Leben für den Glauben

Tb., 342 S., Nr. 74.101, ISBN 3-7751-0504-2

Hintergrund des geschilderten Schicksals von Blanche Gamond ist die Zeit, in der der hugenottische Glaube bei Todesstrafe verboten ist und in die sich Widersetzenden grausam verfolgt werden. Auch die begüterte Familie Gamond wird ihres ganzen Besitzes beraubt. Um der ihnen drohenden Gefangenschaft zu entgehen, verbirgt sie sich wochenlang in der Wildnis und versucht, ins Ausland zu flüchten. Die achtzehnjährige Tochter wird jedoch eingekerkert und hat unvorstellbares Leid zu erdulden. Doch selbst die grausamsten Folterungen erschüttern ihren Glauben nicht, den sie immer wieder als tröstendes Licht auch an andere weitergibt.